DROIT DES LOCATAIRES ET DES PROPRIETAIRES

La loi Mermaz du 6 juillet 1989

Dominique Caizergues
Avocat à la Cour

DROIT DES LOCATAIRES ET DES PROPRIETAIRES

La loi Mermaz du 6 juillet 1989

NOUVELLE EDITION MISE A JOUR

EDITIONS DE VECCHI S.A.
20, rue de la Trémoille
75008 PARIS

INTRODUCTION

Le régime des baux d'habitation a été modifié par une loi en date du 6 juillet 1989 tendant à améliorer les rapports locatifs et portant modification de la loi du 23 décembre 1986 (annexe n° 5).

Cet ouvrage se propose de tracer les grandes lignes de la réglementation actuellement en vigueur.

Au préalable, il convient de rappeler que les baux d'habitation, initialement soumis aux dispositions des articles 1752 à 1762 du Code civil (annexe n° 1), ont été régis successivement avant la loi du 6 juillet 1989 par trois législations particulières :

- la loi du 1er septembre 1948, applicable dans certaines zones géographiques aux locaux construits avant le 1er septembre 1948 (annexe n° 2) ;
- la loi du 22 juin 1982 dite « Loi Quillot » (annexe n° 3) ;
- la loi du 23 décembre 1986 dite « Loi Méhaignerie » (annexe n° 4).

Pour mieux appréhender la portée de ces modifications législatives, l'on notera que la loi du 6 juillet 1989 s'inspire de l'esprit de la loi du 22 juin 1982 dite « Loi Quillot », en ce qu'elle réaffirme le caractère fondamental du droit au logement (droit à l'habitat dans la terminologie de la Loi Quillot) et s'écarte de la Loi Méhaignerie en ce qu'elle abandonne la notion de contrat entre les parties, mise en avant par cette loi, au profit d'un droit de protection du locataire.

Ces modifications législatives ne sont pas sans créer certaines difficultés notamment les baux en cours d'exécution.

Afin de résoudre les problèmes inévitables de conflit de lois, le législateur a pris soin d'édicter des mesures transitoires applicables aux baux en cours.

Il convient donc de se reporter, pour les baux en cours, au chapitre traitant des mesures transitoires (cf. chapitre 15).

Par ailleurs, il doit être noté qu'à la différence des dispositions des articles du Code civil relatifs au contrat de location (articles 1752 à 1762) les lois de 1948, 1982, 1986 et 1989 ont un caractère d'ordre public, ce qui signifie que les parties au contrat de location (bailleur et locataire) ne peuvent y déroger par des dispositions contraires.

1

LE CHAMP D'APPLICATION DE LA LOI DU 6 JUILLET 1989

1.1. LES LOCAUX VISES PAR LA LOI

Aucune modification n'est à noter en cette matière par rapport à la loi du 26 décembre 1986.
Les locaux visés sont :
« Les locaux à usage d'habitation principale ou à usage mixte professionnel et d'habitation principale ainsi que les garages, places de stationnement, jardins et autres locaux loués accessoirement au local principal par le même bailleur. »
La loi énumère également la liste des locaux exclus du champ d'application de la loi.

1.2. LES LOCAUX EXCLUS PAR LA LOI

Aux termes de l'article 2 alinéa 2° de la loi, sont expressément exclus les locaux suivants :
« Les locaux meublés, les logements foyers, les logements attribués ou loués en raison de l'exercice d'une fonction ou de l'occupation d'un emploi, les locations à caractère saisonnier. »
Au vu de la définition des locaux rentrant dans le champ d'application de la loi et de ceux qui en sont expressément exclus, l'on retiendra comme n'étant pas soumis à la loi les locaux ci-après énumérés.

• Les résidences secondaires : le caractère principal ou secondaire de la résidence peut donner lieu à interprétation.
En effet, la notion de « résidence principale » retenue par les tribunaux ne s'identifie pas forcément à la notion de domicile légal ou de résidence habituelle.
A titre d'exemple, l'on notera qu'il a été jugé que : « De faibles consommations d'électricité et de téléphone ne permettent pas de déduire que le loge-

ment ne constitue pas la résidence principale du locataire, dès lors que celui-ci exerce la profession de pianiste de concerts et effectue à ce titre de nombreux déplacements en France et à l'étranger. » (Versailles, 1re chambre, 2 oct. 1987, dict. permanent Gestion immobilière).

• Les garages, places de stationnement, jardins et autres locaux : ils peuvent être loués soit séparément de la résidence principale soit par un autre bailleur.

• Les locaux meublés : la loi ne donne aucune précision sur la notion de locaux meublés.
Néanmoins, l'on notera qu'il a été jugé que : « La seule présence de meubles sans valeur ne suffit pas à conférer au local le caractère de location meublée » (Cass. Soc., 24 mai 1966).

• Les logements-foyers : ils sont soumis pour la plupart à la loi n° 75-535 du 30 juin 1975.

• Les logements de fonction.

• Les locations saisonnières : les tribunaux apprécient au cas par cas le caractère saisonnier d'une location, ainsi a-t-il été jugé que présentait un caractère saisonnier la location consentie pour une durée de six mois dans une région touristique (Cass. Civ., 22 juillet 1987).

• Les locaux à usage commercial ou rural :
- les baux commerciaux sont régis par le décret du 30 septembre 1953 ;
- les baux ruraux sont, quant à eux, régis par les articles L 411-1 et suivants du Code rural.

• Les locaux administratifs : sont ainsi dénommés les locaux loués à des collectivités publiques (Etat, communes, départements...) ; ces locaux sont régis par les dispositions du Code civil.

• Les locaux strictement professionnels.

1.3. LES LOCAUX REGIS PARTIELLEMENT PAR LA LOI

Certaines dispositions de la loi limitativement énumérées s'appliquent à des contrats de location qui ne rentrent pas dans le champ d'application de la loi.

Les baux régis par la loi du 1er septembre 1948 (article 40-II)
Les dispositions de la loi du 6 juillet 1989 qui leur sont applicables sont :
- l'affirmation du droit au logement et du caractère public de la loi (articles 1 et 2) ;
- les clauses réputées non écrites (article 4) ;
- la rémunération des intermédiaires (article 5) ;
- les obligations des parties (articles 6 et 7) ;
- la délivrance d'une quittance par le bailleur (article 21) ;
- la réglementation du dépôt de garantie à l'exception de son montant minimal (article 22) ;
- les charges récupérables (article 23) ;
- les autres dispositions de la loi sans rapport avec la loi du 1er septembre 1948.

Les baux dérogatoires de la loi du 1er septembre 1948
Les dispositions des lois du 23 décembre 1986 et du 6 juillet 1989 s'appliquent aux baux dérogatoires de la loi du 1er septembre 1948 dans la mesure où elles ne sont pas contraires aux dispositions particulières qui régissent ces baux, notamment en matière de durée, prix, et résiliation du contrat.

Les baux consentis par les organismes HLM
Les baux consentis par les organismes HLM sont régis par le Code de la construction et de l'habitat, qui renvoie à certaines dispositions de la loi de 1948.
La loi du 6 juillet 1989 énumère les dispositions qui ne sont pas applicables à ces baux, en distinguant entre les locaux conventionnés et les locaux non conventionnés (article 40.I).

Les locaux HLM non conventionnés
Ne sont pas applicables les dispositions suivantes :
- la cession et la sous-location (article 8) ;
- la durée et le renouvellement du contrat (articles 10, 11 et 12) ;
- le transfert et la continuation du contrat en cas de décès ou d'abandon du domicile, à moins que le bénéficiaire ne remplisse les conditions d'attribution du logement déterminées par la législation des logements HLM (article 14) ;
- le droit préférentiel du locataire en cas de congé pour vendre ;
- les conditions de la reprise pour habiter ;
- la détermination du montant du loyer et des charges.

Les locaux HLM conventionnés
Ne sont pas applicables les dispositions suivantes :

- la cession et la sous-location (article 8);
- la durée et le renouvellement du contrat (articles 10, 11 et 12);
- le droit préférentiel du locataire en cas de congé pour vendre (article 15);
- le transfert et la continuation du contrat en cas de décès ou d'abandon du domicile, à moins que le bénéficiaire ne remplisse les conditions d'attribution du logement déterminées par la législation des HLM;
- la réglementation des loyers;
- le montant maximal du dépôt de garantie;
- les charges récupérables (article 23).

Les baux portant sur des logements conventionnés (article L. 351-2 du Code de la construction et de l'habitat)

En ce qui concerne ces baux, les dispositions non applicables sont identiques à celles énumérées pour les logements conventionnés appartenant aux organismes HLM, à l'exception des dispositions relatives au prix du loyer initial et renouvelé et à la définition des charges récupérables qui sont, elles, applicables.

Les baux des locaux construits avec des primes et des prêts spéciaux (article 40-IV)

Les dispositions non applicables sont celles relatives à la définition des charges récupérables.

Les baux des logements loués à titre transitoire par les collectivités locales (article 40-V)

Les dispositions non applicables à ces baux sont les suivantes:
- la durée du contrat;
- la motivation du congé;
- les modalités du congé donné par le locataire;
- la réglementation du prix des locaux vacants (non neufs ou assimilés);
- la réglementation du prix du bail renouvelé.

2

LE CONTRAT

Le contrat de location régi par la loi du 6 juillet 1989 doit être distingué de notions voisines qui, elles, ne rentrent pas dans son champ d'application, telles que la convention d'hébergement à titre gratuit. Le contrat de location doit être établi par écrit. L'écrit exigé par la loi peut prendre la forme :
- d'un écrit manuscrit ;
- d'un acte notarié ;
- d'un modèle préimprimé, complété par les parties.

Le recours à un acte notarié engendre des frais qui ne se justifient pas en l'espèce. Il est recommandé d'utiliser les modèles de contrat-type disponibles dans le commerce.
Le contrat doit être établi en autant d'exemplaires originaux qu'il y a de parties. Chaque exemplaire devra être signé et daté par les parties. Il est recommandé de parapher chaque page ainsi que chaque modification qui pourrait être apportée manuscritement.

2.1. LES ENONCIATIONS DU CONTRAT

D'une part, la loi édicte un certain nombre de clauses obligatoires qui doivent figurer au contrat. D'autre part, la loi énumère les clauses interdites, qui seront réputées non écrites.
Enfin, la loi prévoit un certain nombre de clauses facultatives.

2.1.1. Les énonciations obligatoires du contrat

Les énonciations obligatoires du contrat sont les suivantes.

• La date de prise d'effet du contrat et sa durée.
La date de prise d'effet du contrat peut, au libre choix des parties, être fixée soit antérieurement soit postérieurement à la signature.
La durée du contrat est, quant à elle, réglementée et fera l'objet du chapitre 8 de cet ouvrage.

• La consistance et la destination des lieux.

• La désignation des locaux et des équipements d'usage privatif dont le locataire a la jouissance exclusive et, le cas échéant, l'énumération des parties, équipements et accessoires de l'immeuble qui font l'objet d'un usage commun.

• Le montant du loyer, ses modalités de paiement ainsi que les règles de sa révision annuelle. L'on notera dès à présent que le locataire peut exiger que le loyer soit payable mensuellement.

• Le montant du dépôt de garantie dans l'hypothèse où il a été prévu.

2.1.2. Les clauses prohibées (article 4)

La loi énumère les clauses prohibées, réputées non écrites. Ces clauses sont les suivantes.

• La clause qui oblige le locataire, en vue de la vente ou de la location du local loué, à laisser visiter celui-ci les jours fériés ou plus de deux heures les jours ouvrables.

• La clause par laquelle le locataire est obligé de souscrire une assurance auprès d'une compagnie choisie par le bailleur.

• La clause qui impose comme moyen de paiement du loyer l'ordre de prélèvement automatique sur le compte courant du locataire ou la signature par avance de traites ou de billets à ordre.

• La clause par laquelle le locataire autorise le bailleur à prélever ou à faire prélever les loyers directement sur son salaire dans la limite cessible.

• La clause qui prévoit la responsabilité collective des locataires en cas de dégradation d'un élément commun de la chose louée.

• La clause par laquelle le locataire s'engage par avance à des remboursements sur la base d'une estimation faite unilatéralement par le bailleur au titre des réparations collectives.

• La clause qui prévoit la résiliation de plein droit du contrat en cas d'inexécution des obligations du locataire pour un motif autre que le non-paiement des loyers, des charges, du dépôt de garantie ou la non-souscription d'une assurance des risques locatifs.

• La clause qui autorise le bailleur à diminuer ou à supprimer sans contrepartie équivalente des prestations stipulées au contrat.

• La clause qui autorise le bailleur à percevoir des amendes en cas d'infractions aux clauses d'un contrat de location ou d'un règlement intérieur à l'immeuble.

• La clause qui interdit au locataire l'exercice d'une activité politique, syndicale, associative ou confessionnelle.

La mention dans le contrat d'une clause réputée non écrite ne porte pas atteinte à la validité du contrat qui demeure en vigueur, à l'exception de la clause prohibée.

2.1.3. Les clauses facultatives

La loi du 6 juillet 1989 offre aux parties la faculté de déroger dans certains domaines à ses dispositions sous la condition que la clause dérogatoire soit mentionnée expressément dans le contrat.

• Les parties peuvent décider que le locataire prendra à sa charge les travaux nécessaires pour rendre le local en bon état d'usage (article 6).
Néanmoins, il doit être précisé qu'une telle clause n'est autorisée que dans l'hypothèse où les lieux loués répondent aux normes minimales de confort et d'habitabilité déterminées par le décret 87-149 du 6 mars 1987 (annexe n° 6).

• Le bail peut prévoir dès l'origine les travaux de transformation que le locataire est autorisé à réaliser (article 7 *f*).

• Le bail peut être consenti pour une durée inférieure à la durée minimale (cf. chapitre 8), à condition d'être consenti pour une durée minimale d'une année et que soit justifiée par un motif précis la reprise des locaux par le propriétaire à son échéance (article 11).
La motivation du recours à ces conditions particulières devra figurer dans le contrat.

2.2. LES DOCUMENTS A COMMUNIQUER LORS DE LA CONCLUSION DU BAIL (article 3)

La loi prévoit qu'un certain nombre de documents soient transmis au locataire par le bailleur lors de la conclusion du bail.

Afin d'éviter tout litige ultérieur en cette matière, il est conseillé aux parties d'annexer au contrat les documents dont voici la liste.

• L'état des lieux, si les parties l'ont établi.

• Si le logement fait partie d'un immeuble en copropriété :
- les extraits du règlement de copropriété concernant la destination de l'immeuble, la jouissance et l'usage des parties privatives et communes ainsi que la quote-part afférente au lot loué dans chacune des catégories de charges ;
- les extraits concernés sont le règlement de copropriété en vigueur au jour de la location, les éventuelles délibérations de l'assemblée générale modifiant ce règlement ainsi que toute décision de justice qui pourrait s'y rapporter ;
- la communication de ces documents permet au locataire de prendre connaissance de la répartition des charges entre les différents lots de la copropriété et de contrôler le montant des charges réclamées.

• Si le contrat est relatif à un logement dont le loyer ne peut pas être fixé librement (logements non visés par l'article 17 *a*), le bailleur doit communiquer au locataire les références ayant servi à déterminer le prix (cf. paragraphe 12.1.2. Loyers réglementés).

2.3. SANCTIONS DE LA NON-CONFORMITE DU CONTRAT

Deux conséquences sont attachées à la non-conformité du contrat :
- le bailleur ne peut se prévaloir de la violation des dispositions de l'article 3 de la loi qui énumère les mentions obligatoires ;
- chaque partie peut exiger à tout moment, de l'autre partie, l'établissement d'un contrat conforme aux dispositions de la loi.

Il résulte de la combinaison de ces deux dispositions que le locataire est privilégié par rapport au bailleur en cas de non-conformité du contrat. En effet, si le locataire et le bailleur peuvent chacun exiger, à tout moment au cours du bail, l'établissement d'un contrat conforme, le locataire dispose seul de la faculté de solliciter son annulation, de remettre en cause le loyer ou encore d'invoquer l'inopposabilité du règlement de copropriété qui ne lui aura pas été communiqué.
Dans le cas particulier où aucun écrit n'aura été établi, la preuve de l'existence du contrat pourra être rapportée par tout moyen, notamment par la production des quittances ou par la justification du paiement des loyers au bailleur.

3

L'ETAT DES LIEUX

Intérêt du recours à l'état des lieux

Bien que prévu par la loi, l'établissement d'un état des lieux n'est pas obligatoire. Le caractère non obligatoire de l'état des lieux a pour conséquence que l'une des parties ne peut contraindre l'autre à assister à l'état des lieux, mais peut seulement le faire établir par un huissier de justice.

A défaut d'état des lieux, la présomption selon laquelle le locataire a reçu les lieux en bon état (article 1731 du Code civil) ne pourra pas être invoquée par le bailleur si c'est lui qui a fait obstacle à l'établissement de l'état des lieux.

Par contre, si c'est le locataire qui a fait obstacle à l'établissement de l'état des lieux, la présomption de bon état pourra lui être opposée.

L'état des lieux doit être établi contradictoirement

L'état des lieux doit être dressé contradictoirement, ce qui signifie que les parties doivent être présentes en personne ou représentées ou dûment appelées, c'est-à-dire conviées à se présenter.

En pratique, il arrive fréquemment que le bailleur soit représenté par l'agent immobilier chargé de la location.

L'état des lieux peut être établi par les parties elles-mêmes ou par un huissier de justice.

Le recours à un huissier peut intervenir dans plusieurs cas.

• Le recours à un huissier résulte d'une clause du bail. Dans ce cas, c'est l'huissier qui est chargé de convoquer les parties au moins deux jours à l'avance par lettre recommandée avec accusé de réception.

En principe, le contrat prévoit dans ce cas la répartition des frais d'huissier par moitié entre les parties. A défaut de dispositions en ce sens, les parties devront se mettre d'accord sur ce point.

• A défaut d'une clause du bail ou d'un accord entre les parties, le constat d'huissier peut être établi à la demande de l'une des parties, dans les cas où

l'autre partie s'oppose à l'établissement contradictoire et amiable de l'état des lieux. Dans l'hypothèse où l'état des lieux est établi directement par les parties, il est recommandé à ces dernières d'être le plus précis possible dans la description de l'état du logement.
En effet, la partie qui entend, en cours de bail, faire état d'une dégradation qui existait à l'origine et qui n'a pas été portée sur l'état des lieux risque d'avoir beaucoup de difficultés à combattre la présomption légale de bon état.
L'on doit noter à ce sujet que les tribunaux estiment qu'un état des lieux trop succinct équivaut à une absence d'état des lieux (tribunal de grande instance de Paris, 6e ch., 1er mars 1989, Loyers et copropriété, mai 1989).

Moment de l'état des lieux

La loi prévoit qu'un état des lieux soit établi à deux moments : lors de la remise et lors de la restitution des clés.
Il est fortement conseillé de procéder à cet état des lieux avant l'emménagement en début de bail et postérieurement au déménagement à la fin du bail, afin d'éviter toute contestation sur les dégradations qui auraient pu intervenir lors de l'emménagement et du déménagement.

Possibilité de compléter ultérieurement l'état des lieux d'entrée

La loi prévoit que, pendant le premier mois de la période de chauffe, le locataire peut demander que l'état des lieux soit complété par l'état des éléments de chauffage.
Il est conseillé de prévoir dans le contrat initial le recours à ce constat complémentaire et d'en prévoir ainsi les modalités, de recourir effectivement à ce constat afin d'éviter tout litige éventuel sur l'état des éléments de chauffage.

4

LA REMUNERATION DES INTERMEDIAIRES

Le bailleur peut faire appel à un intermédiaire (agent immobilier) pour se charger de la location d'un appartement dont il est propriétaire.
Les rapports entre le bailleur et l'intermédiaire sont réglementés par la loi du 2 janvier 1970.
La loi du 6 juillet 1989 (article 5) prévoit que la rémunération de l'intermédiaire est prise en charge par moitié par le bailleur et le locataire.
La rémunération de l'intermédiaire visée par la loi concerne bien évidemment la commission de l'agent immobilier, mais aussi les frais et honoraires du notaire qui peut procéder aux mêmes opérations que l'intermédiaire immobilier.
Le caractère intangible de cette règle du partage a été confirmé par le ministre de l'Equipement du Logement et de l'Aménagement qui a été amené à se prononcer sur ce point à l'occasion de questions parlementaires.
Il en résulte qu'en cas de remise ou de ristourne consentie par l'agent immobilier, celle-ci doit impérativement bénéficier à part égale au locataire et au bailleur.
En ce qui concerne le débiteur de l'intermédiaire, la doctrine considère que c'est celui qui a chargé l'intermédiaire de l'opération, à lui ensuite de réclamer le remboursement de la moitié des frais avancés à l'autre partie.

5

LES OBLIGATIONS DES PARTIES

La loi du 6 juillet 1989 énumère les obligations auxquelles sont tenus du fait de contrat de location le bailleur et le locataire.

5.1. LES OBLIGATIONS DU BAILLEUR (articles 6 et 21)

Les obligations du bailleur sont au nombre de cinq.

5.1.1. DÉLIVRER UN LOGEMENT EN BON ÉTAT D'USAGE ET DE RÉPARATION

Le logement ainsi que les équipements mentionnés au contrat doivent être en bon état d'usage et de fonctionnement. Si tel n'était pas le cas et à condition que le logement réponde aux normes minimales de confort et d'habitabilité définies par le décret du 6 mars 1987 (annexe n° 6), le contrat peut prévoir que le locataire exécutera ou fera exécuter les travaux définis en commun ainsi que les modalités de leur imputation sur le loyer.
Le bailleur ne peut, par l'intermédiaire de cette clause, imposer au locataire la prise en charge des travaux correspondant aux normes minimales définies au décret du 6 mars 1987. En cas d'application de cette clause, il est alors prévu au contrat les travaux définis en commun, les modalités de leur imputation sur le loyer et la durée de cette imputation.
De plus, il devra également être prévu au contrat le cas du départ anticipé du locataire et les modalités de son dédommagement sur justification des dépenses effectuées. Si le locataire effectue lui-même les travaux, il est important que ceux-ci soient évalués le plus précisément possible afin d'éviter toute contestation en cas de départ anticipé.
En cas de non-conformité du logement, le locataire a la faculté de demander l'exécution des travaux de mise en conformité et de saisir s'il le faut le tribunal d'instance dans le ressort duquel l'immeuble est situé.

Accessoirement à la demande de mise en conformité, le locataire peut présenter une demande de modification du loyer avec effet rétroactif à la date de l'entrée dans les lieux.
Une demande de réduction du loyer peut également être demandée conformément à l'article 1724 alinéa 2 du Code civil, dès lors que les travaux dureraient plus de quarante jours.

5.1.2. Assurer la jouissance paisible du logement et garantir le locataire des vices et défauts de nature à y faire obstacle

Pour ce faire, le bailleur doit :
- s'abstenir de troubler la jouissance des lieux du locataire ;
- garantir cette jouissance paisible par rapport aux tiers. En cas de troubles manifestement excessifs du voisinage par exemple, le locataire devra se retourner contre son bailleur, qui devra prendre toute mesure à l'encontre du voisin indélicat ;
- garantir le locataire des vices et défauts de la chose louée qui feraient obstacle à l'usage paisible des lieux. Sont bien évidemment exclus des vices et défauts visés ci-dessus ceux qui ont été mentionnés à l'état des lieux et pour lesquels les parties sont convenues de recourir à la clause de prise en charge par le locataire dans les conditions édictées au paragraphe précédent.

5.1.3. Entretenir les locaux et assurer les réparations non locatives

Le bailleur doit procéder aux réparations autres que locatives nécessaires au maintien en état et à l'entretien normal des locaux.
Les réparations non locatives sont déterminées par rapport aux réparations locatives définies par le décret du 26 août 1987 (annexe n° 8).
Sont retenus au titre des réparations locatives : « Les travaux d'entretien courant et de menues réparations, y compris les remplacements d'éléments assimilables auxdites réparations, consécutifs à l'usage normal des locaux et équipements à usage privatif. »
Le décret du 26 août 1987, auquel il convient de se rapporter, énumère d'une manière non limitative les réparations à la charge du locataire.
Pour toute réparation non énumérée au décret, il convient d'apprécier au cas par cas si la réparation rentre dans le domaine locatif ou en est exclue, entrant dans le domaine des grosses réparations à la charge du bailleur.

5.1.4. Ne pas s'opposer aux aménagements réalisés par le locataire

Le bailleur ne peut s'opposer aux aménagements réalisés par le locataire dès lors que ceux-ci ne constituent pas une transformation de la chose louée. Toute la difficulté réside ici dans la définition de la notion d'aménagement que doit souffrir le bailleur et celle de transformation, qui suppose nécessairement l'accord des deux parties et dont la charge en principe revient au bailleur. En l'état, aucune jurisprudence n'a encore précisé la notion d'aménagement. En tout état de cause, si le bailleur doit souffrir les aménagements réalisés par le locataire, il peut toujours exiger en fin de bail la restitution des lieux dans leur état d'origine.
Il est donc conseillé au locataire qui envisage de réaliser certains aménagements d'en informer le bailleur et de s'assurer par un engagement formel de ce dernier que l'aménagement ne sera pas remis en cause à la fin du bail.

5.1.5. Délivrer une quittance ou un reçu (article 21)

Le bailleur doit remettre une quittance au locataire qui en fait la demande.
Dans l'hypothèse où le loyer n'a été payé que partiellement, le bailleur ne sera tenu que de délivrer un reçu.
La quittance est remise gratuitement par le bailleur et comporte le détail des sommes perçues, à savoir : le loyer, le droit au bail, les charges forfaitaires. En cas d'arriérés de loyers, le locataire imputera le paiement sur la dette la plus ancienne.
En cas de bailleur récalcitrant, l'on peut très bien imaginer que le locataire réclame par lettre recommandée les quittances pour les loyers à venir, afin de lui éviter de renouveler sa demande tous les mois.

5.2. LES OBLIGATIONS DU LOCATAIRE (article 7)

Les obligations du locataire sont au nombre de sept.

5.2.1. Payer le loyer et les charges récupérables

L'obligation de payer le loyer et les charges récupérables est l'obligation principale du locataire.
C'est ainsi que le non-respect par le locataire de cette obligation peut entraîner la résiliation du bail si une clause résolutoire a été prévue au contrat (cf. paragraphe 11.1).

D'autre part, le locataire peut exiger de payer son loyer mensuellement.
Par contre, la loi étant silencieuse en ce qui concerne la périodicité du paiement des charges, le bailleur pourrait exiger du locataire un paiement autre que mensuel en ce qui concerne les charges.
La notion de charges récupérables est étudiée au chapitre 14 auquel il convient de se rapporter.

5.2.2. User paisiblement des lieux suivant leur destination

Le locataire doit user de la chose louée en « bon père de famille », selon l'expression du Code civil, c'est-à-dire en s'abstenant de tout abus et selon la destination des lieux arrêtée au bail, à savoir : soit l'habitation principale, soit l'habitation principale et l'exercice d'une profession particulière.
L'usage « en bon père de famille » suppose également que l'usage qui est fait des lieux soit conforme aux bonnes mœurs et à l'ordre public.
Enfin, le locataire doit s'abstenir de causer une gêne excessive aux autres occupants de l'immeuble et à ceux des immeubles voisins.

5.2.3. Répondre des dégradations

Le locataire doit répondre des dégradations et pertes qui surviennent pendant la durée du contrat dans les locaux, à moins qu'il ne prouve qu'elles ont eu lieu par cas de force majeure, par la faute du bailleur ou par le fait d'un tiers qu'il n'a pas introduit dans le logement.

5.2.4. Entretenir le logement et les équipements en bon état de réparations locatives

Les réparations locatives sont définies au décret du 26 août 1987 (annexe 8), auquel il convient de se rapporter pour plus de détails.
Néanmoins, il faut noter que le locataire est exonéré de son obligation dès lors que les réparations, bien que locatives, ont été rendues nécessaires par la vétusté des lieux, malfaçon, vice de construction, force majeure.
Dans ce cas, il appartient au locataire de rapporter par tout moyen la preuve de la cause d'exonération qu'il entend invoquer.
Il sera souvent nécessaire de recourir à un expert pour ramener la preuve demandée.

5.2.5. Laisser exécuter les réparations autres que locatives

Le locataire doit laisser exécuter dans les lieux loués les travaux d'amélioration des parties communes ou des parties privatives du même immeuble, ainsi que les travaux nécessaires au maintien en état et à l'entretien normal des locaux loués.
Il est soutenu par certains juristes que si le bailleur peut imposer au locataire les travaux d'entretien et d'amélioration des parties communes de l'immeuble, il ne peut lui être imposé, en ce qui concerne les parties privatives, que les travaux d'entretien à l'exception des travaux d'amélioration. La jurisprudence devra se prononcer sur ce point.

Indemnisation du locataire
La loi prévoit l'indemnisation du locataire dans deux cas :
- si les travaux durent plus de quarante jours, le loyer sera diminué en proportion de la durée des travaux et de la partie du logement rendue indisponible. La faculté offerte au locataire de solliciter la réduction du loyer pose bien évidemment le problème de l'évaluation de la réduction. Le locataire devra en faire la demande au bailleur, à défaut d'accord amiable entre les parties, le montant de la réduction devra être déterminé en justice ;
- si les travaux rendent inhabitables les lieux loués, le bail pourra être résilié à la demande du locataire.

5.2.6. Ne pas transformer les locaux et équipements loués sans l'accord écrit du propriétaire

Si le locataire peut réaliser des travaux d'aménagement sans l'accord du bailleur, celui-ci pouvant simplement exiger en fin de bail la remise en état des lieux, il ne peut, sans l'accord du bailleur, réaliser des travaux de transformation.
L'accord du bailleur devra être donné par écrit.
A défaut d'accord écrit du bailleur, celui-ci peut :
- exiger, à la fin du bail, la remise en état ou conserver à son bénéfice les transformations sans que le locataire puisse réclamer une indemnisation des frais engagés ;
- exiger immédiatement, sans attendre la fin du bail, la remise en état aux frais du locataire lorsque les transformations mettent en péril le bon fonctionnement des équipements ou la sécurité du local.

5.2.7. S'ASSURER CONTRE LES RISQUES LOCATIFS

La loi du 6 juillet 1989 impose au locataire de s'assurer « contre les risques dont il doit répondre en sa qualité de locataire ».
Le locataire doit justifier de la souscription d'une assurance lors de la remise des clés. Le bailleur peut donc conditionner la remise des clés à la production du contrat d'assurance.
De plus, le locataire est tenu de justifier annuellement de cette assurance au bailleur qui en fait la demande.
L'assurance que le locataire est tenu de souscrire couvre essentiellement les dégâts des eaux et l'incendie.
Enfin, le contrat peut contenir une clause résolutoire pour défaut d'assurance du locataire. Celle-ci ne prendra effet qu'un mois après un commandement d'huissier resté sans effet, le commandement devant obligatoirement reproduire, à peine de nullité, l'article 7, paragraphe g, 2e alinéa de la loi du 6 juillet 1989 relatif à la clause résolutoire en matière de défaut d'assurance.
Il appartient donc au locataire qui reçoit un tel commandement de produire dans le délai de un mois le justificatif de son assurance. A défaut, la clause résolutoire sera réputée acquise et l'expulsion du locataire pourra être sollicitée par le bailleur en justice.

6

CESSION, SOUS-LOCATION ET TRANSMISSION DU BAIL

6.1. LA CESSION DU BAIL (article 8 alinéa 1er)

La cession par le locataire de son contrat de bail est soumise à l'autorisation écrite du bailleur. Une simple autorisation verbale est insuffisante.
Il est fortement conseillé de prévoir dans un contrat de bail mixte, c'est-à-dire d'habitation et professionnel, une clause habilitant expressément le bailleur à céder son contrat de bail à son successeur dans l'exercice de sa profession.
Toute cession, une fois autorisée par le bailleur, devra de surcroît lui être signifiée par voie d'huissier afin de lui être opposable. Le plus prudent est que le bailleur intervienne à l'acte de cession, c'est-à-dire en signant celui-ci.
L'on doit savoir que: «Les cessionnaires successifs du droit au bail deviennent, par l'effet même de la cession, débiteurs du bailleur originaire et demeurent à ce titre, malgré la rétrocession de leurs droits, tenus envers lui, jusqu'à l'expiration du bail, des obligations qui en dérivent.»
Les locataires devront donc user de cette faculté de cession avec beaucoup de prudence, en se renseignant notamment sur la solvabilité du candidat cessionnaire de leur bail.

6.2. LA SOUS-LOCATION DU BAIL (article 8)

Au même titre que la cession, la sous-location du bail est toujours soumise à l'autorisation écrite du bailleur. De plus, la loi précise que l'autorisation du bailleur doit également porter en cette matière sur le prix de la sous-location.
Par ailleurs, le prix de la sous-location est limité par la loi qui prévoit que: «Le prix du loyer au mètre carré de surface habitable des locaux sous-loués ne peut excéder celui payé par le locataire principal.»
Enfin, la cessation du contrat initial emporte de plein droit la cessation de

la sous-location. En effet: «En cas de cessation du contrat principal, le sous-locataire ne peut se prévaloir d'aucun droit à l'encontre du bailleur ni d'aucun titre d'occupation.»
L'on notera donc la précarité de la situation du sous-locataire en matière de bail d'habitation ou mixte, par rapport, notamment, à la situation du sous-locataire d'un bail commercial, qui lui, à l'inverse, bénéficie d'un véritable statut.

6.3. LA TRANSMISSION DU BAIL (article 14)

Deux cas de transmission du bail sont prévus par la loi:
- la continuation du bail en cas d'abandon de domicile par le locataire;
- le transfert du bail en cas de décès du locataire.

6.3.1. LA CONTINUATION DU BAIL EN CAS D'ABANDON DU DOMICILE PAR LE LOCATAIRE

Il doit être rappelé au préalable que, conformément à l'article 1751 du Code civil, le bail du logement dans lequel vivent les époux est réputé appartenir aux deux époux, nonobstant toutes clauses contraires, quelle que soit sa date de signature avant ou après le mariage et quel que soit le régime matrimonial des époux.
Les seules conditions d'application de l'article 1751 sont, d'une part, que le bail ne présente aucun caractère professionnel ou commercial et, d'autre part, que le logement soit effectivement le logement des époux.
A la différence des dispositions précitées du Code civil, les dispositions de la loi du 6 juillet 1989 en matière d'abandon du domicile par le locataire protègent son conjoint alors même que l'on serait en présence d'un bail mixte (bail d'habitation et professionnel).
Ces dispositions sont les suivantes.

• En cas d'abandon de domicile par le locataire, le bail continue au profit:
- du conjoint, sans préjudice de l'application de l'article 1751 du Code civil;
- des descendants qui vivaient avec lui depuis au moins un an à la date de l'abandon de domicile;
- des descendants, du concubin notoire, ou des personnes à charge, qui vivaient avec lui depuis au moins un an à la date de l'abandon de domicile.

• En cas de demandes multiples, les personnes intéressées devront saisir le juge, qui se prononcera en fonction des intérêts en présence.

• A défaut de personnes remplissant les conditions précitées, le bail sera résilié de plein droit par l'abandon du domicile par le locataire.

L'on relèvera que, si la loi vise expressément le concubin notoire, la jurisprudence décide que la personne qui a des relations homosexuelles avec le locataire ne peut se prévaloir de ces dispositions (Paris, 6e chambre B, 27 mai 1989, Loyers et copropriété, juillet 1989, n° 297).
La notion d'abandon de domicile a été précisée par la jurisprudence qui l'analyse en « un départ brusque, imprévisible et non en un départ concerté » (Cass. Civ. 3e, 16 décembre 1987, Revue des loyers 1988, 551, note J-C.B.).

6.3.2. Le transfert du bail en cas de décès du locataire

En cas de décès du locataire, le bail est transféré au profit des personnes ci-après énumérées :
- du conjoint survivant, sans préjudice de l'application des 6e et 7e alinéas de l'article 832 du Code civil ;
- des descendants qui vivaient avec lui depuis au moins un an à la date du décès ;
- des descendants, concubin notoire ou des personnes à charge qui vivaient avec lui depuis au moins un an à la date du décès.

Les conditions et les bénéficiaires du transfert du bail en cas de décès du locataire sont identiques à ceux prévus en cas d'abandon de domicile.
L'on notera seulement que, en cas de décès du locataire, le conjoint survivant pourrait également se prévaloir non pas des dispositions de l'article 1751 du Code civil, applicables en cas d'abandon de domicile, mais des 6e et 7e alinéas de l'article 832 du Code civil.
Aux termes de l'article 832 alinéas 6 et 7 du Code civil, le conjoint survivant et l'héritier vivant dans les lieux peuvent, en cas de décès du locataire, solliciter l'attribution préférentielle du bail.
A défaut de bénéficiaires remplissant les conditions énumérées à l'article 14 de la loi, le bail est résilié de plein droit par le décès du locataire. Dans ce cas, le bailleur sera fondé à poursuivre la succession du défunt en paiement d'une indemnité compensatrice si les lieux sont indisponibles du fait de la présence des meubles dans les lieux.
L'indemnité compensatrice pourra être fixée à un montant équivalent aux loyers et charges pour la période d'indisponibilité du local.

7

LE DROIT D'ECHANGE
(article 9)

La loi du 6 juillet 1989 a réintroduit le droit d'échange prévu par la loi du 1er septembre 1948.
Aux termes de l'article 9 de la loi :
« Lorsque deux locataires occupant deux logements appartenant au même propriétaire et situés dans un même ensemble immobilier demandent à procéder à un échange de logements entre eux, cet échange est de droit dès lors que l'une des deux familles concernées comporte au moins trois enfants et que l'échange a pour conséquence d'accroître la surface de logement occupé par la famille la plus nombreuse.
Dans les contrats en cours, chaque locataire se substitue de plein droit à celui auquel il succède et ne peut être considéré comme un nouvel entrant... »
Ces dispositions ont pour but d'imposer au bailleur l'échange dans les conditions suivantes :
- l'une des deux familles doit comporter au moins trois enfants ;
- l'échange doit accroître la surface du logement occupé par la famille la plus nombreuse ;
- aucun des deux logements concernés ne doit être soumis à la loi du 1er septembre 1948 ;
- les deux logements doivent être situés dans le même ensemble immobilier.

La notion d'ensemble immobilier visé par la loi est, en l'état, imprécise et devra donner lieux à interprétation par les tribunaux.
Sous réserve de la définition, qui ne manquera pas d'être fournie par la jurisprudence, l'on peut considérer que la notion « d'ensemble immobilier » couvre en tout état de cause la notion de résidence.

8

LA DUREE DU CONTRAT DE LOCATION (articles 10 et 11)

La loi du 6 juillet 1989 a repris la distinction posée par la loi de 1982 entre les baux consentis par des personnes physiques et ceux consentis par des personnes morales, distinction qui n'avait pas été reprise par la loi de 1986.
En effet, il convient de rappeler que la loi de 1982 avait posé le principe du bail de six ans et autorisait les personnes physiques et assimilées à conclure des baux de trois ans.
La loi de 1986 avait, quant à elle, ramené la durée des baux à trois ans avec faculté de réduire cette durée pour des circonstances tout à fait exceptionnelles.
Aux termes de la loi du 6 juillet 1989:
« Le contrat de location est conclu pour une durée au moins égale à trois ans pour les bailleurs personnes physiques ainsi que pour les bailleurs définis à l'article 13 et à six ans pour les bailleurs personnes morales.
« Il doit également être précisé que le point de départ du délai n'est pas la date de signature du contrat mais celle de sa prise d'effet, c'est-à-dire la date à laquelle le locataire peut entrer dans les lieux pour s'y installer. »

8.1. LES BAUX DE SIX ANS

Le bailleur personne morale (société, association, organisme public, compagnie d'assurances,...) est tenu de conclure des baux d'une durée minimale de six ans.
Néanmoins, il convient de rappeler que, les dispositions de la loi en matière de durée n'étant pas d'application générale, elles ne s'appliquent ni aux organismes publics d'HLM ni aux locaux qui ont fait l'objet d'une convention conformément à l'article L 351 du Code de la construction et de l'habitation.

La loi fixant la durée minimale du contrat, une personne physique pourrait parfaitement consentir un bail de six ans.

8.2. LES BAUX DE TROIS ANS

Les bailleurs personnes physiques peuvent souscrire des baux de trois ans.
Il doit être noté que sont assimilées à des personnes physiques, et donc autorisées à conclure des baux d'une durée de trois ans :

- les SCI constituées exclusivement entre parents et alliés jusqu'au quatrième degré, lorsque le bail est consenti par la société à l'un de ses associés ;
- les indivisions, lorsque le bail est consenti à l'un des coindivisaires.

8.3. LES BAUX DE UN AN A TROIS ANS

Il peut être conclu des baux d'une durée minimale de un an « quand un événement précis justifie que le bailleur personne physique ait à reprendre le local pour des raisons professionnelles ou familiales... ».
Ce bail dérogatoire suppose que soient remplies un certain nombre de conditions énumérées ci-après.

• Le bailleur est obligatoirement une personne physique ou assimilée (article 13).

• La survenance de l'événement :

- le bailleur doit indiquer dans le contrat la nature de l'événement qui justifie la reprise des locaux, ainsi que les raisons particulières qui la motivent ;
- le bailleur doit justifier de la survenance de l'événement deux mois au moins avant le terme du contrat.

Ce bail dérogatoire peut être prorogé à deux moments du contrat :

- prorogation conventionnelle en cours de bail : si l'événement qui a justifié le recours au bail de moins de trois ans est reporté dans le temps, le bailleur peut, dans les deux mois avant le terme du contrat, proposer au locataire la prorogation du terme. Cette faculté de prorogation n'est offerte qu'une seule fois au bailleur. Si le locataire refuse cette prorogation, la non-survenance de l'événement visé au contrat entraînera le report du terme du contrat afin de le faire correspondre avec la durée légale de trois ans ;

– prorogation légale à l'échéance du contrat : à défaut de survenance de l'événement visé au bail, le bail est automatiquement prorogé afin de le faire correspondre à la durée légale de trois ans. De plus, l'on notera que, dans le cas particulier où le bail dérogatoire ferait suite à un bail de droit commun concernant le même locataire et le même logement, le montant du loyer ne pourra être supérieur au montant du loyer initial sous réserve de l'application d'une clause d'indexation insérée dans le premier bail.

A l'expiration du contrat de location, trois cas de figure sont à envisager :
– le bailleur, dans les délais et conditions qui seront précisés au chapitre suivant, donne congé au locataire selon l'un des motifs autorisés par la loi ;
– le bailleur soumet au locataire une offre de renouvellement aux conditions qui seront précisées au paragraphe 12.2. ;
– à défaut de congé régulier ou d'offre de renouvellement, le contrat de bail est reconduit tacitement aux conditions du contrat initial.

9

LE CONGE

Le congé est strictement réglementé par la loi du 6 juillet 1989.

9.1. LA FORME DU CONGE (article 15)

La loi du 6 juillet 1989 indique que le congé peut être donné :
- par exploit d'huissier ;
- par lettre recommandée avec accusé de réception.

La date de notification du congé est importante, puisque c'est elle qui fait courir le délai légal.
Il doit être noté que, en présence d'un acte d'huissier, la date du congé est la date de signification mentionnée sur cet acte.
En présence d'une lettre recommandée avec accusé de réception, la loi précise que la date de notification qui fait courir le délai est celle de la réception de la lettre, c'est-à-dire, en pratique, la date qui est apposée par l'agent des postes lors de la remise de la lettre.
Ce mode de notification est peu fiable, en cas notamment d'accusé de réception non signé par le locataire. En conséquence, il est recommandé au bailleur qui veut éviter de voir le bail reconduit pour non-délivrance d'un congé dans les délais légaux :
- soit de recourir à une signification par huissier ;
- soit de délivrer le congé avant sa date limite (six mois avant l'arrivée du terme).

Par ailleurs, le congé doit être délivré à chacun des deux époux. A défaut, le conjoint à qui le congé n'a pas été délivré pourrait invoquer la tacite reconduction du bail à son encontre.
Par précaution, il est conseillé au bailleur de notifier le congé aux époux par lettre séparée, dans l'hypothèse où il n'entendrait pas recourir à un acte d'huissier.

9.2. LE DELAI DU CONGE

La loi prévoit des délais de congé distincts en fonction que celui-ci est donné par le locataire ou par le bailleur.

9.2.1. Le délai du congé donné par le locataire

Le locataire peut donner congé au bailleur à tout moment en cours de bail ou à son échéance.
Le délai de préavis est en principe de trois mois.
Le délai du préavis est réduit à un mois dans les cas que vous trouverez énumérés ci-dessous :
- en cas de mutation ou de perte d'emploi ;
- en faveur des locataires âgés de plus de soixante ans, dont l'état de santé justifie un changement de domicile ;
- locataires bénéficiant d'un revenu minimum d'insertion (loi n° 90-449, 31 mai 1990 visant à la mise en œuvre du droit au logement).

De plus, il doit être précisé que le cas de mutation ou de perte d'emploi ne vise ni le départ à la retraite ni la démission.
Enfin, au terme d'une réponse ministérielle en date du 23 avril 1990, il a été indiqué, et ce sous réserve bien entendu de l'interprétation qui en sera donnée par les tribunaux, que le fait de trouver ou de retrouver un emploi serait un cas d'application de réduction du délai de congé donné par le locataire.

La loi ne précise pas si, en cas de conjoints, la condition d'âge requise devra être remplie par l'un au moins ou par les deux époux.
Les tribunaux devront se prononcer sur l'interprétation de cette disposition qui est une innovation de la loi du 6 juillet 1989.
L'on peut légitimement supposer que les tribunaux retiendront la solution la plus favorable aux locataires âgés dont l'un est malade.
L'on notera également que le locataire qui a pris l'initiative du congé est tenu de payer les loyers et les charges durant la période de préavis, sauf si le logement est occupé avant la fin du préavis, avec l'accord du bailleur, par un autre locataire.

9.2.2. Le délai du congé donné par le bailleur

A la différence du locataire, qui peut donner congé à tout moment du bail, sous la seule condition de respecter un préavis de trois mois ou d'un mois dans les cas prévus par la loi, le bailleur, quant à lui, ne peut donner congé

qu'à l'expiration du bail et en respectant un préavis d'une durée de six mois.
Le délai de six mois est un délai minimal ; le congé, pour être valable, doit être parvenu au moins six mois avant le terme du contrat, généralement fixé le dernier jour du mois.
Un congé parvenu le lendemain du délai ne pourrait produire ses effets et aurait donc pour conséquence la reconduction tacite du bail aux conditions prévues au contrat initial.

9.3. LES MOTIFS DU CONGE DONNE PAR LE BAILLEUR

La loi du 23 décembre 1986 avait supprimé, pour les locaux vacants, l'obligation du bailleur de motiver son congé.
Cette obligation a été réintroduite par la loi du 6 juillet 1989 dans son article 15.
D'une part, le bailleur doit énoncer dans son congé les motifs de celui-ci.
D'autre part, les motifs qui justifient un congé sont limitativement énumérés par la loi.
Les motifs de congé sont :
- la reprise pour habiter ;
- la reprise pour vendre ;
- la reprise pour motif légitime et sérieux.

9.3.1. LA REPRISE POUR HABITER

Le bailleur peut donner congé pour habiter ou pour faire habiter.
Le bénéficiaire de la reprise est nécessairement :
- le bailleur ;
- son conjoint ;
- son concubin notoire depuis au moins un an avant la date de congé ;
- ses ascendants ;
- ses descendants ;
- les ascendants ou descendants de son conjoint ;
- les descendants ou ascendants de son concubin notoire depuis au moins un an avant la date du congé ;
- tout membre de l'indivision, lorsque le logement est en indivision ;
- tout associé de la société civile bailleresse, dès lors que celle-ci est exclusivement constituée entre parents et alliés jusqu'au quatrième degré inclus.

Le congé pour habiter doit satisfaire aux conditions de forme (lettre recommandée avec accusé de réception ou acte d'huissier) et aux conditions de délai (préavis de six mois). Par ailleurs, ce congé doit préciser les nom et adresse du bénéficiaire.
L'on notera que le congé pour habiter peut être exercé pour un usage mixte (habitation et professionnel).
Enfin, il doit être précisé que :
- la liste des bénéficiaires établie par la loi du 6 juillet 1989 s'impose à tout congé délivré postérieurement au 8 juillet 1989 (réponse ministérielle n° 606, *J.O.A.N.* 17 oct. 1988, p. 2.933) ;
- jusqu'à l'expiration des baux en cours au 24 décembre 1986, le bailleur peut exercer son droit de reprise sur ces baux sur le fondement de l'article 17 de la loi du 22 juin 1982 ; au terme du contrat, les dispositions applicables sont celles de l'article 22 de la loi du 23 décembre 1986 (réponse ministérielle *J.O.*, Sénat, 22 septembre 1988).

A titre d'exemples, l'on notera que les tribunaux ont jugé que:
- le bailleur n'a aucune autre motivation à donner que celle de reprendre le logement pour l'occuper lui-même ou le faire occuper par les personnes que la loi énumère ;
- le bailleur, propriétaire de plusieurs appartements, a le libre choix du logement sur lequel il entend exercer le droit de reprise ;
- la reprise pour habiter n'est pas subordonnée à la justification d'un besoin de relogement du bénéficiaire.

9.3.2. La reprise pour vendre

Au préalable, il doit être rappelé que le bailleur, propriétaire du logement, peut vendre celui-ci à tout moment du bail.
En cours de bail, cette vente n'a pas d'incidence directe sur le sort du locataire, qui demeure, nonobstant le changement de propriétaire, titulaire du bail jusqu'à son expiration.
Au terme du bail, la vente du logement est, par contre, un motif de congé. Dans ce cas, la loi accorde au locataire un droit préférentiel sur la vente (droit de préemption).
Il doit être noté que la reprise pour vendre concerne la vente au sens strict et ne peut être invoquée pour un apport en société ou une donation, par exemple.

Forme du congé
Le congé pour vendre est notifié au locataire au moins six mois avant

l'échéance du terme du contrat par lettre recommandée avec accusé de réception ou par acte d'huissier.

Contenu du congé

Le congé doit, à peine de nullité, indiquer le prix et les conditions de la vente projetée et reproduire les dispositions de la loi relatives au congé pour vendre (article 15-1 et les quatre premiers alinéas de l'article 15-2).
L'on notera que les conditions de validité du congé étant édictées en faveur du locataire, lui seul peut en invoquer la nullité.

Effets du congé

Ce congé a pour conséquence d'octroyer au locataire un droit de préemption et un droit de substitution.

Le droit de préemption

Le congé vaut offre de vente, à dater de la réception du congé, le locataire dispose d'un droit d'option qu'il peut exercer dans le délai de deux mois.
S'il envisage d'acquérir le logement aux conditions proposées, il doit indiquer au bailleur s'il entend recourir à un prêt. Dans cette hypothèse, le locataire bénéficiera d'un délai supplémentaire de deux mois pour réaliser la vente.
A défaut de réalisation de la vente dans les délais légaux, le locataire est déchu de son titre d'occupation au terme prévu, sauf à démontrer que le non-respect du délai de deux ou quatre mois est imputable au bailleur ou à un cas de force majeure.

Le droit de substitution

Le droit de substitution, appelé également droit de retrait, est la sanction du non-respect par le bailleur du droit de préemption du locataire.
Dans le cas où la vente est passée avec un tiers dans des conditions plus avantageuses que celles proposées au locataire dans le congé, le locataire peut s'il le désire se substituer au tiers et acquérir le logement aux mêmes conditions que ce dernier.
Ce droit de substitution est en pratique réalisable du fait que le notaire qui est chargé de passer l'acte de vente est tenu de le notifier au bénéficiaire du droit de préemption.
A dater de cette notification par le notaire, l'ex-locataire dispose d'un délai de un mois pour exercer son droit de retrait.
Pour exercer ce droit, il suffit à l'ex-locataire de déclarer au notaire qu'il entend exercer son droit de retrait.

Dérogations au droit de préemption

Le droit de préemption du locataire connaît deux exceptions:

- le locataire ne bénéficie pas d'un droit de préemption dès lors que la vente est réalisée au profit d'un parent jusqu'au troisième degré inclus du bailleur, sous condition que l'acquéreur occupe le logement pendant une durée qui ne peut être inférieure à deux ans à compter de l'expiration du préavis;
- le locataire ne bénéficie pas d'un droit de préemption dans les cas où l'immeuble concerné fait l'objet d'une interdiction d'habiter, d'un arrêté de péril prescrivant la démolition ou la réparation, ou bien est acquis ou exproprié à la suite d'une déclaration d'utilité publique.

9.3.3. La reprise pour un motif légitime et sérieux

Aux termes de la loi, le troisième motif que peut invoquer le bailleur pour s'opposer au renouvellement du bail est « un motif légitime et sérieux, notamment l'inexécution par le locataire de l'une des obligations lui incombant. »
Le motif légitime et sérieux invoqué par le bailleur pour s'opposer au renouvellement du bail peut être constitué par un comportement fautif du locataire (non-respect des obligations essentielles du bail mis à sa charge par l'article 7 de la loi (cf. annexe n° 5).
Le congé motivé par le comportement fautif du locataire donne très souvent lieu à contentieux, le locataire contestant le caractère légitime et sérieux des fautes invoquées par le bailleur.
Il appartient alors au juge de trancher le débat.
A titre indicatif, l'on notera qu'a été qualifié de motif réel et sérieux:
- le paiement irrégulier et répété des loyers;
- l'installation sans autorisation de sanitaires;
- la méconnaissance d'une interdiction de sous-louer;
- des troubles de voisinage répétés.

Le motif légitime et sérieux invoqué par le bailleur pour s'opposer au renouvellement du bail peut également exister en dehors de toute faute du locataire.
Il peut notamment être justifié par l'expropriation ou la destruction de l'immeuble ainsi que par le refus du locataire d'accepter une augmentation légitime du loyer.

9.4. LA SANCTION DU CONGE NON MOTIVE

Au préalable, il doit être rappelé que:

- le non-respect des conditions de forme du congé est sanctionné par la nullité, à la condition que le locataire démontre que le non-respect des formalités lui a causé grief;
- le congé donné de manière anticipée est valable, mais ses effets sont reportés à la date à laquelle ils pouvaient intervenir (c'est-à-dire le terme du contrat);
- le congé délivré hors délai a des effets distincts en fonction qu'il émane du bailleur ou du locataire:

  a) le congé délivré par le bailleur moins de six mois avant le terme du bail ne produit aucun effet, le bail est reconduit aux conditions initiales;

  b) le congé délivré par le locataire moins de trois mois, ou moins d'un mois dans les cas dérogatoires, ne pourra produire ses effets à la date escomptée par le locataire, mais dans ce cas ses effets seront rapportés au mois suivant.

Le congé non motivé, conformément aux dispositions de la loi énumérées aux paragraphes précédents, est frappé de nullité. En présence d'un congé nul, le bail est reconduit par tacite reconduction aux conditions du bail antérieur.
Toutefois, dans le cas où le locataire invoque en justice la nullité du bail alors qu'il a déjà quitté les lieux, sa réintégration ne pourra intervenir que dans l'hypothèse où un nouveau bail n'a pas été consenti à un tiers.

10

PROTECTION DES LOCATAIRES AGES ET DE RESSOURCES MODESTES (article 15-III)

Le congé délivré à tout locataire âgé de plus de soixante-dix ans et dont les ressources annuelles sont inférieures à une fois et demie le montant du SMIC suppose que lui soit proposé en contre-partie « un logement correspondant à ses besoins et à ses possibilités dans les limites géographiques prévues à l'article 13 *bis* de la loi n° 48-1360 du 1er septembre 1948 ».

La protection à l'égard des locataires âgés et démunis joue quel que soit le motif du congé.

La Cour de cassation (Cass. Civ., III, 18 octobre 1989) a précisé que les ressources annuelles prises en compte pour apprécier si elles sont inférieures à une fois et demie le montant annuel du SMIC sont le montant total des ressources annuelles de l'occupant et des personnes vivant avec lui de manière effective.

Dans le cas où le locataire conteste l'adéquation du logement proposé à ses besoins et à ses ressources, le contentieux sera porté devant le juge, qui dispose en cette matière d'un large pouvoir d'appréciation.

Le refus du locataire d'accepter un logement correspondant à ses besoins et à ses ressources lui fait perdre le bénéfice des dispositions édictées en sa faveur.

La protection édictée en faveur du locataire âgé et démuni est écartée chaque fois que le bailleur est lui-même âgé de plus de soixante ans et que le montant de ses ressources annuelles est inférieur à une fois et demie le montant annuel du SMIC.

Les âges du bailleur et du locataire sont appréciés à la date d'échéance du contrat.

Le montant de leurs ressources est apprécié à la date de notification du congé.

11

LA RESILIATION DU CONTRAT DE LOCATION

Le bailleur peut mettre fin au bail en cours d'exécution dans les cas où le locataire ne respecte pas ses obligations.

11. 1. EN PRESENCE D'UNE CLAUSE RESOLUTOIRE

La loi autorise que soit insérée dans le contrat de location une clause résolutoire aux termes de laquelle le non-respect par le locataire d'un certain nombre d'obligations nommément désignées entraîne de plein droit la résiliation du contrat.
Conformément à la loi, seulement quatre manquements aux obligations du locataire peuvent être sanctionnés par une clause résolutoire:
- le non-paiement du loyer;
- le non-paiement des charges;
- le non-paiement du dépôt de garantie;
- le défaut d'assurance couvrant les risques locatifs.

Toute clause visant un autre manquement du locataire est nulle et ne produit aucun effet.

Conditions de mise en œuvre de la clause résolutoire
Les conditions d'application de la clause résolutoire varient en fonction de la nature de la faute du locataire qui est invoquée.
En cas de défaut d'assurance locative, le bailleur qui entend faire jouer la clause résolutoire prévue à cet effet dans le bail doit adresser un commandement par huissier reproduisant, à peine de nullité, l'article 24 de la loi du 6 juillet 1989.
A défaut pour le locataire de justifier qu'il a rempli son obligation dans le délai d'un mois à dater du commandement, la clause résolutoire est acquise au bailleur.
En cas de défaut de paiement du loyer, des charges ou du dépôt de garan-

tie, le commandement ne produit ses effets qu'après l'expiration d'un délai de deux mois.
Pendant ce délai, le locataire peut saisir le juge pour solliciter des délais de paiement. Le tribunal compétent est le tribunal d'instance du lieu de la situation de l'immeuble.
La saisine du tribunal consistant en la remise au secrétariat greffe d'une copie de l'assignation délivrée au bailleur par voie d'huissier, c'est bien cette remise et non la délivrance de l'assignation qui doit intervenir dans ce délai de deux mois.

11. 2. EN L'ABSENCE DE CLAUSE RESOLUTOIRE

En l'absence de clause résolutoire, le bailleur peut solliciter en cours de bail la résolution judiciaire du contrat pour non–respect par le locataire de ses obligations.
Dans ce cas, le juge apprécie, au vu des circonstances de l'espèce, la gravité des fautes invoquées.

12

LES LOYERS

Au préalable, il convient de rappeler que la loi du 23 décembre 1986 avait rendu au bailleur la faculté de fixer librement les loyers et avait institué un système transitoire pour le renouvellement des baux en cours.
Ce système transitoire prévoyait un étalement de l'augmentation du loyer sur trois ans et la possibilité, en cas de désaccord, d'un recours devant une commission départementale de conciliation.
La loi n° 89-18 du 13 janvier 1989 et le décret du 15 février 1989 (annexes n° 9 et 10) ont apporté un certain nombre de modifications au système mis en place par la loi du 23 décembre 1986.
La nouvelle loi du 6 juillet 1989 réglemente la fixation des loyers en son chapitre III.
La loi distingue entre:
- les baux des locaux vacants;
- les baux renouvelés.

12.1. LES LOYERS DES BAUX PORTANT SUR DES LOCAUX VACANTS

12.1.1. Les loyers libres

Conformément à l'article 17 de la loi, peuvent être fixés librement les loyers des baux relatifs à:
- des logements neufs;
- des logements vacants ayant fait l'objet de travaux ou de remise aux normes définies par le décret du 6 mars 1987 (annexe n° 6);
- des logements conformes aux normes définies par le décret du 6 mars 1987, faisant l'objet d'une première location ou, s'ils sont vacants, ayant fait l'objet depuis moins de six mois de travaux d'amélioration portant sur les parties privatives ou communes d'un montant au moins égal à une année du loyer antérieur.

Ainsi, si le logement répond déjà aux normes du décret de 1987, la liberté des loyers ne joue que s'il s'agit d'une première location.
Si le bailleur a fait exécuter des travaux afin de rendre le logement conforme, la liberté des loyers est acquise quel que soit le montant des travaux effectués.
Si le logement était déjà aux normes, la liberté du loyer ne jouera que si les travaux effectués depuis moins de six mois sont d'un montant au moins égal à une année du loyer antérieur.

12.1.2. Les loyers réglementés

Les locaux vacants (libres d'occupants) sont soumis à des loyers réglementés dans les cas suivants :
- locaux vacants qui ne satisfont pas aux normes minimales de confort et d'habitabilité fixées par le décret du 6 mars 1987 (voir l'annexe n° 6 à la page 168) ;
- locaux vacants qui, bien que satisfaisant aux normes du décret du 6 mars 1987, n'ont pas fait l'objet de travaux de rénovation depuis au moins six mois ;
- locaux faisant l'objet d'une première location qui ne satisfont pas aux normes du décret.

Dans ces cas, les loyers sont fixés en référence aux loyers habituellement constatés dans le voisinage pour des locaux comparables.
L'on notera que la référence aux loyers du voisinage ne joue que dans les cas où le loyer réclamé par le bailleur est « supérieur au dernier loyer exigé du précédent locataire ».

Notion de loyers de référence
La loi précise que les loyers de référence doivent nécessairement être situés dans le même groupe d'immeubles ou dans un groupe d'immeubles distinct mais présentant les mêmes caractéristiques et situés en tout état de cause dans la même zone géographique.

Justification par le bailleur des loyers de référence
Le bailleur doit fournir au locataire les éléments de comparaison du loyer proposé.
Le nombre des loyers de référence à fournir varie en fonction de l'importance de l'agglomération dans laquelle est situé le logement.
Dans les agglomérations de plus de un million d'habitants, le bailleur doit fournir au minimum six références de loyers.

Dans les agglomérations de moins de un million d'habitants, le bailleur doit fournir au minimum trois références de loyers.
La liste des agglomérations de plus de un million d'habitants résulte en l'absence d'un nouveau texte de référence du décret n° 87-818 du 2 octobre 1987 (annexe n° 11).
Les références à fournir par le bailleur résultent du décret n° 90-780 du 31 août 1990 (annexe n° 15).
De plus, l'article 19 de la loi exige du bailleur que les références se rapportent au moins pour les deux tiers d'entre elles à des logements dont le locataire est titulaire depuis au moins trois ans.
Enfin, les références communiquées devront être annexées au contrat de location, qui devra reproduire les dispositions de l'article 19 de la loi du 6 juillet 1989.
L'on notera que la loi (article 16) prévoit la création, au niveau des départements, d'observatoires de loyers, agréés par le ministre chargé du Logement, afin de recueillir et de diffuser les éléments statistiques nécessaires à la détermination des loyers de référence.
La généralisation de la mise en place de ces observatoires devrait permettre une meilleure information des bailleurs et des locataires.
Les conditions d'agrément des observatoires ont été arrêtées par un décret du 16 juillet 1990 (annexe n° 14).

Sanctions des règles de référence

Si le bailleur n'a pas respecté les règles des loyers de référence, c'est-à-dire s'il a omis de communiquer ces références ou bien s'il a communiqué des références non conformes, le locataire dispose d'un délai de deux mois pour contester le montant du loyer proposé auprès de la Commission paritaire de conciliation.
A défaut de conciliation, chacune des parties peut saisir le tribunal d'instance afin que celui-ci fixe judiciairement le loyer.
Ce dispositif de contrôle a été mis en place par la loi pour une durée totale de cinq ans à l'expiration de laquelle le gouvernement s'est engagé à présenter au Parlement un rapport sur l'évolution des loyers des locaux vacants.

12.2. LES LOYERS DES BAUX RENOUVELES

Le renouvellement du bail étant la règle sous l'empire de la loi du 6 juillet 1989, le législateur s'est bien évidemment intéressé au sort des loyers des baux renouvelés (article 17-C).

La loi pose pour principe que le renouvellement du bail ne donne lieu à augmentation du loyer que si celui-ci « est manifestement sous-évalué ».
Dans les cas où le bailleur estime que le loyer est sous-évalué, il peut proposer au locataire un nouveau loyer fixé par référence aux loyers habituellement constatés dans le voisinage (cf. paragraphe précédent).
Cette proposition doit être formulée selon des règles précises.

• La proposition d'augmentation du loyer à l'occasion du renouvellement de celui-ci doit être adressée au locataire au moins six mois avant le terme du contrat.

• Cette proposition doit être adressée au locataire soit par lettre recommandée avec accusé de réception soit par acte d'huissier.

• A peine de nullité, cette proposition doit reproduire les dispositions de l'article 17-C de la loi, le montant du loyer proposé ainsi que la liste des références ayant servi à le déterminer.

La proposition de renouvellement du bail à un nouveau loyer émise par le bailleur interdit à celui-ci de délivrer ultérieurement un congé.
Pour être opposable au locataire, en dehors d'une décision judiciaire, l'augmentation du loyer doit avoir été expressément approuvée par ce dernier. A ce sujet, il doit être mentionné que le locataire n'est pas tenu de répondre à la proposition émise par le bailleur.
En cas de silence du locataire, il appartient au bailleur de saisir la Commission paritaire de conciliation.
A défaut d'accord devant la Commission de conciliation, le bailleur devra saisir le tribunal d'instance afin que ce dernier fixe judiciairement le montant du nouveau loyer.
A défaut d'avoir saisi le tribunal d'instance avant le terme du contrat, celui-ci sera reconduit de plein droit aux conditions antérieures du loyer.
L'on notera à ce sujet qu'en cette matière particulière la saisine du tribunal signifie non pas la délivrance de l'assignation mais la remise au secrétariat greffe du tribunal d'une copie de l'assignation.
Enfin, en cas de fixation du nouveau loyer par le tribunal, la loi précise que sa décision est exécutoire par provision. Cela signifie que le nouveau loyer est applicable alors même que la partie mécontente ferait appel du jugement du tribunal.
Il résulte de cette procédure que le locataire a toujours intérêt à faire « le mort » à l'occasion d'une proposition d'augmentation de loyer lors du renouvellement du bail.

12.3. MODIFICATIONS DU LOYER EN COURS DE BAIL DU FAIT DE TRAVAUX D'AMELIORATION (article 17-C)

La loi autorise le bailleur à modifier le montant du loyer en cours de bail dès lors qu'il a entrepris des travaux d'amélioration du logement.
La modification du loyer suppose :
- la réalisation de travaux d'amélioration dans le logement. La réalisation de travaux d'amélioration sur les parties communes ne justifie pas l'augmentation du loyer en cours de bail ;
- des travaux d'amélioration réalisés par le bailleur. Les travaux d'amélioration réalisés par le locataire ne justifient bien évidemment pas l'augmentation du loyer ;
- l'accord écrit du bailleur et du locataire sur la nature des travaux et sur le montant de l'augmentation. Cet accord écrit prendra la forme d'un avenant au contrat de bail, daté et signé par les parties ;
- l'augmentation ne pourra intervenir qu'après la réalisation des travaux.

12.4. LA REVISION DU LOYER EN COURS DE BAIL AVEC L'ACCORD DES PARTIES (article 17-D)

En dehors de travaux d'amélioration, le bailleur peut augmenter le loyer en cours de bail si une clause du contrat de bail le prévoit.
En l'absence de clause de révision, le loyer demeurera inchangé pendant toute la durée du bail.
La révision du loyer stipulée dans le contrat est réglementée par la loi :
- la révision ne peut être qu'annuelle ;
- les parties peuvent prévoir une date de révision autre que la date anniversaire du contrat ;
- à défaut de stipulations particulières concernant la date de révision, celle-ci interviendra à la date anniversaire du contrat de bail ;
- l'augmentation ne peut être supérieure à la variation de l'indice du coût de la construction publié par l'INSEE.

Si le contrat n'indique pas l'indice de référence, l'indice à prendre en compte est celui publié à la date de la signature du contrat de bail.

12.5. LES MODALITES D'APPLICATION DE L'AUGMENTATION DU LOYER (article 17-C, alinéas 7, 8, 9)

La loi du 6 juillet 1989 a réglementé les modalités d'augmentation du loyer en les échelonnant dans le temps :

- la hausse du loyer convenue entre le bailleur et le locataire ou fixée par le tribunal d'instance s'applique par tiers ou par sixième selon la durée du contrat (trois ou six ans);
- si la hausse est supérieure à 10%, elle s'applique par sixième annuel.

12.6. LA TAXATION DES LOYERS (article 18)

L'article 18 de la loi a prévu l'intervention du gouvernement pour limiter la hausse des loyers des baux vacants ou renouvelés dans « la zone géographique où le niveau et l'évolution des loyers comparés à ceux constatés sur l'ensemble du territoire révèlent une situation anormale du marché locatif».

Le gouvernement est ainsi intervenu par plusieurs décrets du 28 août 1989 (annexe n° 12), décret n° 90-762 du 27 août 1990 (annexe n° 13) et dernièrement par le décret n° 91-818 du 27 août 1991 (annexe n° 18), chacun pour une durée d'une année, afin de limiter dans l'agglomération parisienne l'évolution des loyers des locaux vacants et des baux renouvelés.

Le dernier décret intervenu le 27 août 1991 ne réglemente que les prix des baux renouvelés, à l'inverse des deux décrets précédents qui concernaient également les locaux vacants.

Par ce nouveau décret, c'est donc un assouplissement de la taxation des loyers qui est opéré.

L'on relèvera néanmoins que ce dernier est, comme les précédents, d'application temporaire et s'applique à compter du 31 août 1991, aux renouvellements des baux qui interviennent à partir de cette date et jusqu'au 31 août 1992.

Il convient de se rapporter au décret du 27 août 1991 (annexe n° 18) en ce qui concerne les agglomérations visées, le mode de calcul de la réévaluation et les loyers exclus.

13

LE DEPOT DE GARANTIE
(article 22)

Dès lors qu'un dépôt de garantie est prévu au contrat de bail, ce qui n'est pas obligatoire, son montant ne peut être supérieur à deux mois du loyer principal.
Aucun dépôt de garantie ne peut être exigé dès lors que le loyer est payable d'avance pour une période supérieure à deux mois.
Le dépôt de garantie doit être restitué dans le délai maximal de deux mois à compter de la restitution des clefs par le locataire, déduction des sommes restant dues au bailleur sous réserve qu'elles soient dûment justifiées.
Le dépôt de garantie ne produit intérêt au profit du locataire qu'à dater de l'expiration du délai de deux mois. Dans ce cas, le taux de l'intérêt est le taux légal.

14

LES CHARGES RECUPERABLES
(article 23)

Définition
Les charges récupérables par le bailleur sur le locataire sont définies par la loi comme étant « des sommes accessoires au loyer principal ».
Elles sont exigibles sur justificatifs en contrepartie :
- des services rendus liés à l'usage des différents éléments de la chose louée ;
- des dépenses d'entretien courant et des menues réparations sur les éléments d'usage commun de la chose louée ;
- du droit au bail et des impositions correspondant à des services dont le locataire profite directement (déversement à l'égout, enlèvement des ordures ménagères, taxe de balayage).

La liste de ces charges figure au décret n° 87-713 du 26 août 1987 (annexe n° 7).

Justification des charges
Le paiement des charges par le locataire s'effectue par le versement de provisions à l'occasion des paiements des loyers.
La régularisation des charges au vu des dépenses effectives engagées à ce titre par le bailleur doit, conformément à la loi, intervenir au moins annuellement.

• **En ce qui concerne les provisions sur charges**, le bailleur doit justifier du montant de la provision réclamée en produisant :
- soit les résultats antérieurs arrêtés lors de la précédente régularisation ;
- soit le budget prévisionnel.

• **En ce qui concerne la régularisation annuelle**, le bailleur doit communiquer un mois avant au locataire le décompte des charges ; dans les immeubles collectifs, il doit adresser également dans ce délai le mode de répartition entre les locataires.

Durant le mois qui suit l'envoi du décompte, le bailleur doit tenir à la disposition du locataire les pièces justificatives des charges réclamées.
L'on notera que les documents jutificatifs n'ont pas à être envoyés en photocopie au locataire, mais seulement tenus à sa disposition pour consultation au domicile du bailleur ou de son représentant.

Interdiction des charges forfaitaires
La loi faisant expressément référence à « des charges récupérables... exigibles sur justification », il n'apparaît pas possible d'admettre un loyer charges comprises.

Répartition des charges dans les immeubles collectifs
La loi n'impose aucun mode particulier de répartition des charges dans les immeubles collectifs.
En matière de copropriété, l'on se réfère au règlement de copropriété.
En dehors de la copropriété, il existe une réglementation en matière de répartition des dépenses d'eau chaude (décret n° 75-496 du 19 juin 1975) ainsi qu'en matière de dépenses de chauffage (décret n° 75-1175 du 17 décembre 1975).
Néanmoins, ces deux réglementations ne s'appliquent qu'aux immeubles construits après le 30 juin 1975 pour le premier décret et après le 30 juin 1976 pour le deuxième.
En dehors des cas prévus ci-dessus, il peut être prévu des modes de répartition variables (prorata du loyer, de la surface, de la surface de chauffe...).

15

LES MESURES TRANSITOIRES
(article 25)

Dispositions de la loi
Les mesures transitoires sont définies par l'article 25 de la loi du 6 juillet 1989.

• La loi du 6 juillet 1989 a abrogé les dispositions suivantes de la loi dite Méhaignerie du 23 décembre 1986 :
- les dispositions générales (chapitre 1er) ;
- les dispositions relatives à la durée du contrat (chapitre 2) ;
- les dispositions relatives au loyer et aux charges (chapitre 3) ;
- les dispositions transitoires (chapitre 4).

• Les baux en cours lors de la promulgation de la nouvelle loi restent soumis jusqu'à leur terme à la loi ancienne sous réserve des dispositions de la loi nouvelle d'application immédiate telles que :
- la durée du bail renouvelé et les modalités de reconduction du bail ;
- le congé ;
- les modalités de fixation des loyers ;
- la clause résolutoire.

Cas pratiques
Les principales difficultés soulevées par les baux en cours concernent la réglementation du congé et de l'offre de renouvellement.
Deux cas de figure doivent être envisagés :
- les contrats conclus postérieurement au 23 décembre 1986 ;
- les contrats arrivant à échéance après le 22 mai 1989 ou faisant l'objet d'une instance judiciaire en cours.

• Les contrats conclus postérieurement au 23 décembre 1986.

Le congé. Le congé qui n'est pas conforme aux dispositions de la loi nouvelle « est nul et sans effet ».

Le bailleur peut néanmoins délivrer un nouveau congé conforme à la loi du 6 juillet 1989. Dans ce cas, le préavis du nouveau congé sera réduit à trois mois.

L'offre de renouvellement. Dans le cas où le bailleur avait émis avant la promulgation de la loi nouvelle une offre de renouvellement, celle-ci est également « nulle et sans effet ».
Le bailleur peut néanmoins délivrer une nouvelle proposition de renouvellement conforme à la loi du 6 juillet 1989 « dans le délai d'un mois de la publication de la présente loi ».

• Les contrats arrivant à échéance après le 22 mai 1989 ou faisant l'objet d'une instance judiciaire en cours. Il s'agit des contrats qui existaient antérieurement à la promulgation de la loi du 23 décembre 1986 et de ceux qui, bien qu'expirés à la date du 22 mai 1989, ont fait l'objet d'un litige au moment de la promulgation de la loi nouvelle.

Le congé. Dans ce cas, rien n'est précisé en matière de congé. Cela s'explique par le fait que la Loi Quillot prévoyait elle aussi les trois motifs repris par la loi du 6 juillet 1989.

L'offre de renouvellement. Dans ce cas, la proposition émise par le bailleur n'est pas nulle, mais la loi offre au locataire la faculté de demander qu'une nouvelle proposition respectant les prescriptions de la loi du 6 juillet 1989 en cette matière lui soit notifiée.
Une telle demande devra, pour être opposable au bailleur, intervenir dans le mois de la publication de la loi.
Dans le mois qui suit cette demande, le bailleur doit faire une nouvelle proposition conforme à la loi du 6 juillet 1989.

16

LE REGLEMENT DES LITIGES ENTRE LOCATAIRE ET PROPRIETAIRE

Les sources de conflit entre locataire et propriétaire sont multiples et variées (retard, augmentation de loyer, réparations, congés,...).
A défaut d'un règlement amiable qui doit, dans l'intérêt de chacun, être toujours recherché, les rapports litigieux se manifestent généralement par le recours aux courriers recommandés, à un huissier de justice et enfin au juge.

L'envoi d'une lettre recommandée avec accusé de réception
L'utilisation de ce mode de correspondance permet à l'expéditeur de disposer de la preuve de l'envoi de la lettre et de sa réception, ainsi que de leur date respective.
L'expéditeur pourra ainsi ultérieurement faire valoir que le destinataire était informé à une date déterminée de son contenu.
L'envoi d'une lettre recommandée peut être utilisé notamment pour adresser une mise en garde ou une mise en demeure.
L'envoi d'un courrier recommandé présente un caractère incitatif et servira de mode de preuve à l'occasion d'un éventuel procès ultérieur.

Le recours à un huissier de justice
L'huissier de justice peut être amené à intervenir à des titres divers:
- pour le compte d'une personne privée; il peut être amené à délivrer des sommations de payer, sommations interpellatives, sommation de communiquer. Dans ces hypothèses, il n'agit avec aucun pouvoir particulier, la personne qui le reçoit peut parfaitement refuser de répondre à ses questions;
- pour le compte d'une personne privée, il peut également être amené à dresser des procès-verbaux (constat d'huissier). A ce sujet, l'on notera que l'huissier ne peut, sans autorisation judiciaire, pénétrer dans un lieu privé si la personne qui l'occupe s'y oppose;
- l'huissier de justice est également amené à intervenir en qualité

d'« auxiliaire de justice ». C'est dans ce cadre qu'il peut être amené à dresser un constat chez un tiers autorisé par le président du tribunal de grande instance saisi par requête à signifier un jugement ou une assignation devant un tribunal.

Le recours au juge

Le tribunal d'instance du lieu de situation de l'immeuble est compétent pour connaître de tout litige locatif.

La constitution d'avocat n'est pas obligatoire devant cette juridiction, les parties peuvent donc s'y défendre seules.

Il existe plusieurs modes de saisine de cette juridiction.

• *L'assignation.* L'assignation est un acte d'huissier remplissant des conditions de forme particulières. Aux termes de cette assignation, le demandeur au procès convoque le défendeur devant le tribunal pour une audience arrêtée préalablement avec le secrétariat greffe du tribunal et lui indique les motifs de sa demande. Le recours à l'assignation nécessite en pratique l'intervention d'un professionnel du droit.

• *La saisine simplifiée.* Si le montant des demandes ne dépasse pas la somme de 13 000 francs, la procédure simplifiée peut être utilisée par tout particulier. Pour ce faire, il suffit de se rendre au secrétariat greffe du tribunal d'instance et d'y remplir une déclaration mentionnant l'objet de la demande, l'identité du défendeur et son adresse.

Le greffier du tribunal convoquera chacune des parties par lettre recommandée pour une audience déterminée.

• *Les délais pour agir.* Plusieurs délais sont applicables aux litiges locatifs. A titre d'information, l'on notera qu'en matière de loyer et de charges la prescription est de cinq ans, ce délai court à dater de la date d'exgibilité des sommes réclamées. La date de saisine du tribunal prise en compte est celle du placement de l'affaire au secrétariat greffe du tribunal.

• *La conciliation.* L'on peut également envisager de saisir le tribunal d'instance à fin de tentative de conciliation. Cette procédure présente l'avantage d'être plus rapide et moins formaliste que la saisine classique, les parties sont en principe convoquées non pas dans la salle d'audience du tribunal, mais dans le bureau du magistrat. Si la tentative de conciliation aboutit à un accord, le magistrat dresse procès-verbal des termes de la conciliation. Ce procès-verbal pourra prendre la valeur d'un jugement si l'une des parties ne remplit pas les obligations auxquelles elle s'est engagée devant le magistrat.

Si la tentative de conciliation échoue, l'on peut ensuite saisir le tribunal par les voies classiques.

• *L'injonction de payer*. La procédure d'injonction de payer permet d'obtenir le paiement des sommes d'argent impayées ou non remboursées dont le montant est connu et certain et ne porte pas à contestation.
Cette procédure est la suivante :
- envoi par lettre recommandée avec accusé de réception au tribunal d'instance du domicile du défendeur d'une requête en injonction de payer (formulaire à se procurer au greffe du tribunal), accompagnée des pièces justificatives : facture, lettre de mise en demeure envoyée avec accusé de réception restée sans effet ;
- si le magistrat reconnaît le caractère bien fondé de la créance, il rend une ordonnance d'injonction de payer, qu'il retourne par courrier au demandeur ;
- le demandeur doit alors faire signifier par huissier cette ordonnance à son débiteur ;
- à dater de cette signification, le débiteur dispose d'un délai d'un mois pour faire opposition à l'ordonnance en envoyant une lettre recommandée au greffe du tribunal indiquant qu'il fait opposition à l'ordonnance. Dans ce cas, le tribunal connaîtra de la contestation lors d'une audience au cours de laquelle seront entendues les parties ;
- si le débiteur n'a pas fait opposition à l'ordonnance, le demandeur sollicitera du tribunal que l'ordonnance soit assortie de la formule exécutoire ;
- le demandeur doit alors faire signifier à nouveau au débiteur par huissier l'ordonnance assortie de la formule exécutoire, celle-ci a valeur de jugement définitif et peut donc être exécutée par toutes voies de droit telles que saisie sur les meubles, sur les salaires ou sur un compte en banque.

• *Le référé*. En cas d'urgence, le président du tribunal d'instance peut être saisi par assignation en référé. Le président du tribunal ainsi saisi statue dans des délais relativement brefs en fonction de l'urgence invoquée. Il rend une ordonnance exécutoire par provision aux termes de laquelle il peut ordonner diverses mesures (expulsion, expertise, réalisation de travaux sous astreinte, paiement...).

17

ADRESSES UTILES

Association de défense des locataires
11, rue de Bellefond
75009 Paris
Tél. : (1) 48.78.54.11

Agence nationale pour l'amélioration de l'habitat
17, rue de la Paix
75002 Paris
Tél. : (1) 44.77.39.39

Agence nationale pour l'information sur le logement
2, bd Saint-Martin
75010 Paris
Tél. : (1) 42.02.05.50

Observatoire des loyers de l'agglomération parisienne
21, rue Miollis
75015 Paris
Tél. : (1) 40.56.01.47

Union nationale des étudiants locataires
120, rue Notre-Dame-des-Champs
75006 Paris
Tél. : (1) 46.33.30.78

Union des HLM
14, rue Lord-Byron
75008 Paris
Tél. : (1) 40.75.78.00

ANNEXES

Annexe n° 1. Articles 1752 à 1762 du Code civil
Annexe n° 2. Loi n° 48-1360 du 1er septembre 1948
Annexe n° 3. Loi n° 82-526 du 22 juin 1982, dite Loi Quillot
Annexe n° 4. Loi Méhaignerie, loi n° 86-1290 du 23 décembre 1986
Annexe n° 5. Loi n° 89-462 du 6 juillet 1989
Annexe n° 6. Décret n° 87-149 du 6 mars 1987
Annexe n° 7. Décret n° 87-712 du 26 août 1987
Annexe n° 8. Décret n° 87-713 du 26 août 1987
Annexe n° 9. Loi n° 89-18 du 13 janvier 1989
Annexe n° 10. Décret n° 89-98 du 15 février 1989
Annexe n° 11. Décret n° 87-818 du 2 octobre 1987
Annexe n° 12. Décret n° 89-590 du 28 août 1989
Annexe n° 13. Décret n° 90-762 du 27 août 1990
Annexe n° 14. Décret n° 90-628 du 16 juillet 1990
Annexe n° 15. Décret n° 90-780 du 31 août 1990
Annexe n° 16. Décret n° 90-781 du 31 août 1990
Annexe n° 17. Décret n° 90-794 du 7 septembre 1990
Annexe n° 18. Décret n° 91-818 du 27 août 1991

ANNEXE N° 1

ARTICLES 1752 A 1762 DU CODE CIVIL

Section II
Des règles particulières aux baux à loyer

Article 1752. Le locataire qui ne garnit pas la maison de meubles suffisants peut être expulsé, à moins qu'il ne donne des sûretés capables de répondre du loyer.

Article 1753. Le sous-locataire n'est tenu envers le propriétaire que jusqu'à concurrence du prix de sa sous-location dont il peut être débiteur au moment de la saisie, et sans qu'il puisse opposer des paiements faits par anticipation.

Article 1754. Les réparations locatives ou de menu entretien dont le locataire est tenu, s'il n'y a clause contraire, sont celles désignées comme telles par l'usage des lieux, et entre autres, les réparations à faire :
Aux âtres, contrecœurs, chambranles et tablettes des cheminées ;
Au recrépiment du bas des murailles des appartements et autres lieux d'habitation, à la hauteur d'un mètre ;
Aux pavés et carreaux des chambres, lorsqu'il y en a seulement quelques-uns de cassés ;
Aux vitres, à moins qu'elles ne soient cassées par la grêle, ou autres accidents extraordinaires et de force majeure, dont le locataire ne peut être tenu ;
Aux portes, croisées, planches de cloison ou de fermeture de boutiques, gonds, targettes et serrures.
Voir la jurisprudence rapportée au *J.-Cl. Civil* art. 1708-1762, fasc. 26, annexe.

Article 1755. Aucune des réparations réputées locatives n'est à la charge des locataires, quand elles ne sont occasionnées que par vétusté ou force majeure.

Article 1756. Le curement des puits et celui des fosses d'aisances sont à la charge du bailleur, s'il n'y a clause contraire.

Article 1757. Le bail des meubles fournis pour garnir une maison entière, un corps de logis entier, une boutique, ou tous autres appartements, est censé fait pour la durée ordinaire des baux de maisons, corps de logis, boutiques ou autres appartements, selon l'usage des lieux.

Article 1758. Le bail d'un appartement meublé est censé fait :
- à l'année, quand il a été fait à tant par an ;
- au mois, quand il a été fait à tant par mois ;
- au jour, s'il a été fait à tant par jour.

Si rien ne constate que le bail soit fait à tant par an, par mois ou par jour, la location est censée faite suivant l'usage des lieux.

Article 1759. Si le locataire d'une maison ou d'un appartement continue sa jouissance après l'expiration du bail par écrit, sans opposition de la part du bailleur, il sera censé les occuper aux mêmes conditions, pour le terme fixé par l'usage des lieux, et ne pourra plus en sortir ni en être expulsé qu'après un congé donné suivant le délai fixé par l'usage des lieux.

Article 1760. En cas de résiliation par la faute du locataire, celui-ci est tenu de payer le prix du bail pendant le temps nécessaire à la relocation, sans préjudice des dommages-intérêts qui ont pu résulter de l'abus.

Article 1761. Le bailleur ne peut résoudre la location, encore qu'il déclare vouloir occuper par lui-même la maison louée, s'il n'y a eu convention contraire.

Article 1762. S'il a été convenu, dans le contrat de louage, que le bailleur pourrait venir occuper la maison, il est tenu de signifier d'avance un congé aux époques déterminées par l'usage des lieux.

ANNEXE N° 2

LOI N° 48-1360 DU 1ER SEPTEMBRE 1948

portant modification et codification de la législation relative aux rapports des bailleurs et locataires ou occupants de locaux d'habitation ou à usage professionnel et instituant des allocations de logement

(J.O. du 2 sept. 1948 et rect. J.O. des 10 sept. et 27 oct.)

Après avis du Conseil économique,
L'Assemblée nationale et le Conseil de la République ont délibéré,
L'Assemblée nationale a adopté,
Le Président de la République promulgue la loi dont la teneur suit.

TITRE PREMIER
DES RAPPORTS DES BAILLEURS ET LOCATAIRES OU OCCUPANTS DE LOCAUX D'HABITATION OU A USAGE PROFESSIONNEL

Article premier. *(L. n° 70-598 du 9 juil. 1970, art. 1er).*
« A Paris.
« Dans un rayon de cinquante kilomètres de l'emplacement des anciennes fortifications de Paris.
« Dans les communes dont la population municipale totale est supérieure à 4 000 habitants ou qui sont limitrophes de communes dont la population municipale totale est au moins égale à 10 000 habitants, ces populations s'évaluant d'après le recensement général de 1968.
« Dans les communes de 4 000 habitants au plus dont la population municipale totale s'est accrue de plus de 5% à chacun des recensements généraux de 1954, 1962 et 1968 par rapport au recensement précédent.
« Sous réserve des décrets pris en application du dernier alinéa du présent article, l'occupation des locaux d'habitation ou à usage professionnel sans caractère commercial ou industriel ou ne relevant pas du statut du fermage, ainsi que des locaux affectés à l'exercice d'une fonction publique dans lesquels l'habitation est indivisiblement liée au local utilisé pour ladite fonction est régie, après l'expiration du bail écrit ou verbal, par les dispositions suivantes :
(*L. n° 64-1278 du 23 déc. 1964. art. 5*). « Des décrets pris sur le rapport du ministre de la Construction détermineront les communes dans lesquelles

la présente législation cessera d'être appliquée soit totalement, soit partiellement, ou pourra, dans les mêmes conditions, être rendue applicable. »

Article premier « bis ». *(L. n° 70-598 du 9 juil. 1970, art. 2.* « Les décrets pris en vertu du dernier alinéa de l'article 1er ci-dessus qui font cesser l'application de la présente législation peuvent en maintenir le bénéfice au profit de certaines catégories de locataires ou occupants en considération de leur âge ou de leur état physique et compte tenu de leurs ressources, appréciés au jour de la publication du décret. »

Article premier « ter ». *(L. n° 70. 598 du 9 juil. 1970, art. 3).* « En cas de fusion de communes ou de modifications apportées aux limites d'une commune, les locaux conservent le régime locatif qui leur était applicable antérieurement, sous réserve des décrets prévus au dernier alinéa de l'article 1er ci-dessus. »

Article 2. *(L. n° 62-902 du 4 août 1962, art. 1er)* « Les dispositions de la présente loi ne sont toutefois pas applicables aux garages ou remises à usage de garage loués accessoirement à des locaux visés à l'article 1er et situés dans des immeubles collectifs.
« Les garages ou remises peuvent, nonobstant le caractère indivisible de la location, être repris par le propriétaire à partir de l'expiration du bail ou restitués aux termes d'usage à celui-ci par le locataire en cours de bail ou par l'occupant, sans que l'autre partie puisse s'y opposer. »

Article 3. *(L. n° 62-902 du 4 août 1962, art. 2)* « Les dispositions du présent titre ne sont pas applicables aux logements construits ou achevés postérieurement au 1er septembre 1948. Toutefois, elles sont applicables aux logements réparés ou reconstruits dans les conditions prévues aux articles 70 et 71 et occupés par les personnes visées à l'article 70 ou par des locataires ou occupants qui se trouvaient dans les lieux à la date de promulgation de la loi n° 62-902 du 4 août 1962. »
(L. n° 62-902 du 4 août 1962, art. 3). Sont assimilés aux logements construits ou achevés postérieurement au 1er septembre 1948 :
« Les locaux utilisés avant le 1er juin 1948 à d'autres fins que l'habitation et postérieurement affectés à cet usage sous réserve que ces locaux, lorsqu'ils reçoivent cette nouvelle affectation, répondent aux conditions fixées par un décret pris sur le rapport du ministre de la Construction » ;
Les locaux obtenus par reconstruction ainsi qu'il est prévu à l'article 11, par surélévation ou addition de construction ainsi qu'il est prévu à l'article 12 sous réserve des dispositions des articles 13 et 42.
(L. n° 70-598 du 9 juil. 1970, art. 4). « Les locaux dans lesquels ont été effectués des travaux compris dans un secteur ou périmètre prévu à l'article 3

de la loi n°62-903 du 4 août 1962 et autorisés ou prescrits dans les conditions prévues audit article, sauf lorsqu'ils sont occupés par le locataire ou l'occupant maintenu dans les lieux pendant la durée des travaux ou bénéficiaire des dispositions de l'article 13 de la présente loi ou de l'article 8 de la loi n° 62-903 du 4 août 1962. »

Article 3 « bis ». *(Ord. n° 58-1343 du 27 déc. 1958, art. 2).* « Dans les communes dont la population municipale totale est inférieure à 10 000 habitants (à l'exclusion de celles situées dans un rayon de 50 km de l'emplacement des anciennes fortifications de Paris), les dispositions du présent titre ne seront pas applicables aux locataires qui entreront dans les lieux postérieurement au 1er janvier 1959, à l'exception toutefois de ceux visés à l'article 79.

« Des décrets pris sur le rapport du ministre de la Construction pourront :

« 1° Apporter des dérogations aux dispositions de l'alinéa qui précède.

« 2° Etendre lesdites dispositions à d'autres communes. »

Article 3 « ter ». *(L. n° 62-902 du 4 août 1962, art. 4).* « Le bail des locaux autres que ceux désignés à l'article 10-4° ci-dessous, s'il est conclu après l'entrée du preneur dans les lieux et pour une durée d'au moins six années, peut déroger pendant son cours aux dispositions des chapitres Ier à IV du présent titre. Toutefois, la faculté de résiliation annuelle est réservée de droit au preneur et ne peut être stipulée qu'à son profit. »

(L. n° 86-1290 du 23 déc. 1986. art. 26-I). « Ce contrat est soumis aux dispositions des chapitres Ier à III de la loi n° 86-1290 du 23 décembre 1986 tendant à favoriser l'investissement locatif, l'accession à la propriété de logements sociaux et le développement de l'offre foncière, en ce qu'elles ne sont pas contraires à celles prévues à l'alinéa ci-dessus.

« Si, à l'expiration du bail, le local satisfait aux normes prévues à l'article 25 de la loi n° 86-1290 du 23 décembre 1986 précitée, il est alors soumis aux dispositions de ses chapitres Ier à III. Les dispositions de la présente loi ne lui sont plus applicables.

« Si ce bail a été conclu avant la publication de la loi n° 86-1290 du 23 décembre 1986 précitée, les dispositions de son article 20 lui sont alors applicables. »

Article 3 « quater ». *(L. n° 62-902 du 4 août 1962, art. 5).* « Les dispositions du présent titre ne sont pas applicables aux locaux utilisés en tout ou partie à usage professionnel lorsque le local et le contrat répondront aux conditions qui seront fixées par décret pris sur le rapport du ministre de la Construction et que l'entrée dans les lieux sera postérieure à la date de publication de ce décret. »

Article 3 « quinquies ». *(Abrogé par l'art. 26-II de la loi n° 86-1290 du 23 déc. 1986).*

Article 3 « sexies ». *(Abrogé par l'art. 26-II de la loi n° 86-1290 du 23 déc. 1986).*

Article 3 « septies ». *(L. n° 76-1232 du 29 déc. 1976, art. 48)* abrogé *(L. n° 82-526 du 22 juin 1982, art. 76).*

Article 3 « octies ». *(L. n° 86-1290 du 23 déc. 1986, art. 26-III).* « Dans les communes qui ne sont pas visées par le premier alinéa de l'article 3 *bis* et qui n'ont pas fait l'objet d'un décret pris en vertu du 2° du même article, la location des locaux classés en catégorie IV et effectivement vacants, autres que ceux libérés depuis moins de cinq ans par l'exercice d'un des droits de reprise prévus aux articles 18, 19, 20 *bis,* 24 et 25 ci-après, n'est pas soumise aux dispositions du présent titre.
« Les dispositions du présent titre demeureront applicables aux personnes qui entreront dans les lieux en vertu d'un relogement effectué en application des articles 18 et 19 ci-après.
« Ces locaux devront satisfaire aux normes prévues à l'article 25 de la loi n° 86-1290 du 23 décembre 1986 précitée.
« A l'expiration du bail valablement conclu en application du présent article, le local ne sera plus soumis aux dispositions de la présente loi. »

Article 3 « nonies ». *(L. n° 86-1290 du 23 déc. 1986, art. 26-IV).* « Les baux conclus en application du 2° de l'article 3 *bis* et des articles 3 *quater* et 3 *octies* ont une durée minimale de six ans ; la faculté de résiliation appartient au seul preneur à la fin de chaque année ; sous réserve d'un préavis de trois mois, et pour un motif tiré de raisons familiales ou professionnelles, le preneur peut résilier à tout moment le bail. Lorsque les locaux n'ont pas un usage exclusivement professionnel, ces baux sont soumis aux dispositions des chapitres Ier à III de la loi n° 86-1290 du 23 décembre 1986 précitée, en ce qu'elles ne sont pas contraires à celles prévues au présent article.
« Les formalités de conclusion des baux conclus en application du 2° de l'article 3 *bis* et des articles 3 *ter*, 3 *quater* et *octies* sont définies par décret. »

CHAPITRE PREMIER
DU MAINTIEN DANS LES LIEUX

Article 4. *(L. n° 62-902 du 4 août 1962, art. 6).* « Les occupants de bonne foi des locaux définis à l'article 1er bénéficient, de plein droit et sans l'accomplissement d'aucune formalité, du maintien dans les lieux loués, aux clauses et conditions du contrat primitif non contraires aux dispositions de la présente loi, quelle que soit la date de leur entrée dans les lieux.

« Sont réputés de bonne foi les locataires, sous-locataires, cessionnaires de baux, à l'expiration de leur contrat, ainsi que les occupants qui, habitant dans les lieux en vertu ou en suite d'un bail écrit ou verbal, d'une sous-location régulière, d'une cession régulière d'un bail antérieur, d'un échange opéré dans les conditions légales, exécutent leurs obligations. »

(L. n° 75-1351 du 31 déc. 1975, art. 1er). « L'acte par lequel le bailleur notifie au locataire qu'il met fin au contrat de louage et qui entraîne l'application des dispositions précédentes doit, à peine de nullité, reproduire les dispositions des deux alinéas précédents et préciser qu'il ne comporte pas en lui-même obligation d'avoir à quitter effectivement les lieux. »

(L. n° 66-879 du 29 nov. 1966, art. 32). « Le fait pour le locataire ou l'occupant d'un local à usage professionnel d'exercer son activité, soit en collaboration avec d'autres personnes exerçant une profession libérale dans les conditions prévues par les règles régissant leurs professions, soit au sein d'une société constituée conformément à la loi n° 66-879 du 29 novembre 1966, ne peut être considéré en lui-même comme une infraction aux clauses du bail. »

(L. n° 69-2 du 3 janv. 1969, art. 7). « En cas de location partielle ou de sous-location partielle, le droit au maintien dans les lieux n'est opposable ni au propriétaire, ni au locataire ou occupant principal, lorsque les locaux occupés forment, avec l'ensemble des lieux, un tout indivisible, ou lorsqu'il s'agit de pièces constituant l'accessoire du local habité par le propriétaire, le locataire ou l'occupant principal. »

Article 5. *(L. n° 86-1290 du 23 déc. 1986, art. 27).* « I. – Le bénéfice du maintien dans les lieux pour les locaux visés à l'article premier appartient, en cas d'abandon de domicile ou de décès du locataire ou de l'occupant de bonne foi, au conjoint et, lorsqu'ils vivaient effectivement avec lui depuis plus d'un an, aux ascendants, aux personnes handicapées visées au 2° de l'article 27 ainsi que, jusqu'à leur majorité, aux enfants mineurs ».

« II. – Nonobstant les dispositions du I ci-dessus, le maintien dans les lieux reste acquis aux personnes qui en bénéficiaient antérieurement à la publication de la présente loi. »

(L. n° 62-902 du 4 août 1962, art. 7). « En cas d'instance en divorce ou en séparation de corps, la juridiction saisie attribue à l'un des époux l'éventuel droit au maintien dans les lieux en considération des intérêts sociaux ou familiaux en cause. Si l'époux qui en est bénéficiaire n'est pas celui au nom duquel étaient délivrées les quittances, notification de la décision devra être faite au bailleur dans le délai de trois mois de son prononcé par lettre recommandée avec avis de réception. La juridiction prévue au cha-

pitre V reste compétente sur toute contestation du bailleur quant à l'application des conditions exigées par la présente loi.
« Toutefois, le bénéfice du maintien dans les lieux ne s'appliquera pas aux locaux à usage exclusivement professionnel, à moins que l'une des personnes visées aux alinéas précédents ne continue à y exercer la profession à laquelle ces locaux étaient affectés. »

Article 6. *(L. n° 49-507 du 14 avr. 1949, art. 1er).* « Dans les communes où le maintien dans les lieux n'est pas applicable, il est pourtant accordé de plein droit aux sinistrés et réfugiés privés de leur habitation, jusqu'au moment où ils pourront réintégrer leur local réparé ou le local reconstruit en remplacement de leur habitation primitive » *(L. n° 49-945 du 16 juil. 1949, art. 6)* « ou occuper le local correspondant à leurs besoins mis provisoirement à leur disposition par l'administration. »
(L. n° 62-902 du 4 août 1962, art. 8). « Dans tous les cas, lesdits sinistrés ou réfugiés ne pourront plus se prévaloir des dispositions de l'alinéa précédent à partir des dates qui seront fixées par décrets pris à cet effet, sur le rapport du ministre de la Construction, en considération de l'avancement des travaux de reconstruction. »

Article 7. *(Ord. n° 58-1343 du 27 déc. 1958, art. 3).* « Dans les communes où le maintien dans les lieux n'est pas applicable, il est pourtant accordé au locataire, sous-locataire, cessionnaire de bail ou occupant, qui bénéficie des articles 161 à 184 du Code de la famille et de l'aide sociale, ou auquel le propriétaire a imposé ou tenté d'imposer un loyer supérieur au prix licite. »

Article 8. *(Abrogé par l'art. 26-II de la loi n° 86-1290 du 23 déc. 1986).*

Article 9. *(L. n° 62-902 du 4 août 1962, art. 10).* « Nonobstant toute convention contraire, dans les communes visées à l'article 10-7°, ci-dessous, tout locataire ou sous-locataire qui ne remplit pas les conditions d'occupation suffisante visées audit article, peut demander la résiliation de son bail, sans indemnité de ce chef.
« La résiliation est de droit.
« La demande est adressée au bailleur par lettre recommandée avec demande d'avis de réception. La résiliation prend effet à l'expiration du délai d'un mois à compter du jour de la réception de la lettre recommandée. »

Article 9 « bis ». *(L. n° 62-902 du 4 août 1962, art. 11).* « Dans les communes visées à l'article 10, 7°, la résiliation peut être également demandée dans les mêmes formes par le bailleur en cas de décès du locataire et de non-occupation effective du local, dans les trois mois du décès, par les héritiers ou les ayants droit.

« En cas de carence de ceux-ci, le bailleur peut, à l'expiration du délai d'un mois à compter du jour de la réception de la lettre recommandée, demander à la juridiction compétente, en application du chapitre V, l'autorisation de faire ouvrir les portes, de faire procéder à un inventaire par ministère d'huissier et à l'enlèvement des meubles. Ceux-ci sont entreposés dans un garde-meuble aux frais de la succession. »

Article 10. N'ont pas droit au maintien dans les lieux les personnes définies aux articles 4, 5, 6, 7 et 8 *(L. n° 49-945 du 16 juil. 1949, art. 2)*:

1° Qui ont fait ou feront l'objet d'une décision judiciaire devenue définitive ayant prononcé leur expulsion par application du droit commun ou de dispositions antérieures permettant l'exercice du droit de reprise ou qui feront l'objet d'une semblable décision prononçant leur expulsion pour l'une des causes et aux conditions admises par la présente loi ; toutefois, lorsque la décision n'aura ordonné l'expulsion qu'en raison de l'expiration du bail ou d'un précédent maintien dans les lieux accordé par les lois antérieures, l'occupant ne sera pas privé du droit au maintien dans les lieux.

2° Qui n'ont pas occupé effectivement par elles-mêmes les locaux loués ou ne les ont pas fait occuper par les personnes qui vivaient habituellement avec elles et qui sont soit membres de leur famille, soit à leur charge. L'occupation doit avoir duré huit mois au cours d'une année de location, à moins que la profession, la fonction de l'occupant ou tout autre motif légitime ne justifie une occupation d'une durée moindre.
(Décr. n° 53-700 du 9 août 1953, art. 8). « En particulier, lorsque l'occupant apportera la preuve qu'il est tenu par ses obligations professionnelles à résider temporairement hors de la France métropolitaine, la durée d'occupation susvisée pourra être réduite à six mois pour une période de trois années ».

3° Qui ont plusieurs habitations, sauf pour celle constituant leur principal établissement à moins qu'elles ne justifient que leur fonction ou leur profession les y oblige ».

4° *(L. n° 70-612 du 10 juil. 1970, art. 23-I).* « Qui occupent des locaux visés à l'article L. 43 du Code de la santé publique, ou des locaux ayant fait l'objet soit d'une interdiction d'habiter prononcée en application de l'article L. 28 ou L. 42 du Code de la santé publique, soit d'un arrêté de péril prescrivant, en vertu des articles 303 et 304 du Code de l'urbanisme et de l'habitation, la réparation ou la démolition de l'immeuble menaçant ruine dans lequel les locaux sont situés. »
Toutefois, lorsque l'interdiction n'a été édictée qu'à titre temporaire ou si l'arrêté de péril visé à l'alinéa précédent a été rapporté, les anciens occupants peuvent invoquer les dispositions du présent chapitre pour rentrer en possession.

5° Qui occupent des locaux situés dans des immeubles acquis ou expropriés à la suite d'une déclaration d'utilité publique, à charge pour l'administration d'assurer le relogement des locataires ou occupants expulsés. »

6° Qui occupent des locaux de plaisance, pour lesdits locaux».

7° *(Ord n° 58-1343 du 27 déc 1958, art. 4)*. « Qui, à Paris, dans un rayon de 50 km de l'emplacement des anciennes fortifications de Paris et dans les communautés dont la population municipale est égale ou supérieure à 10 000 habitants, ne remplit pas, à l'expiration d'un délai de six mois à compter de la signification du congé, les conditions d'occupation suffisante fixées en application de l'article 327 du Code de l'urbanisme et de l'habitation.

« Ces dispositions pourront être rendues applicables aux communes non visées ci-dessus par décret pris sur le rapport du ministre de la Construction.

« Pour l'application des conditions susvisées, l'occupation des locaux doit être appréciée compte non tenu de la ou des pièces régulièrement sous-louées et des occupants de ces pièces.

« La diminution du nombre des occupants par suite de mariage ou de décès ne pourra être invoquée qu'à l'expiration d'un délai d'un an à compter de ce mariage ou de ce décès.

« Le présent paragraphe ainsi que les conditions d'occupation suffisante fixées pour la commune en application de l'article 327 du Code de l'urbanisme et les dispositions de l'article 79 de la présente loi devront être reproduits, à peine de nullité, dans tout congé donné en application du présent paragraphe. »

8° Dont le titre d'occupation est l'accessoire du contrat de travail. »

9° Qui ont à leur disposition ou peuvent recouvrer, en exerçant leur droit de reprise, un autre local répondant à leurs besoins et à ceux des personnes, membres de leur famille ou à leur charge, qui vivaient habituellement avec elles depuis plus de six mois.

Toutefois, lorsque l'occupant pourra justifier d'une instance régulièrement engagée, dans la quinzaine de la contestation du droit au maintien dans les lieux, et suivie, il ne sera contraint de quitter les lieux que lorsqu'il pourra prendre effectivement possession dudit local. »

10° Qui, dans les stations balnéaires, climatiques ou thermales, classées ou en voie de classement, occupent des locaux habituellement affectés avant le 2 septembre 1939 à la location saisonnière ou occupés pendant la saison par leur propriétaire.

(L. n° 49. 945 du 16 juil. 1949, art. 5). « Toutefois, les dispositions du présent paragraphe ne sont pas applicables aux sinistrés et réfugiés privés de leur habitation, jusqu'au moment où ils pourront réintégrer leur local réparé ou le local reconstruit en remplacement de leur habi-

tation primitive ou occuper le local correspondant à leurs besoins mis provisoirement à leur disposition par l'administration.

« Ces dispositions ne s'appliquent pas non plus aux titulaires d'une location amiable résultant de la transformation de leur titre antérieur de réquisition. »

11° *(L. n° 70-612 du 10 juil. 1970. art. 23-II).* « Qui, après s'être vu offrir un logement définitif correspondant à ses besoins et n'excédant pas les normes HLM, continue d'occuper des locaux appartenant aux organismes d'HLM et destinés à assurer le relogement provisoire des occupants des locaux ou installations visés au premier alinéa de l'article 13 de la loi n° 70-612 du 10 juillet 1970. »

Article 11. *(Ord. n° 58-1343 du 27 déc. 1958, art. 5).* « Le droit au maintien dans les lieux ne peut être opposé au propriétaire qui aura obtenu du ministre de la Construction ou de son délégué l'autorisation de démolir un immeuble pour construire un autre immeuble d'une surface habitable supérieure et contenant plus de logements que l'immeuble démoli. »

Le propriétaire devra donner un préavis de six mois à chacun des occupants pour vider les lieux.

Il devra, en outre, commencer les travaux de reconstruction dans les trois mois du départ du dernier occupant.

Les locaux ainsi rendus disponibles ne pourront en aucun cas être réoccupés avant le début des travaux. »

Article 12. Le droit au maintien dans les lieux ne peut être opposé au propriétaire qui, avec l'autorisation préalable du ministre chargé de la Reconstruction et de l'Urbanisme ou de son délégué, effectue des travaux tels que surélévation ou addition de constructions ayant pour objet d'augmenter la surface habitable, le nombre de logements ou le confort de l'immeuble, et qui rendent inhabitable ce qui est nécessaire au logement de l'occupant et de sa famille.

(L. n° 62-903 du 4 août 1962, art. 7). « Il en est de même lorsque le propriétaire effectue des travaux nécessitant l'évacuation des lieux compris dans un secteur ou périmètre prévu à l'article 3 de la loi n° 62-903 du 4 août 1962 et autorisés ou prescrits dans les conditions prévues audit article. »

Le propriétaire doit donner à chaque occupant un préavis de six mois pour quitter les lieux loués. Les travaux doivent être commencés dans les trois mois du départ du dernier occupant.

Article 13. *(Ord. n° 58-1343 du 27 déc. 1958, art. 6).* « Les personnes évincées en application des articles 11 et 12 bénéficient, si elles ne sont pas relogées dans un local remplissant les conditions prévues » *(L. n° 75-1351 du 31 déc. 1975, art. 3)* « à l'article 13 *bis* ci-dessus (2) ». *(Ord. n° 58-1343*

du 27 déc. 1958. art. 6) « du droit à reintégration dans un des locaux situés dans les immeubles ayant fait l'objet des travaux visés auxdits articles et peuvent s'y maintenir dans les conditions prévues par la présente loi. »
Dès l'achèvement des travaux, le propriétaire devra, par lettre recommandée avec accusé de réception, ou par acte extrajudiciaire, les mettre en demeure de lui faire connaître, dans le délai d'un mois et dans la même forme, s'ils entendent user de ce droit. La notification devra mentionner, à peine de nullité, la forme et le délai de la réponse.

Article 13 « bis ». *(L. n° 75-1351 du 31 déc. 1975, art. 2).* « Le local mis à la disposition des personnes évincées en application des articles 11 et 12, doit être en bon état d'habitation, remplir les conditions d'hygiène normales et correspondre à leurs besoins personnels ou familiaux et, le cas échéant, professionnels, et à leurs possibilités. Il doit en outre être situé :
(L. n° 76-615 du 9 juil. 1976, art. 1er). « Dans le même arrondissement ou les arrondissements limitrophes ou les communes limitrophes de l'arrondissement où se trouve le local, objet de la reprise, si celui-ci est situé dans une commune divisée en arrondissements. »
(L. n° 75-1351 du 31 déc. 1975, art. 2). « Dans le même canton ou dans les cantons limitrophes de ce canton inclus dans la même commune ou dans les communes limitrophes de ce canton si la commune est divisée en cantons ».
« Dans les autres cas, sur le territoire de la même commune ou d'une commune limitrophe, sans pouvoir être éloigné de plus de 5 km. »

Article 13 « ter ». *(L. n° 75-1351 du 31 déc. 1975, art. 4).* « Le congé délivré en application des articles 11 et 12 ci-dessus doit, à peine de nullité, indiquer les motifs pour lesquels il est donné et reproduire les dispositions des articles 13 et 13 *bis* ci-dessus. »

Article 13 « quater ». *(L. n° 75-1351 du 31 déc. 1975, art. 5).* « Toute convention entre le bailleur et le locataire ou l'occupant pour la mise en œuvre des dispositions des articles 11 à 13 *bis* ci-dessus ne peut être signée, à peine de nullité, qu'après l'expiration d'un délai de trente jours suivant la réception de la demande.
« Le projet de convention est adressé au locataire ou à l'occupant par lettre recommandée avec demande d'avis de réception.
« A peine de nullité de la convention, ce projet ainsi que la convention ultérieurement signée doivent reproduire l'un et l'autre, en caractères très apparents, les dispositions du présent article.
L'avis de réception mentionné au deuxième alinéa doit, également à peine de nullité de la convention, lui être annexé. »

Article 14. *(L. n° 64-1278 du 23 déc. 1964, art. 7).* « Nonobstant les dispositions de l'article 1723 du Code civil, les locataires ou occupants d'un immeuble ne peuvent mettre obstacle aux travaux que le propriétaire se propose d'entreprendre avec l'autorisation préalable du ministre de la Construction ou de son délégué et qui ont pour objet d'augmenter la surface habitable, le nombre de logements ou le confort de l'immeuble ou d'améliorer le confort d'un ou de plusieurs logements dudit immeuble, lorsque ces travaux ne rendent pas inhabitable ce qui est nécessaire au logement du locataire ou de l'occupant et de sa famille. »
(L. n° 76-1285 du 31 déc. 1976, art. 68-I). « Toutefois, cette autorisation n'est pas nécessaire pour les travaux figurant sur une liste fixée par décret. La liste des travaux énumérés pourra dépendre de la situation du patrimoine immobilier bâti et des conditions de son utilisation dans la ou les communes soumises aux dispositions de la présente loi. »
« Selon la nature des travaux à exécuter et sous réserve d'un préavis de trois mois, les occupants sont tenus soit d'évacuer la partie des locaux intéressés par lesdits travaux, soit de permettre l'accès de leur logement et d'accepter notamment le passage de canalisations ne faisant que le traverser.
« Si les travaux durent plus de quarante jours, le loyer sera diminué à proportion du temps et de la partie du local dont ils auront été privés.
« Lorsque les travaux ont pour objet de diviser un logement insuffisamment occupé au sens des dispositions de l'article 10-7°, l'occupant ne peut prétendre qu'à l'occupation du nombre de pièces fixé en application de l'article 327 du Code de l'urbanisme et de l'habitation ».
(L. n° 67-561 du 12 juil. 1967, art. 6-III). « En tout état de cause, lorsque les travaux visés au présent article n'affectent qu'un logement, le propriétaire doit notifier au locataire ou occupant, par acte extrajudiciaire ou par lettre recommandée avec demande d'avis de réception, son intention de les exécuter. Si le locataire ou l'occupant entend s'opposer aux travaux ou à leurs modalités d'exécution pour un motif sérieux et légitime, il doit saisir, à peine de forclusion, la juridiction compétente, dans le délai de deux mois à compter de la réception de la notification qui lui a été faite. »
(L. n° 76-1285 du 31 déc. 1976, art. 68-II). « Le préavis de trois mois prévu au troisième alinéa ci-dessus comporte, à peine de nullité, la reproduction du texte intégral des articles 14 et 59 *bis* de la présente loi, la description sommaire des travaux, les conditions de leur exécution, l'indication des bases selon lesquelles le loyer sera calculé après leur achèvement, ainsi qu'une copie de l'autorisation visée au premier alinéa ci-dessus lorsqu'une telle autorisation est exigée. »
(L. n° 73-1351 du 31 Déc. 1973, art. 7-II). « En l'absence de l'autorisation ou de la notification prévue ci-dessus ou en cas d'exécution des travaux dans des conditions différentes de celles énoncées dans la notification ou

encore plus généralement si les travaux, même non soumis à autorisation, présentent un caractère abusif ou vexatoire, le juge du Tribunal d'instance, statuant par ordonnance de référé, est compétent pour prescrire l'interdiction ou l'interruption des travaux. Il peut ordonner l'interdiction ou l'interruption à titre provisoire s'il estime nécessaire une mesure d'instruction.

Article 14 « bis ». *(L. n° 67-561 du 12 juil. 1967, art. 6-IV).* « Les dispositions de la loi n° 67-561 du 12 juillet 1967 relative à l'amélioration de l'habitat sont applicables aux occupants de bonne foi dans les mêmes conditions qu'aux locataires. »

Article 15. *(L. n° 62-902 du 4 août 1962, art. 13).* « Le bénéfice du maintien dans les lieux n'est pas non plus opposable au propriétaire qui veut reprendre tout ou partie des cours, jardins ou terrains loués nus ou comme accessoires d'un local d'habitation ou à usage professionnel, pour construire des bâtiments à destination principale d'habitation, à la condition que la nouvelle construction ne rende pas impossible la jouissance du local existant. »
Le propriétaire notifiera aux occupants, avec un préavis de six mois, son intention de construire un nouvel immeuble dans les conditions prévues à l'alinéa précédent.
Les travaux devront être commencés dans le délai de trois mois à compter du départ du dernier occupant.
Dans ce cas, la valeur locative des lieux dont l'occupant garde la jouissance pourra être réévaluée sur les bases fixées par la présente loi.

Article 16. Il ne peut être renoncé au droit au maintien dans les lieux qu'après l'expiration du bail.

Article 17. Sous réserve des dispositions de l'article 5, le maintien dans les lieux est un droit exclusivement attaché à la personne et non transmissible.

CHAPITRE II
DU DROIT DE REPRISE

Article 18. Le droit au maintien dans les lieux cesse d'être opposable au propriétaire de nationalité française *(L. n° 86-12 du 6 janv. 1986, art. 9)* « ou ressortissant d'un Etat membre de la Communauté économique européenne », qui veut reprendre son immeuble pour l'habiter lui-même ou le faire habiter par son conjoint, ses ascendants ou ses descendants ou par ceux de son conjoint lorsqu'il met à la disposition du locataire ou de l'occupant un local en bon état d'habitation, remplissant des conditions d'hygiène normales ou au moins équivalentes à celles du local objet de la reprise et correspondant à ses besoins personnels ou familiaux et, le cas échéant, professionnels, et à ses possibilités. *(Décr. n° 53-700 du 9 août 1953, art. II)*: «Le local offert peut être constitué par une partie du local faisant l'objet de la reprise après exécution éventuelle des travaux d'aménagement.»

Le propriétaire ne peut exercer le droit ouvert à l'alinéa 1er que pour des locaux correspondant aux besoins personnels ou familiaux du bénéficiaire de la reprise et, le cas échéant, à ses besoins professionnels.

Le propriétaire qui veut bénéficier de la disposition ci-dessus doit prévenir par acte extrajudiciaire celui dont il se propose de reprendre le local; ledit acte doit indiquer à peine de nullité:

- le nom et l'adresse du propriétaire du local offert;
- l'emplacement de celui-ci;
- le nombre de pièces qu'il comporte;
- le degré de confort;
- le loyer;
- le délai à l'expiration duquel il veut effectuer la reprise et pendant lequel il peut être pris possession du local offert, délai qui ne peut être inférieur à trois mois s'il s'agit d'un occupant ou au délai normal du congé s'il s'agit d'un locataire;
- l'identité du bénéficiaire de la reprise ainsi que sa situation de famille et sa profession.

Si, dans le délai d'un mois à compter de la signification de l'acte extrajudiciaire, le locataire ou l'occupant donne son acceptation écrite à la proposition qui lui est faite, il doit remettre le local qu'il occupe à la disposition du propriétaire, au plus tard à la date fixée pour la reprise dans l'acte extrajudiciaire prévu à l'alinéa précédent.

Si, dans le même délai d'un mois, le locataire ou l'occupant refuse ou ne fait pas connaître sa décision, le propriétaire l'assigne, suivant la procédure prévue au chapitre V du présent titre, aux fins de nomination d'un expert.

Ledit expert, qui peut être saisi sur minute et avant enregistrement, a pour mission de visiter les locaux offerts, de dire s'ils remplissent les conditions d'hygiène prévues au premier alinéa et sont susceptibles de satisfaire aux besoins personnels ou familiaux et, le cas échéant, professionnels, du locataire ou de l'occupant, de vérifier enfin si les possibilités de ce dernier lui permettent d'en supporter les charges.

Il doit déposer son rapport dans la quinzaine du jour où il a été saisi. Faute par lui de ce faire, il est de plein droit dessaisi et le juge doit pourvoir d'office à son remplacement par nouvelle ordonnance rendue dans les quarante-huit heures suivant l'expiration dudit délai.

Dans les quarante-huit heures qui suivent le dépôt de ce rapport, les parties en sont informées par le greffier par lettre recommandée avec accusé de réception comportant convocation pour la plus prochaine audience utile.

Article 19. Le droit au maintien dans les lieux n'est pas opposable au propriétaire de nationalité française *(L. n° 86-12 du 6 janv. 1986, art. 9)* « ou ressortissant d'un Etat membre de la Communauté économique européenne », qui veut reprendre son immeuble pour l'habiter lui-même ou le faire habiter par son conjoint, ses ascendants, ses descendants ou par ceux de son conjoint et qui justifie que le bénéficiaire de la reprise ne dispose pas d'une habitation correspondant à ses besoins normaux et à ceux des membres de sa famille vivant habituellement ou domiciliés avec lui.
Lorsque l'immeuble a été acquis à titre onéreux, ce droit de reprise ne peut être exercé que si l'acte d'acquisition a date certaine, ou bien avant le 2 septembre 1939, ou bien plus de dix ans avant l'exercice de ce droit. Néanmoins, le propriétaire d'un immeuble acquis depuis plus de quatre ans peut être autorisé par justice à exercer le droit de reprise s'il établit que son acquisition n'a été faite que pour se loger ou pour satisfaire son intérêt familial légitime à l'exclusion de toute idée de spéculation *(Décr. n° 55-559 du 20 mai 1955, art. 5)* : « En cas d'acquisition à titre gratuit, les délais prévus au présent alinéa courent à partir de la dernière acquisition à titre onéreux. »
Le propriétaire qui veut bénéficier du droit de reprise doit prévenir, suivant les usages locaux et au moins six mois à l'avance, par acte extrajudiciaire, le locataire ou l'occupant dont il se propose de reprendre le local; ledit acte doit, à peine de nullité :
- indiquer que le droit de reprise est exercé en vertu du présent article ;
- préciser la date et le mode d'acquisition de l'immeuble ;
- faire connaître le nom et l'adresse du propriétaire qui loge le beneficiaire ainsi que l'emplacement et le nombre de pièces du local occupé par ce dernier.

Le juge doit toujours apprécier les contestations qui lui sont soumises au jour de la signification de l'acte extrajudiciaire.
Le bénéficiaire du droit de reprise prévu au présent article est tenu de mettre à la disposition du locataire ou de l'occupant dont il reprend le local le logement qui, le cas échéant, pourrait être rendu vacant par l'exercice de ce droit.
Le bénéficiaire du droit de reprise devra notifier à son propriétaire l'action qu'il exerce par acte extrajudiciaire dans le même délai que celui prévu à l'alinéa 3 ci-dessus. Le propriétaire de son logement ne pourra s'opposer à la venue de ce nouveau locataire ou occupant qu'en excipant de motifs sérieux et légitimes. S'il entend user de ce droit, il devra, à peine de forclu-

sion, saisir la juridiction compétente aux termes des articles 46 et suivants de la présente loi dans un délai de quinze jours à dater de la notification susvisée.
Cette notification devra, à peine de nullité, indiquer que, faute par le propriétaire d'avoir saisi la juridiction compétente dans le délai de quinze jours, il sera forclos.
Le nouvel occupant aura le titre d'occupant de bonne foi.

Article 20. *(L. n° 53-286 du 4 avr. 1953, art. 2).* « Le droit au maintien dans les lieux n'est pas opposable au propriétaire de nationalité française *(L. n° 86-12 du 6 janv. 1986, art. 9)* « ou ressortissant d'un Etat membre de la Communauté économique européenne », qui veut reprendre son immeuble pour l'occuper lui-même, lorsqu'il est :

« 1° Locataire ou occupant évincé en raison de l'article 19 ou du présent article.

« 2° Locataire ou occupant de locaux ayant fait l'objet soit d'une interdiction d'habiter prononcée en application de l'article 12 de la loi du 15 février 1902 modifiée, soit d'un arrêté de péril prescrivant, en vertu des articles 3 à 6 de la loi du 21 juin 1893, modifiée, la réparation ou la démolition de l'immeuble dans lequel ils sont situés, ou qui occupe des locaux situés dans un immeuble acquis ou exproprié à la suite d'une déclaration d'utilité publique.

« 3° Fonctionnaire, agent, ouvrier ou employé, ayant effectivement occupé pendant deux années consécutives le logement mis à sa disposition par l'administration ou l'entreprise dont il dépend justifiant soit d'avoir été ou être admis à la retraite pour toute autre cause qu'une sanction disciplinaire, soit avoir cessé ou cesser ses fonctions pour une cause indépendante de sa volonté.

« Dans le cas prévu au paragraphe 3°, lorsque l'immeuble a été acquis à titre onéreux, ce droit de reprise ne peut être exercé que si l'acte d'acquisition a date certaine plus de cinq ans avant l'exercice de ce droit. » *(Décr. n° 55-559 du 20 mai 1955, art. 5)* « En cas d'acquisition à titre gratuit, ce délai court à compter de la dernière acquisition à titre onéreux. »
Cependant, aucun de ces bénéficiaires ne peut exercer ce droit de reprise sur un logement s'il est propriétaire, dans la même agglomération, d'un autre local libre de tout locataire ou occupant et correspondant à ses besoins et à ceux de sa famille.
Le propriétaire doit prévenir, suivant les usages locaux et au moins six mois à l'avance, par acte extrajudiciaire, le locataire ou l'occupant dont il se propose de reprendre le local ; ledit acte doit, à peine de nullité :
- indiquer que le droit de reprise est exercé en vertu du présent article ;
- préciser la catégorie dans laquelle se trouve le propriétaire ;

– *(L. n° 53-286 du 4 avr. 1953, art. 3)* : « Indiquer le mode et la date d'acquisition de l'immeuble » ;
– fournir toutes indications utiles permettant au locataire de vérifier le bien-fondé de la demande.

Le juge doit toujours apprécier les contestations qui lui sont soumises au jour de la signification de l'acte extrajudiciaire.
(L. n° 53-286 du 4 avr. 1953, art. 4) : « Le droit à reprise prévu au présent article ne peut être exercé que par le propriétaire dont l'acquisition est antérieure à l'éviction ou à l'événement qui lui ouvre ce droit. »

Article 20 « bis ». *(Décr. n° 55-559 du 20 mai 1955, art. 5).* « Les droits de reprise prévus à la présente loi peuvent être exercés par les membres des sociétés mentionnées au chapitre Ier de la loi du 28 juin 1938 sur les logements qui leur sont attribués en jouissance.
« Pour l'application des articles 19 et 20, l'acquisition des parts ou actions donnant droit à la jouissance d'un logement est assimilée à l'acquisition de ce logement. »

Article 21. Lorsqu'il sera établi par le locataire ou l'occupant que le propriétaire invoque le droit de reprise, non pas pour satisfaire un intérêt légitime, mais dans l'intention de nuire au locataire ou à l'occupant ou d'éluder les dispositions de la présente loi, le juge devra refuser au propriétaire l'exercice de ce droit.

Article 22. Le droit de reprise reconnu au propriétaire par les articles 19 et 20 de la présente loi ne peut pas être exercé contre celui qui occupe un local dans lequel il exerce, au vu et au su du propriétaire et avec son accord au moins tacite, sa profession.
Toutefois, cette disposition n'est pas applicable aux locataires ou occupants entrés dans les lieux postérieurement à la publication de la présente loi, qu'ils soient locataires ou occupants au moment où le droit de reprise est exercé. *(L. n° 70-598 du 9 juil. 1970, art. 7)* : « Elle n'est pas non plus applicable lorsque le propriétaire du local est âgé d'au moins soixante-cinq ans et qu'il exerce la reprise pour lui-même. »

Article 22 « bis ». *(L. n°66-498 du 11 juil. 1966, art. 1er).* « Le droit de reprise prévu aux articles 19 et 20 de la présente loi ne peut pas être exercé au profit d'un bénéficiaire âgé de moins de soixante-cinq ans contre l'occupant dont les ressources annuelles sont inférieures *(L. n° 76-615 du 9 juil. 1976, art. 2-I)* « à une fois et demie le montant annuel du S.M.I.C. calculé sur la base de la durée légale du travail ». *(L. n° 66-498 du 11 juil. 1966, art. 1er)* « qui, à la date du congé, est âgé de plus de soixante-dix ans et occupe effectivement les lieux. »

(L. n° 76-615 du 9 juil. 1976, art. 2-II). « Il est tenu compte, pour le calcul des ressources de l'occupant, de celles des personnes vivant avec lui d'une manière effective et permanente. »

Article 23. En cas de pluralité de locaux loués ou occupés dans le même immeuble et sensiblement équivalents susceptibles d'être repris, le propriétaire est tenu d'exercer son droit de reprise sur celui qui est occupé par le plus petit nombre de personnes.

Article 24. Le droit au maintien dans les lieux n'est opposable ni au propriétaire ayant fait construire un logement sans avoir pu l'occuper immédiatement, ni au propriétaire ou locataire principal obligé de quitter provisoirement son logement qui l'a loué ou sous-loué sous la condition, écrite et acceptée par le preneur, qu'il pourrait reprendre les lieux à sa demande.

Article 25. *(Ord. n° 58-1343 du 27 déc. 1958, art. 8).* « Le droit au maintien dans les lieux n'est opposable ni au propriétaire, ni au locataire principal qui a loué ou sous-loué un logement sous la condition expresse qu'il pourrait le reprendre soit lors de la cessation de ses fonctions ou d'un changement de ses conditions d'existence, soit en vue d'y installer ses ascendants, ses descendants ou ceux de son conjoint.
« Les dispositions de la loi n° 51-1372 du 1er décembre 1951 modifiée et de la loi n° 49-972 du 21 juillet 1949 ne sont pas applicables aux occupants entrés dans les locaux dans les conditions prévues à l'article 24 ci-dessus et au présent article. »

CHAPITRE III
DU PRIX

Article 26. *(Décr. n° 65-483 du 26 juin 1965, art. 1er).* « Le prix des loyers des locaux soumis aux dispositions de la présente loi est déterminé en application des règles ci-après. »

Article 27. La valeur locataire d'un local est égale au produit de la surface corrigée, telle qu'elle résulte de l'article 28, par le prix de base du mètre carré de chacune des catégories de logements prévues à l'article 30.
(Décr. n° 58-1347 du 27 déc. 1958, art. 1er). « Lorsque la faculté de céder ou de sous-louer est incluse dans un bail portant sur un local à usage professionnel, la valeur locative ainsi déterminée pourra être majorée, pendant le cours du bail, de 50 % au maximum. »

(Décr. n° 66-428 du 24 juin 1966, art. 1er). «Le montant du loyer des locaux pour lesquels le droit au bail ou le droit au maintien dans les lieux a été, postérieurement au 1er juillet 1966, transmis aux héritiers ou transféré dans les conditions prévues à l'article 5 de la présente loi, est égal à la valeur locative majorée de 50 %. Ces dispositions ne sont toutefois pas applicables en cas d'attribution de l'un de ces droits au conjoint du locataire ou de l'occupant ni en cas de transfert à un descendant mineur.»

«Les prix résultant des dispositions de l'alinéa 1er du présent article demeurent applicables aux logements occupés par les personnes qui ont bénéficié, entre le 1er juillet 1965 et le 30 juin 1966, du maintien dans les lieux prévu à l'article 5 ci-dessus, à moins qu'il ne s'agisse du conjoint, veuf, séparé ou divorcé.»

(Décr. n° 67-779 du 13 sept. 1967, art. 2). «Dans les communes visées à l'article 10 (7°) ci-dessus, le loyer de la totalité des locaux inoccupés ou insuffisamment occupés ou faisant l'objet d'une sous-location totale ou partielle est égal à la valeur locative majorée de 50 %. Cette majoration cesse de droit dès que prend fin la situation qui l'avait motivée. *(L. n° 89-462 du 6 juil, 1989, art. 38-I).* «Les locataires ou occupants auxquels est ou a été appliquée cette majoration continuent de bénéficier du droit au maintien dans les lieux prévu à l'article 4, nonobstant les dispositions du 7° de l'article 10.»

«Lorsque l'insuffisance d'occupation a pour origine le décès ou le mariage de l'un des occupants, la majoration prévue dans ce cas par l'alinéa précédent ne prend effet qu'à l'expiration d'un délai d'un an à compter de ce mariage ou de ce décès.

«La majoration pour insuffisance d'occupation n'est pas applicable:

«1° Aux personnes âgées de plus de soixante-dix ans.

«2° Aux personnes titulaires:

«Soit d'une pension de grand invalide de guerre ouvrant droit au bénéfice des dispositions de l'article L. 31 du Code des pensions militaires d'invalidité et des victimes de guerre;

«Soit d'une rente d'invalide du travail correspondant à une incapacité au moins égale à 80 %.»

(L. n° 82-526 du 22 juin 1982, art. 78, J.O. 23 juin). «Soit d'une allocation servie à toute personne dont l'infirmité entraîne au moins 80 % d'incapacité permanente et qui est qualifiée grand infirme, en application de l'article 169 du Code de la famille et de l'aide sociale.»

«En cas de sous-location, la majoration de 50 % ne s'applique pas aux locataires ou occupants qui sous-louent une ou plusieurs pièces lorsqu'ils occupent suffisamment les locaux compte non tenu de ces pièces ou qu'ils appartiennent aux catégories visées aux 1° et 2° ci-dessus, à la condition que la sous-location soit conclue au profit de personnes appartenant à des catégories déterminées par arrêté interministériel.

« Pour l'application des dispositions ci-dessus, sont, sauf preuve contraire, présumées sous-locataires les personnes vivant de façon continue au foyer du locataire ou de l'occupant, dès lors qu'elles ne présentent avec ce dernier aucun lien de parenté ou d'alliance au sens de la loi ou qu'elles ne sont ni à sa charge ni à son service.
« Les majorations de 50 % prévues au présent article ne peuvent se cumuler. »

Article 28. Un décret, pris sur le rapport du ministre de la Reconstruction et de l'Urbanisme, déterminera les conditions dans lesquelles sera obtenue la surface corrigée en affectant la superficie des pièces habitables et celle des autres parties du logement de correctifs dont il donnera le taux pour qu'il soit tenu compte, notamment, de la hauteur du plafond, de l'éclairement, de l'ensoleillement et des vues de chacune des pièces habitables, ainsi que des caractéristiques particulières des autres parties du local.
Il définira les pièces habitables et les conditions dans lesquelles sera calculée la superficie desdites pièces, ainsi que celle des autres parties du local et des annexes. Le même décret précisera également les correctifs applicables à l'ensemble du logement pour tenir compte notamment de son état d'entretien, de sa vétusté, de l'importance du local, de son affectation, de sa situation et des éléments d'équipement propres, soit au local, soit à l'ensemble de l'immeuble.
Ne pourront entrer en ligne de compte, dans l'évaluation des correctifs, que les éléments d'équipement et de confort fournis par le propriétaire.

Article 29. Le préfet peut, éventuellement, dans les limites fixées par le décret prévu à l'article 28, adapter par arrêté certains correctifs aux conditions locales et fixer ceux relatifs à la situation des immeubles dans les différentes zones qu'il aura déterminées.

Article 30. Le prix de base du mètre carré est déterminé par décret pris sur le rapport du ministre chargé de la Reconstruction et de l'Urbanisme et du ministre chargé des Affaires économiques, après avis du Conseil économique, pour les différentes catégories de logements en fonction de la qualité de leur construction et, le cas échéant, suivant la localité dans laquelle ils sont situés.
Les prix de base doivent être tels qu'ils assurent, après application des correctifs, la rémunération du service rendu par le logement ainsi que son maintien en état d'habitabilité.
(Décr. n° 58-1347 du 27 déc. 1958, art. 2). « Le décret prévu à l'alinéa 1er fixe les modalités selon lesquelles les prix de base s'appliquent, lors de leur révision, aux locataires ou occupants dont le loyer avait déjà atteint la valeur locative résultant de l'application des anciens prix de base. »

Article 31. *(Décr. n° 65-483 du 26 juin 1965, art. 2).* « Indépendamment du prix de base déterminé conformément aux dispositions de l'article 30 ci-dessus, le décret prévu audit article fixe le prix du mètre carré applicable jusqu'à ce que le loyer ait atteint la valeur locative définie à l'article 27.
« A compter du 1er juillet 1965, le loyer est majoré chaque année d'une fraction du loyer applicable au cours du dernier mois de la période précédente. »
(L. n° 70-598 du 9 juil. 1970, art. 8). « L'augmentation maximale de loyer résultant de l'application de la majoration prévue à l'alinéa précédent peut faire l'objet d'un abattement en considération de l'âge ou de l'état physique des bénéficiaires et compte tenu de leurs ressources, à la condition que le local ne soit pas insuffisamment occupé ou ne fasse pas l'objet d'une sous-location totale ou partielle et sans que l'abattement puisse dépasser la moitié de cette augmentation. »
(Décr. n° 64-1354 du 30 déc. 1964, art. 1er). « Lorsque des modifications sont apportées à la surface corrigée du local pour quelque cause que ce soit, notamment en raison de l'affectation de tout ou partie du local à un usage professionnel, il doit être tenu compte de l'incidence de ces modifications pour déterminer le loyer servant de base au calcul des majorations annuelles. Les taux de majoration sont fixés par le décret prévu à l'article 30. »

Article 31 « bis ». *(Abrogé par Décr. n° 77. 741 du 30 juin 1977, J.O. 9 juil.)*

Article 32. Chaque propriétaire devra, avant le 1er janvier 1949, faire connaître à chaque locataire ou occupant, par lettre recommandée avec accusé de réception ou par acte extrajudiciaire *(L. n° 49-507 du 14 avr. 1949, art. 5)* « le loyer » des locaux qu'il occupe.
Le propriétaire doit joindre, à l'appui de cette notification, un décompte détaillé, établi d'après un modèle type qui sera annexé au décret prévu à l'article 28, des bases de calcul de *(L. n° 49-507 du 14 avr. 1949, art. 5)* « ce loyer ».
(L. n° 49-507 du 4 avr. 1949, art. 6). « En cas de désaccord, le locataire ou l'occupant devra, à peine de forclusion, aviser, dans les deux mois, le propriétaire, par lettre recommandée avec accusé de réception ou par acte extrajudiciaire, du loyer qu'il propose lui-même, en précisant les éléments sur lesquels porte ce désaccord. »
La notification par le propriétaire devra, à peine de nullité, indiquer que faute par le locataire ou l'occupant d'avoir contesté *(L. n° 49-507 du 14 avr. 1949, art. 5)* « le loyer » dans le délai de deux mois, il sera forclos à l'expiration de ce délai et que « ce loyer » s'imposera comme nouveau prix.
Le différend sera porté devant le tribunal compétent suivant les règles de procédure prévues au chapitre V du présent titre.
Pour la détermination de la compétence, le loyer pris en considération est celui qui était payé antérieurement à l'application de la présente loi.

Article 32 « bis ». *(Décr. n° 58-1347 du 27 déc. 1958, art. 4).* « En cas de modification totale ou partielle des éléments ayant servi de base à la détermination du loyer, ce loyer pourra être révisé à la demande de l'une ou de l'autre des parties. »
(Décr. n° 60-1057 du 1er oct. 1960, art. 1er). « Le demandeur doit faire connaître à l'autre partie, par lettre recommandée avec demande d'avis de réception ou par acte extrajudiciaire, les nouveaux éléments proposés. Il doit joindre à l'envoi de cette notification un décompte détaillé, établi d'après un modèle type annexé au décret prévu à l'article 28, des bases de calcul de ce loyer.
« En cas de désaccord sur les nouveaux éléments proposés par le demandeur, l'autre partie doit, à peine de forclusion, aviser, dans les deux mois, le demandeur, par lettre recommandée avec demande d'avis de réception ou par acte extrajudiciaire, du loyer qu'il propose lui-même, en précisant les éléments sur lesquels porte ce désaccord.
« La notification par le demandeur devra, à peine de nullité, indiquer que, faute par l'autre partie d'avoir contesté le loyer dans le délai de deux mois, il sera forclos à l'expiration de ce délai et que ce loyer s'imposera comme nouveau prix. En cas de contestation, le différend sera porté devant le tribunal compétent suivant les règles de procédure prévues au chapitre V du présent titre.
« Pour la détermination de la compétence, le loyer pris en considération est celui qui était exigible à la date de la notification. »

Article 33. Les prix résultant de l'application de la présente loi sont applicables de plein droit à dater du 1er janvier 1949, sans qu'il soit nécessaire de donner congé ni aux titulaires de baux écrits ou verbaux, ni à ceux qui sont maintenus dans les lieux.
Au cas où la notification prévue au premier alinéa de l'article 32 est faite à une date postérieure au 1er janvier 1949, les prix résultant de l'application de la présente loi ne seront applicables qu'à partir du terme d'usage qui suivra cette notification ; toutefois, s'il y a lieu à réduction en application des dispositions de l'article 35, et quelle que soit la date de la notification, le nouveau prix sera applicable à partir du 1er janvier 1949.

Article 34. Les parties pourront, d'un commun accord, se dispenser de l'application des règles de fixation des loyers prévues aux articles précédents en prenant forfaitairement comme base le loyer pratiqué au 1er juillet 1948.
(Décr. n° 64-1354 du 30 déc. 1964, art. 2). « A compter du 1er juillet 1965, le loyer est majoré chaque année d'une fraction du loyer applicable au cours du dernier mois de la période précédente. Le taux de majoration est fixé par le décret prévu à l'article 30. »

Cet accord pourra être dénoncé par chacune des parties par lettre recommandée avec accusé de réception adressée dans la quinzaine suivant le paiement de chaque terme de loyer. Dans ce cas, les règles des articles 26 et suivants deviendront définitivement applicables aux termes de loyer qui suivront la dénonciation de l'accord.
(Décr. n° 62-1019 du 24 août 1962). « Le demandeur devra joindre à l'appui de sa dénonciation un décompte détaillé, établi d'après un modèle type annexé au décret prévu à l'article 28, des bases de calcul du nouveau loyer. Les dispositions des trois derniers alinéas de l'article 32 *bis* sont applicables. »
(L. n° 70-598 du 9 juil. 1970, art. 9). « L'augmentation de loyer résultant de l'application de la majoration prévue au deuxième alinéa ci-dessus peut faire l'objet d'un abattement en considération de l'âge ou de l'état physique des bénéficiaires et compte tenu de leurs ressources à la condition que le local ne soit pas suffisamment occupé ou ne fasse pas l'objet d'une sous-location totale ou partielle et sans que l'abattement puisse dépasser la moitié de cette augmentation. »

Article 34 « bis ». *(Décr. n° 59-1060 du 10 sept. 1959, art. 1er).* « Les parties peuvent également, d'un commun accord, fixer un prix de loyer dans la limite de la valeur locative définie à l'article 27. »

Article 35. Les loyers qui dépasseront la valeur locative telle qu'elle est définie à l'article 27 seront ramenés à cette valeur locative.

Article 36. *(L. n° 49-507 du 14 avr. 1949, art. 8).* « Les dispositions des articles qui précèdent ne sont pas applicables à la détermination du loyer des cours, jardins ou terrains loués ou occupés accessoirement aux locaux visés à la présente loi. Ce loyer fera l'objet d'une évaluation séparée. Un décret pris sur le rapport du ministre chargé de la Reconstruction et de l'Urbanisme et du ministre chargé des Affaires économiques fixera les divers prix maxima du mètre carré en tenant compte des usages locaux. A défaut d'accord amiable, il sera procédé à l'évaluation du loyer par justice. Le juge devra tenir compte de tous les éléments d'appréciation, notamment de la proximité de l'habitation, des possibilités de culture et des plantations existant au moment de la location.
« Il sera procédé de même pour l'évaluation du loyer des locaux, tels que remises et garages, loués ou occupés accessoirement aux locaux visés par la présente loi et n'ayant aucune affectation commerciale ou industrielle. »

Article 37. *(Décr. n° 62-1044 du 27 août 1962, art. 1er).* « Le loyer des locaux mentionnés à l'article 8 de la présente loi sera fixé, à défaut d'accord amiable, par le juge à l'aide de tous les éléments d'appréciation. »

Article 38. *(L. n° 89-462 du 6 juill. 1989, art. 38-II).* « Les locataires ou occupants sont tenus, en sus du loyer principal, au remboursement des charges locatives définies à l'article 23 de la loi n° 89-462 du 6 juillet 1989, dans les conditions prévues à cet article. »

Article 39. Il ne peut être exigé des sous-locataires de locaux nus un loyer supérieur à celui payé par le locataire ou occupant principal augmenté du montant des prestations, taxes locatives et fournitures individuelles énumérées à l'article 38. Le locataire ou occupant principal est tenu, à la demande du sous-locataire, d'en justifier par la production de sa quittance. Dans le cas de sous-location partielle de locaux nus, il devra être tenu compte, pour la fixation du loyer, de l'importance des locaux sous-loués et d'un prorata des prestations, taxes et fournitures payées par le locataire principal. Le principal du loyer ainsi déterminé pourra être majoré de 20 % et, en outre, du prix des prestations particulières que le locataire principal serait appelé à fournir.

Article 40. *(Décr. n° 55-559 du 20 mai 1955, art. 3).* « En aucun cas, l'application des dispositions du présent chapitre ne pourra être invoquée par le bailleur pour se soustraire à l'exécution des obligations mises à sa charge par le contrat ou par la loi. »
(L. n° 62-902 du 4 août 1962, art. 15). « Toutefois, sont autorisées les conventions par lesquelles tout locataire ou occupant s'engage, postérieurement à son entrée dans les lieux et à l'occasion de travaux afférents à l'immeuble et déterminés dans la convention, à participer à tout ou partie des dépenses exposées pour leur réalisation. »

Article 41. Le preneur pourra, nonobstant toutes clauses ou conventions contraires, résilier le bail tant que la valeur locative résultant des dispositions qui précèdent ne sera pas atteinte.

Article 42. Les occupants évincés, en application des articles 11 et 12, et usant *(Décr. n° 53-700 du 9 août 1953, art. 10)* « du droit à réintégration » prévu à l'article 13 ne devront payer que le loyer, les prestations, taxes et fournitures individuelles tels qu'ils résultent de l'application des dispositions du présent chapitre.

Article 43. Le bailleur qui, n'exerçant pas la profession de loueur en meublé, loue exceptionnellement en totalité un local normalement meublé, est autorisé à majorer le montant du loyer, tel qu'il est déterminé au présent chapitre, du prix de location des meubles, qui ne pourra lui-même dépasser le montant du loyer principal. Il pourra, en outre, récupérer les presta-

tions, taxes et fournitures définies à l'article 38 et tous impôts et taxes perçus à l'occasion des locations en meublé.
Pour les sous-locations partielles en meublé existant au jour de la promulgation de la présente loi et pour les sous-locations partielles en meublé autorisées en application des dispositions de l'article 78, le prix du loyer est déterminé comme il est dit à l'article 39, alinéa 2, et le prix de location des meublés ne peut dépasser le montant dudit loyer. Il pourra être exigé en sus le montant de tous impôts et taxes perçus à l'occasion des locations en meublé.

Article 44. *(Décr. n° 62-1044 du 27 août 1962, art. 2).* « Les travaux ayant pour objet d'augmenter le nombre de logements par la division des logements existants ouvrent droit, pour le propriétaire, à la récupération du montant des dépenses par une majoration du prix des loyers des locaux rendus disponibles.
« Cette majoration ne devra, en aucun cas, permettre l'amortissement du capital dépensé sur une période inférieure à dix années. Elle n'est autorisée qu'à la condition que les appartements créés comportent trois pièces principales au moins. »

CHAPITRE IV
DES LOCATIONS ET SOUS-LOCATIONS EN MEUBLÉ

Article 45. Le locataire, sous-locataire ou occupant de bonne foi d'un local meublé bénéficie du maintien dans les lieux dans les termes et conditions prévus aux chapitres Ier et II du présent titre. Toutefois, le bénéfice de ce maintien dans les lieux n'est pas opposable au propriétaire ou au locataire principal qui justifie avoir loué ou sous-loué un local constituant son domicile.
Le bénéfice de ce maintien dans les lieux n'est pas non plus opposable au bailleur si celui-ci peut faire la preuve qu'il avait accueilli le preneur en raison de circonstances exceptionnelles pour une location provisoire. Toutefois, cette dernière disposition ne pourra être opposée à ceux dont le domicile a été détruit par fait de guerre et n'a pas encore été reconstruit.
Dans tous les cas, à partir de l'expiration du bail ou de la location verbale, le bailleur pourra, à l'encontre du locataire ou du sous-locataire bénéficiaire du maintien dans les lieux, reprendre son mobilier, s'il justifie qu'il en a besoin pour sa propre installation ou celle de ses ascendants ou descendants. Il devra, en ce cas, lui donner préavis, deux mois à l'avance, par lettre recommandée avec accusé de reception.

CHAPITRE V
DE LA PROCEDURE

Article 46. *(L. n° 62-902 du 4 août 1962, art. 16).* « Sous réserve des dispositions de l'article 5 », toutes les contestations relatives à l'application du présent titre sont *(Décr. n°72-789 du 28 août 1972, art, 8-I)* « portées devant le tribunal d'instance du lieu de la situation de l'immeuble, lequel statue selon les règles qui lui sont propres. »
(Décr. n° 72-789 du 28 août 1972, art. 8-II). « Toutefois, la juridiction des référés reste compétente dans les conditions prévues par les règles qui régissent en cette matière. »

Article 47. *(Abrogé par l'art. 11 du décr. n°68-424 du 8 mai 1968).*

Article 48. *(Abrogé par l'art. 8-III du décr. n°72-789 du 28 août 1972).*

Article 49. *(Abrogé par l'art. 8-I du décr. n°72-789 du 28 août 1972).*

Article 50. *(Art. 1060 du Code général des impôts, abrogé par l'article 56 de la L. n°63-254 du 15 mars 1963).*

CHAPITRE VI
DES SANCTIONS

Article 51. Toute personne qui, de mauvaise foi, à l'aide soit d'une dissimulation soit de tout autre moyen frauduleux, impose ou tente d'imposer pour l'un des locaux visés par la présente loi un loyer dépassant le prix licite, sera punie d'un emprisonnement de quinze jours à deux ans et d'une amende de *(L. n°56-1237 du 29 déc. 1956, art. 7)* « 150 F à 150 000 F » ou de l'une de ces deux peines seulement.
L'amende pourra être élevée à cent fois le montant de la majoration imposé, sans préjudice de tous dommages-intérêts.
L'affichage du jugement à la porte de l'immeuble pourra être ordonné.
Les dispositions des deux premiers alinéas du présent article sont applicables à toute offre d'un loyer supérieure au prix licite.

Article 52. Sera puni des peines prévues à l'article précédent tout locataire ou occupant d'un des locaux visés par la présente loi qui, pour quitter les lieux, aura, directement ou indirectement, soit obtenu ou tenté d'obtenir une remise d'argent ou de valeurs non justifiée, soit imposé ou tenté d'im-

poser la reprise d'objets mobiliers à un prix ne correspondant pas à la valeur vénale de ceux-ci. Les sommes indûment perçues sont sujettes à répétition.
Aucune poursuite ne peut être intentée à l'encontre du locataire ou de l'occupant qui a demandé ou obtenu un prix de reprise au plus égal à l'évaluation des objets mobiliers faite à ses frais par un expert désigné à sa requête par le président du tribunal.

Article 53. Sera puni des peines prévues à l'article 51 quiconque aura obtenu ou tenté d'obtenir, à l'occasion de la location d'un des locaux visés par la présente loi, des commissions, ristournes, rétributions, récompenses, ne correspondant pas à un service réellement rendu ou supérieures à celles en usage dans la profession.
Les sommes abusivement perçues sont sujettes à répétition.

Article 54. Toute personne convaincue d'avoir refusé de louer à un locataire éventuel, en raison du nombre de ses enfants, un des locaux visés par la présente loi, alors qu'il était vacant, sera punie d'une peine d'emprisonnement d'un mois à deux ans et d'une amende de *(L. n°56-1327 du 29 déc. 1956, art. 7)* « 300 F à 15 000 F », ou de l'une de ces deux peines seulement.
En outre, l'auteur de l'infraction sera tenu de consentir à la famille évincée, pour une durée minimale de trois ans, un bail sur l'immeuble refusé, à moins que les locaux n'aient été déjà loués et ne soient occupés de façon suffisante au sens des dispositions prises en application de l'article 3 de l'ordonnance du 11 octobre 1945, auquel cas ledit auteur de l'infraction sera condamné envers la partie lésée à tous dommages-intérêts.
En cas de récidive, les peines pourront être portées au double.

Article 55. *(Abrogé par l'art. 5 de l'ord. n° 58-1441 du 31 déc. 1959; V. art. 351 du Code de l'urbanisme et de l'habitation modifié par ord. précitée.)*

Article 56. Quiconque, soit par des manœuvres frauduleuses, soit par fausses allégations ou simples réticences ayant fait naître l'espérance chimérique d'une location, jouissance ou propriété d'appartement, aura détourné ou dissipé, ou tenté de détourner ou de dissiper la totalité ou partie de la fortune d'autrui, sera puni d'un emprisonnement d'un an au moins et de cinq ans au plus et d'une amende de *(L. n°56-1327 du 29 déc. 1956, art. 7)* « 1 500 F au moins et de 150 000 F au plus. »

Article 57. Tout bailleur ou mandataire de celui-ci, convaincu d'avoir, par lui-même ou son préposé, majoré le prix du bail au-delà de la valeur locative maximale telle qu'elle est prévue à l'article 27 ci-dessus, sera condamné à une amende civile qui ne pourra être inférieure à dix fois ni supérieure à cent fois le montant de la majoration exigée ou perçue.

La juridiction statuant sur l'action en répétition est compétente pour prononcer d'office cette amende.

Article 58. *(Abrogé par l'art. 13 de l'ord. n°58-1343 du 27 déc. 1958.)*

Article 59. Le propriétaire qui, ayant excipé des dispositions des articles 11, 12 et 15, n'aura pas commencé les travaux dans le délai prévu auxdits articles, ou qui ne les aura pas exécutés dans les conditions qu'ils prévoient, sera, pour l'avenir, déclaré déchu de tout droit de reprise, frappé d'une amende civile de 50 F à 10 000 F, sans préjudice de tous dommages-intérêts que pourrait réclamer l'occupant évincé.
Il en sera de même à l'égard du propriétaire qui ne se conforme pas aux dispositions de l'article 13.
Les actions prévues au présent article se prescrivent par trois ans et sont jugées conformément aux dispositions du chapitre V du présent titre, en tenant compte du montant du loyer au moment de l'éviction.

Article 59 « bis ». *(L. n° 75-1351 du 31 déc. 1975, art. 8).* « Quiconque exécute ou fait exécuter les travaux visés au premier alinéa de l'article 14 sans avoir obtenu l'autorisation ou sans avoir fait la notification, prévues audit article, ou sans respecter les conditions d'exécution figurant dans la notification ou encore malgré une décision d'interdiction ou d'interruption des travaux prononcée par le juge du tribunal d'instance, statuant par ordonnance de référé, sera puni d'un emprisonnement de six mois à deux ans et d'une amende de 5 000 F à 20 000 F.
« Le tribunal pourra, en outre, ordonner la remise en état des lieux aux frais du condamné.
(L. n° 76-1285 du 31 déc. 1976, art. 68-III). « Les dispositions des articles L. 480-1 (alinéas 1, 3 et 4), L. 480-2, L. 480-7, L. 480-8 et L. 480-9 du Code de l'urbanisme sont applicables aux infractions visées au premier alinéa du présent article. En particulier, le maire est soumis aux obligations prévues à l'alinéa 10 de l'article L. 480-2 du même Code en cas de travaux effectués sans l'autorisation exigée en vertu de l'article 14 de la présente loi. »

Article 60. *(Ord. n° 58-1343 du 27 déc. 1958, art. 10).* « Sauf empêchement résultant de la force majeure ou d'un cas fortuit, le propriétaire ayant excipé des dispositions des articles 18, 19, 20 ou 25 et qui, dans un délai de trois mois à dater du départ du locataire ou de l'occupant, et pendant une durée minimale de trois ans, n'aura pas occupé ou fait occuper l'immeuble par ceux des bénéficiaires pour le compte de qui il l'avait réclamé sera, pour l'avenir, déclaré déchu de tout droit de reprise, frappé d'une amende civile de 50 F à 10 000 F et devra au locataire congédié, outre la réparation du préjudice matériel causé, une indemnité qui ne pourra être inférieure à

une année de loyer du local précédemment occupé, ni supérieure à cinq années. Le locataire ou l'occupant, en cas de non-occupation, pourra demander la réintégration; s'il obtient cette réintégration, l'indemnité ne sera pas due.»
La juridiction statuant sur l'action du locataire ou de l'occupant évincé est compétente pour prononcer d'office l'amende.

Article 61. *(Décr. n° 58-1347 du 27 déc. 1958, art. 8).* «Le propriétaire qui aura exercé le droit de reprise prévu à l'article 20 en violation des dispositions de l'alinéa 6 dudit article, ou qui aura enfreint les dispositions de l'article 24, sera passible des sanctions prévues à l'article 60.»

Article 62. Le locataire ou l'occupant qui aurait pris l'engagement prévu à l'alinéa 11 de l'article 18 et qui n'aura pas rempli cet engagement dans le délai fixé sera frappé d'une amende civile de 50 F à 1 000 F et devra au propriétaire réparation du préjudice causé.
Les dispositions du précédent alinéa seront applicables au propriétaire qui se sera engagé à mettre un logement à la disposition du locataire ou occupant dont il veut reprendre le local en vertu de l'article 18 et qui, après l'acceptation du locataire ou de l'occupant, n'aura pas rempli son engagement.
L'amende ne sera pas prononcée et l'indemnité ne sera pas due si la partie en cause peut justifier de la force majeure ou d'un cas fortuit.

Article 63. Toute clause ou stipulation tendant à imposer, sous une forme directe ou indirecte, telle que remise d'argent ou de valeurs ou reprise d'objets mobiliers, un prix de location supérieur à celui fixé en application des dispositions de la loi, est nulle de plein droit, même si elle a reçu exécution antérieurement à la publication de la présente loi.
Il en est de même si les avantages exigés, autres que ceux représentant une rémunération équitable du service rendu, l'ont été au profit de toute autre personne que le bailleur.
Toutes les sommes indûment perçues sont sujettes à répétition.

Article 64. Le locataire ou l'occupant qui aurait enfreint les dispositions des articles 39 et 43 sera frappé d'une amende civile de 50 F à 1 000 F, sans préjudice des dommages-intérêts qui pourront être accordés au propriétaire et au sous-locataire.

Article 65. Le produit des amendes civiles prononcées en vertu de la présente loi sera versé intégralement à l'Agence Nationale pour l'Amélioration de l'Habitat.

Article 66. Le propriétaire à qui le juge aura refusé le droit de reprise en application de l'article 2 ci-dessus sera, pour l'avenir, déclaré déchu de ce droit.

Article 67. Le ministère public devra poursuivre d'office l'application des amendes civiles qui seront prononcées conformément aux règles de compétence et de procédure instituées par le chapitre V du présent titre.
En tout état de cause, le juge pourra prononcer d'office l'application des amendes civiles.

Article 68. Les actions en nullité et les actions en répétition prévues au présent chapitre se prescrivent par trois ans.
Aucune amende civile ne peut être prononcée pour des faits remontant à plus de trois ans avant la demande.
A défaut de loyer déterminé au jour de la demande, ces actions sont introduites et jugées suivant les règles de procédure prévues à l'article 48.

Article 69. Les dispositions du présent titre ne sont pas applicables aux immeubles construits par l'Etat, en application de l'ordonnance n° 45-2064 du 8 septembre 1945, tant qu'ils conservent leur caractère d'immeubles sans affectation individuelle ou s'ils sont cédés à des non-sinistrés. Les limitations de prix prévues par la législation sur les habitations à bon marché leur sont par contre applicables pendant cette période.
Lorsqu'ils ont été attribués à des sinistrés en règlement partiel ou total de leurs indemnités de dommages de guerre, ils sont assimilés, à compter de cette affectation, aux locaux visés aux articles 70 et 71.

Article 70. Nonobstant les dispositions des articles 1722 et 1741 du Code civil, le bail à loyer des locaux d'habitation ou à usage professionnel, ou encore affectés soit à une administration publique, soit à l'exercice d'une fonction publique, situés dans des immeubles détruits ou endommagés par suite de faits de guerre ou de faits assimilés aux faits de guerre, est reporté sur l'immeuble réparé ou reconstruit, même sur un autre terrain, en remplacement de l'immeuble primitif.
Les baux interrompus par le sinistre sont considérés comme ayant été suspendus et reprennent cours à la date à laquelle la réinstallation aura été possible.
Les personnes occupant les lieux au moment du sinistre en vertu de prorogations légales ou de dispositions concernant le maintien dans les lieux peuvent prendre possession des locaux réparés ou reconstruits et s'y maintenir dans les conditions fixées par la présente loi.
Si des modifications sont intervenues dans la surface ou la disposition des lieux qui mettent obstacle à la réintégration de tous les locataires et occu-

pants ayant fait connaître leur intention d'occuper les lieux, la préférence sera donnée aux locataires ou occupants dont la famille est la plus nombreuse et, à égalité de charges familiales, aux plus anciens.
Les dispositions des alinéas précédents ne sont applicables que sous réserve du droit de priorité du propriétaire sinistré immobilièrement justifiant d'un motif légitime d'habiter par lui-même l'un des locaux réparés ou reconstruits ou de le faire habiter par son conjoint, ses ascendants, ses descendants ou ceux de son conjoint.
Ces dispositions ne sont également pas opposables au propriétaire sinistré dont l'habitation personnelle a été détruite et qui, par application de l'article 31 de la loi n° 46-2389 du 28 octobre 1946, reconstruit une habitation personnelle de même importance, en transférant sur celle-ci d'autres droits à indemnité de dommages de guerre.
Nonobstant toute disposition contraire, les dispositions du présent article sont applicables en cas d'expropriation d'un immeuble sinistré ou non, dès lors que son propriétaire est assimilé à un sinistré total par application de la législation sur la reconstruction et a décidé de procéder à sa reconstruction. Le locataire ou l'occupant doit alors opter entre l'indemnité d'éviction due au titre de l'expropriation et le bénéfice des dispositions ci-dessus.
Le propriétaire notifie aux locataires ou occupants, par lettre recommandée avec accusé de réception, son intention de réparer ou de reconstruire l'immeuble endommagé. Dans les trois mois qui suivront cette notification ou, dans le cas où elle n'aurait pu être faite, dans les trois mois qui suivront l'affichage à la mairie de la situation de l'immeuble d'un extrait de cette notification, les locataires ou occupants doivent, à peine de forclusion, faire connaître leur intention d'occuper un local dans l'immeuble réparé ou reconstruit.

Article 71. Les loyers des locaux visés à l'article précédent seront, à compter du 1er janvier 1949, déterminés conformément aux dispositions du présent titre.
Toutefois, lorsque la part des dépenses de reconstruction, d'amélioration ou de réparation restant à la charge des propriétaires dépasse en moyenne 30 F par pièce principale, telle que ladite pièce principale est définie par les textes pris en application de l'article 3 de l'ordonnance du 11 octobre 1945, les propriétaires sont autorisés à percevoir, en sus du loyer fixé comme il est dit ci-dessus, une majoration de loyer pouvant atteindre au plus l'intérêt calculé au taux de 6 % des sommes correspondant à la quote-part des dépenses de reconstruction, de réparation ou d'amélioration, laissées à leur charge ou non encore remboursées par l'Etat au titre des dommages de guerre. Dans ce cas, la majoration autorisée de l'ensemble des loyers doit être répartie entre toutes les personnes qui habitent l'immeuble, au prora-

ta du nombre de pièces principales qu'elles occupent. Cependant, en cas d'amélioration, cette réparation ne joue qu'à l'égard des personnes qui ont bénéficié des travaux exécutés.

Article 72. *(L. n° 53-1333 du 31 déc. 1953, art. 10).* «Le propriétaire ne peut s'opposer à l'installation du téléphone, l'autorisation préalable du propriétaire à fournir à l'administration des postes, télégraphes et téléphones est supprimée. Toutefois, le locataire devra notifier, par lettre recommandée au propiétaire, son intention de faire installer le téléphone.»

Article 73. *(L. n° 67-561 du 12 juil. 1967, art. 6-11).* «Dans le cas où le locataire ou l'occupant est autorisé, soit amiablement, soit par justice, à effectuer les travaux d'entretien ou de réparation aux lieu et place du propriétaire», le montant de la dépense restant à sa charge se compensera avec les loyers à échoir; à défaut d'accord amiable, le juge fixera le montant de la somme qui pourra être retenue, sur chaque terme, par le locataire ou l'occupant. En cas de départ du locataire ou de l'occupant avec l'extinction de la dette, le juge fixera le délai et les modalités du remboursement dû.
En cas de carence du bailleur, et après une mise en demeure demeurée infructueuse, le preneur peut demander au juge l'autorisation de se substituer au propriétaire pour bénéficier de l'aide financière de «l'Agence nationale pour l'amélioration de l'habitat». Sur production d'une expédition du jugement intervenu, celle-ci verse directement au preneur le montant de la subvention ou du prêt.

Article 74. Sauf convention contraire expresse insérée dans le bail, les loyers des locaux d'habitation seront de plein droit payés par fractions mensuelles.
Les conventions prévoyant un paiement par périodes supérieures au mois pourront, à tout moment, être annulées à la demande tant du propriétaire que du locataire.
Les dispositions du présent article ne portent pas atteinte aux règles concernant les délais à respecter pour les congés.

Article 75. *(Décr. n° 62-1044 du 27 août 1962, art. 3).* «Les loyers payés d'avance, sous quelque forme que ce soit et même à titre de garantie, ne peuvent excéder une somme correspondant à deux mois de loyer pour les locations faites au mois, et au quart du loyer annuel pour les autres cas.»
Toutes clauses et conventions contraires sont nulles de plein droit et le bailleur ou le propriétaire devra restituer les sommes reçues en trop.
Les dispositions du présent article ne s'appliquent pas aux locaux meublés en ce qui concerne la limitation du cautionnement.

Article 76. *(Abrogé par l'art. 5 de l'ord. n° 58-1441 du 31 déc. 1958. Voir l'art. 340 du Code de l'urbanisme et de l'habitation modifié par l'ord. précitée.)*

Article 77. *(Abrogé par l'art. 5 de l'ord. n° 58-1441 du 31 déc. 1958. Voir l'art. 340-1 du Code de l'urbanisme et de l'habitation ajouté par l'ord. précitée).*

Article 78. *(Ord. n° 58-1343 du 27 déc. 1958, art. 11).* « A dater de la publication de la présente loi, dérogation à l'article 1717 du Code civil, le preneur n'a le droit ni de sous-louer, ni de céder son bail, sauf clause contraire du bail ou accord du bailleur.
(L. n° 69-2 du 3 janv. 1969, art. 8-1). « Toutefois, par dérogation à l'alinéa précédent et nonobstant toutes clauses contraires, le locataire principal ou l'occupant maintenu dans les lieux a toujours la faculté de sous-louer une pièce lorsque le local comporte plus d'une pièce.
« Dans les communes visées à l'article 10-7° ci-dessus, le locataire principal ou l'occupant maintenu dans les lieux, vivant seul et âgé de plus de soixante-cinq ans, peut sous-louer deux pièces à la même personne ou à deux personnes différentes, sous réserve que le local ne comporte pas plus de cinq pièces.
« Dans le délai d'un mois, le locataire ou l'occupant est tenu, à moins que la sous-location n'ait été expressément autorisée par le propriétaire ou son représentant, de notifier cette sous-location au bailleur par lettre recommandée avec demande d'avis de réception, en précisant le prix demandé au sous-locataire, sous peine de déchéance du droit au maintien dans les lieux. »
(Dernier alinéa abrogé par l'art. 26-II de la loi n° 86-1290 du 23 déc. 1986).

Article 79. *(Abrogé par l'art. 26-II de la loi n° 86-1290 du 23 déc. 1986).*

Article 80. Nonobstant toute stipulation contraire, la clause insérée dans le bail prévoyant la réalisation de plein droit, faute de paiement du loyer aux échéances convenues, ne produit effet qu'un mois après la date de la sommation ou du commandement de payer demeuré infructueux.
La mise en demeure ou le commandement doit, à peine de nullité, mentionner ce délai. Le juge des référés, saisi par le preneur dans le délai d'un mois susvisé, peut lui accorder, pour le paiement du loyer, des délais dans les termes de l'article 1244 du Code civil.
Les effets de la clause résolutoire seront suspendus pendant le cours des délais ainsi octroyés au locataire. La clause résolutoire est réputée n'avoir jamais joué si le locataire se libère dans les conditions déterminées par l'ordonnance du juge.

Article 81. Le prélèvement institué par l'ordonnance n° 45-1421 du 28 juin 1945 n'est dû, pour les loyers de logements sinistrés, qu'à compter du 1er janvier de la deuxième année suivant celle au cours de laquelle ils auront été réparés ou reconstruits.

Article 82. Les articles 71, 72, 73, 74, 75, 80 et 81 ci-dessus sont applicables dans toutes les communes. L'article 70 est applicable dans toutes les communes, dans la mesure où il concerne le report des baux.

Article 83. Est expressément constatée la nullité des actes suivants :

1° L'acte dit loi du 11 décembre 1940, portant réglementation de l'affichage et de la déclaration, ainsi que du recensement des locaux vacants à usage d'habitation ou professionnel.

2° L'acte dit loi du 5 février 1941, réprimant le refus de louer à un père de famille un local d'habitation ou à usage professionnel.

3° L'acte dit loi du 28 février 1941, relatif à la majoration abusive des loyers des locaux d'habitation ou à usage professionnel.

4° L'article 1er, alinéa 1er, de l'acte dit loi du 28 juillet 1942, relatif aux baux à loyer d'immeubles détruits par suite d'actes de guerre. Est expressément constatée la nullité des articles 3 et 4 en tant qu'ils concernent les locaux d'habitation ou à usage professionnel. Cesseront de recevoir application à dater du 1er janvier 1949 l'article 1er, alinéa 2, et l'article 5.

5° L'acte dit loi du 30 mai 1943, portant prorogation de la loi du 1er avril 1926 réglant les rapports entre bailleurs et locataires de locaux d'habitation et concernant le maintien dans les lieux des travailleurs en Allemagne.

6° L'acte dit loi du 1er février 1944, relatif aux locaux d'habitation ou à usage professionnel.

7° L'acte dit loi du 22 juin 1944 complétant l'acte dit loi du 30 mai 1943, portant prorogation de la loi du 1er avril 1926, réglant les rapports entre bailleurs et locataires de locaux d'habitation et concernant le maintien dans les lieux des travailleurs en Allemagne.

Toutefois, cette nullité ne porte pas atteinte aux effets desdits actes résultant de leur application antérieure à la publication de la présente loi.

Article 84. Sont abrogées toutes dispositions contraires à celles de la présente loi, et notamment :

1° La loi du 9 mars 1918 modifiée relative aux modifications apportées aux baux à loyer par l'état de guerre.

2° Le titre Ier de la loi du 31 mars 1922 portant fixation définitive de la législation sur les loyers.

3° La loi du 6 juillet 1925 autorisant la révision des prix des baux à longue durée.

4° La loi du 1er avril 1962 modifiée, réglant, à partir du 1er avril 1926, les rapports des bailleurs et des locataires de locaux d'habitation.

5° L'article 7 du décret du 21 avril 1939 tendant à la reprise du bâtiment.

6° Les arrêtés du commissaire régional de la République à Strasbourg, en date des 8 mars et 8 juin 1945, et du préfet de la Moselle, en date du 7 avril 1945, portant fixation à titre transitoire, pour les départements du Haut-Rhin, du Bas-Rhin et de la Moselle, des loyers des locaux d'habitation ou à usage professionnel et qui ont reçu force d'ordonnance par l'ordonnance du 28 juin 1945.

7° Les articles 10, 11, 21 et 30 de l'ordonnance du 11 octobre 1945, instituant des mesures exceptionnelles et temporaires en vue de remédier à la crise du logement.

8° L'article 107 de la loi n° 46-2154 du 7 octobre 1946, portant ouverture et annulation de crédits sur l'exercice 1946.

9° La loi n° 46-2007 du 17 septembre 1946, relative à l'application des majorations de loyers édictées par l'ordonnance du 28 juin 1945.

10° L'article 105 de la loi n° 46-1465 du 8 août 1946 relative à certaines dispositions d'ordre financier.

11° L'article 6 de la loi n° 48-24 du 6 janvier 1948, relative à diverses dispositions d'ordre budgétaire pour l'exercice 1948 et portant création de ressources nouvelles.

Article 85. Les effets de la loi n° 48-1035 du 29 juin 1948 sont prorogés jusqu'à l'entrée en vigueur de la présente loi.
Les dispositions des articles 2 à 9 de l'ordonnance du 28 juin 1945 sont abrogées. Les loyers dus depuis le 1er septembre 1948 jusqu'au 31 décembre 1948 seront ceux exigibles à la date du 31 août 1948.

Article 86. *(Abrogé par l'art. 13 de l'ord. n° 58-1343 du 27 déc. 1958).*

ANNEXE N° 3

LOI N° 82-526 DU 22 JUIN 1982[1]

**relative aux droits et obligations des locataires
et des bailleurs (Loi Quilliot)**

(J.O. 23 juin 1982)

TITRE PREMIER
PRINCIPES GENERAUX

Article premier. Le droit à l'habitat est un droit fondamental. Il s'exerce dans le cadre des lois qui le régissent. L'exercice de ce droit implique la liberté de choix pour toute personne de son mode d'habitation et de sa localisation grâce au maintien et au développement d'un secteur locatif et d'un secteur d'accession à la propriété, ouverts à toutes les catégories sociales.
Les droits et obligations réciproques des bailleurs et des locataires doivent être équilibrés, dans leurs relations individuelles comme dans leurs relations collectives.

Article 2. Les dispositions de la présente loi sont d'ordre public. Elles s'appliquent aux locations de locaux à usage d'habitation ou à usage mixte professionnel et d'habitation, ainsi qu'aux garages, places de stationnement, jardins et autres locaux, loués accessoirement au local principal par le même bailleur.
Elles ne s'appliquent pas :
- aux locaux meublés dont les bailleurs exercent la profession de loueur en meublé définie par la loi n° 49-458 du 2 avril 1949 accordant le bénéfice du maintien dans les lieux à certains clients des hôtels, pensions de famille et meublés ;
- aux logements attribués en raison de l'exercice d'une fonction ou de l'exécution d'un contrat de travail ;
- aux logements-foyers régis par la loi n° 75-535 du 30 juin 1975, relative aux institutions sociales et médico-sociales, et à ceux accueillant à titre principal des travailleurs migrants ;

[1] Abrogée par l'article 55 de la loi n° 86-1290 du 23 décembre 1986, à l'exception de ses articles 76, 78, 81 et 82.

- aux locations consenties dans le cadre d'un contrat constituant un mode d'accession à la propriété;
- aux locations à caractère saisonnier;
- aux locations de chambres meublées faisant partie du logement occupé par le bailleur ou, en cas de sous-location, par le locataire principal.

TITRE II
DU CONTRAT DE LOCATION

Article 3. Le contrat de location est établi par acte notarié ou sous seing privé. Le contrat sous seing privé est fait en deux originaux au moins dont un est remis à chaque partie : en cas d'acte notarié, une expédition est délivrée à chaque partie; s'il y a plusieurs locataires, chacun d'eux reçoit un original ou une expédition.

Le contrat de location doit comporter:

- la consistance de la chose louée;
- la désignation des locaux et équipements dont le locataire a la jouissance exclusive;
- l'énumération des parties, équipements et accessoires de l'immeuble qui font l'objet d'un usage commun;
- la destination de la chose louée;
- le prix et les termes de paiement du loyer;
- les règles et la date de révision du loyer, si celle-ci est prévue;
- la date d'effet du contrat et sa durée;
- le montant du dépôt de garantie, si celui-ci est prévu.

Lorsque le local fait l'objet d'un contrat de prêt conclu avec le Crédit Foncier de France ou la Caisse centrale de Coopération économique, le contrat de location mentionne la référence du contrat de prêt.

A l'exemplaire qui est remis au locataire doivent être annexées:

- le cas échéant, une copie de la dernière quittance du locataire précédent, ne mentionnant pas le nom de celui-ci, ainsi qu'une copie de l'état des lieux établi lors du départ de ce locataire;
- lorsque l'immeuble est soumis au statut de la copropriété, une copie des extraits du règlement de copropriété mis à jour, concernant la destination de l'immeuble, la jouissance et l'usage des parties privatives et communes et précisant la quote-part afférente au lot loué dans chacune des catégories de charges;
- le cas échéant, une copie de l'accord collectif mentionné à l'article 28;
- le cas échéant, une copie du contrat d'amélioration mentionné à l'article 59 ou de l'accord prévu à l'article 61. Seul le locataire peut se prévaloir

de la violation des dispositions du présent article. Chaque partie doit accepter, à tout moment, d'établir un contrat conforme aux dispositions du présent article.

Article 4. Le contrat de location est conclu pour une durée au moins égale à six ans à compter de sa date d'effet. Toutefois, lorsque le propriétaire est une personne physique, le contrat de location peut être conclu pour une durée de trois ans; dans ce cas, le bailleur ne peut, pendant la durée du contrat initial, exercer le droit de résiliation prévu à l'article 9.

Article 5. Lorsque le bailleur, personne physique, ou son conjoint s'établit hors de France et pour ce qui concerne sa résidence, le contrat de location peut être conclu pour une durée inférieure à l'une ou l'autre de celles prévues à l'article précédent lorsque la durée fixée par les parties se justifie par le retour en France. Ce motif doit être mentionné dans le contrat de location.
Le bailleur peut refuser de renouveler le contrat de location selon les règles prévues à l'article 17. Si le bailleur ne réintègre pas le logement à l'expiration du délai de préavis, le locataire peut se prévaloir des dispositions de la présente loi et notamment de son article 7.

Article 6. Le locataire peut résilier le contrat de location au terme de chaque année du contrat, selon les règles prévues à l'article 17.
Il a également la faculté de résilier le contrat, selon les mêmes règles, à tout moment, pour des raisons financières, personnelles, familiales, professionnelles ou de santé.

Article 7. A l'expiration du terme fixé par le contrat de location, celui-ci se renouvelle, pour une période qui ne peut être inférieure à trois ans, au profit du locataire personne physique occupant personnellement les lieux.
Lorsque aucun accord n'a pu intervenir dans les limites prévues par le titre IV entre le bailleur et le locataire pour la fixation du prix du loyer applicable au contrat renouvelé, le bailleur peut fixer le loyer dans lesdites limites.
Le renouvellement n'a point lieu, si l'une des parties notifie son refus de renouveler le contrat de location selon les règles prévues à l'article 17.
Le refus du bailleur de renouveler le contrat de location doit être fondé soit sur sa décision de reprendre ou de vendre le logement dans les conditions prévues par la présente loi, soit sur un motif légitime et sérieux, notamment l'inexécution par le locataire de l'une des obligations lui incombant en application de l'article 18.

Article 8. En cas de contestation par le locataire du caractère légitime et sérieux du motif du congé, le locataire peut saisir la commission départe-

mentale des rapports locatifs dans le délai d'un mois à compter de la réception ou de la notification du congé. La commission départementale des rapports locatifs émet un avis dans un délai de deux mois.
Les parties ne peuvent agir en justice avant d'avoir reçu notification de l'avis de la commission qui doit être joint à la demande en justice. Si la commission n'a pas émis d'avis dans le délai de deux mois, le juge peut être saisi. La prescription de l'action est interrompue à compter de la saisine de cette commission jusqu'à la notification aux parties de l'avis émis ou l'expiration du délai de deux mois.

Article 9. Lorsque le contrat initial de location a été conclu pour une durée au moins égale à six ans, le bailleur personne physique peut, au terme de chaque année du contrat et selon les règles prévues à l'article 17, résilier le contrat de location, à la condition qu'une clause de ce contrat l'y autorise, en vue de reprendre le logement pour l'habiter lui-même ou le faire habiter par son conjoint, ses ascendants, ses descendants ou par ceux de son conjoint. Toutefois, les parties peuvent convenir au lieu et place du terme de l'année du contrat, d'une autre date dans l'année de l'exercice du droit de résiliation en vue de reprendre le logement pendant le cours du contrat initial, sans que cette date puisse être fixée avant le terme de la première année du contrat. Le bénéficiaire de la reprise doit occuper le logement dans les six mois suivant le départ du locataire et pendant une durée qui ne peut être inférieure à deux ans à compter de l'expiration du délai de préavis prévu à l'article 17.
A l'expiration du contrat initial ou du contrat renouvelé, quelle qu'ait été la durée du contrat initial, le bailleur personne physique peut refuser de renouveler le contrat de location en vue de reprendre le logement dans les conditions prévues au présent article.
A l'expiration du délai de préavis, le locataire est échu de plein droit de tout titre d'occupation sur le logement. Lors de chaque renouvellement, quelle qu'ait été la durée du contrat initial, le bailleur personne physique peut insérer dans le contrat, s'il ne la contient déjà, une clause autorisant le droit de résiliation du contrat en vue de reprendre le logement dans les conditions prévues au présent article.
Lorsque le bailleur, personne physique, ou son conjoint est établi hors de France, et pour ce qui concerne sa résidence, le bailleur, si lui-même ou son conjoint est tenu, par suite d'un cas de force majeure, de rentrer en France, peut à tout moment résilier le contrat de location, selon les règles prévues à l'article 17 et à condition qu'une clause de ce contrat l'y autorise, en vue de reprendre le logement pour l'habiter lui-même ou le faire habiter par son conjoint, dans les conditions mentionnées au présent article. Toutefois, la résiliation du contrat de location ne peut intervenir pendant la première année du contrat.

Article 10. A l'expiration du contrat initial ou du contrat renouvelé, le bailleur peut, à la seule fin de vendre le logement, ne pas renouveler le contrat de location.
Dans le cas où le contrat est conclu pour une durée égale ou supérieure à six ans, le bailleur personne physique peut, en cas de circonstances économiques ou familiales graves justifiant la vente du local, notifier au locataire, à l'issue de chaque période de trois ans, sa décision de résilier le contrat, sans préjudice de l'application de l'alinéa précédent.

Article 11. A peine de nullité, le congé notifié en application de l'article 10 doit indiquer le prix et les conditions de la vente projetée. Le congé vaut offre de vente au profit du locataire, l'offre est valable pendant les deux premiers mois du délai de préavis prévu à l'article 17.
A l'expiration du délai de préavis, le locataire qui n'a pas accepté l'offre de vente est déchu de plein droit de tout titre d'occupation sur le local.
Le locataire qui accepte l'offre ainsi notifiée dispose, à compter de la date d'envoi de sa réponse au bailleur, d'un délai de deux mois pour la réalisation de l'acte de vente. Si, dans sa réponse, il notifie son intention de recourir à un prêt, l'acceptation par le locataire de l'offre de vente est subordonnée à l'obtention du prêt et le délai de réalisation de la vente est porté à quatre mois. Le contrat de location est prorogé jusqu'à expiration du délai de réalisation de la vente. Si, à l'expiration de ce délai, la vente n'a pas été réalisée, l'acceptation de l'offre de vente est nulle de plein droit et le locataire est déchu de plein droit de tout titre d'occupation.
Lorsque le bien a été vendu à un tiers, à des conditions ou à un prix plus avantageux pour l'acquéreur que ceux prévus dans l'offre de vente, le locataire qui n'avait pas accepté cette offre a la faculté de se substituer à l'acquéreur pendant le délai d'un mois à compter de la notification du contrat de vente, qui doit être faite à la diligence du notaire ayant reçu l'acte.
Les termes des alinéas précédents sont reproduits, à peine de nullité, dans chaque notification.
Les dispositions du présent article ne sont pas applicables aux actes intervenant entre parents jusqu'au troisième degré inclus, sous la condition que l'acquéreur occupe le logement pendant le délai prévu à l'article 9, ni aux actes portant sur les immeubles mentionnés au deuxième alinéa de l'article 1er de la loi n° 53-286 du 4 avril 1953.

Article 12. Les dispositions des articles 4, deuxième alinéa, 5, 9 ct 10 deuxième alinéa, peuvent être invoquées, pour le local auquel il a vocation, par l'associé d'une société ayant pour objet la construction ou l'acquisition d'immeubles en vue de leur division par fractions destinées à être attribuées aux associés en propriété ou en jouissance.
Lorsque le bailleur est une société civile constituée exclusivement entre

parents et alliés jusqu'au quatrième degré inclus, la société peut invoquer le bénéfice des dispositions des articles 4, deuxième alinéa, 5 et 10, deuxième alinéa; la société peut également exercer au profit de l'un des associés le droit de résiliation prévu à l'article 9. Lorsque le logement est en indivision, les membres de l'indivision peuvent également invoquer les dispositions de ces articles.

Article 13. Lors de la vente du logement, le vendeur est tenu de communiquer à l'acquéreur en annexe à l'acte de vente le montant du dernier loyer pratiqué.

Article 14. Le droit de résiliation et le droit de non-renouvellement du contrat de location, prévus aux articles 9 et 10 de la présente loi, ne peuvent être exercés à l'égard de tout locataire âgé de plus de soixante-dix ans et dont les ressources annuelles sont inférieures à une fois et demie le montant annuel du salaire minimum de croissance, sans qu'un logement correspondant à ses besoins et à ses possibilités ne lui soit offert dans les limites géographiques prévues à l'article 13 *bis* de la loi n° 48-1360 du 1er septembre 1948 portant modification et codification de la législation relative aux rapports des bailleurs et locataires ou occupants de locaux d'habitation ou à usage professionnel et instituant des allocations de logement.
L'âge du locataire et le montant de ses ressources sont appréciés à la date de la notification du congé.
Toutefois, les dispositions du premier alinéa ne sont pas applicables lorsque le bailleur est une personne physique âgée de plus de soixante ans à la date de la notification du congé.

Article 15. Le locataire n'a le droit ni de céder le contrat de location ni de sous-louer, sauf accord exprès et écrit du bailleur.
Les dispositions des articles 4, 6 et 7 ne sont pas applicables au contrat de sous-location; toutefois, celui-ci doit être conclu pour une durée égale à celle restant à courir pour le contrat de location du locataire principal. Le contrat de sous-location est renouvelé à la demande du sous-locataire dans les mêmes conditions que celles du contrat de location et jusqu'au terme de celui-ci; le sous-locataire ne peut non plus invoquer le bénéfice des dispositions des articles 10 et 11.
Le prix du loyer par mètre carré de surface habitable des locaux sous-loués ne peut excéder celui payé par le locataire principal.

Article 16. En cas d'abandon du domicile par le locataire, le contrat de location continue, sans préjudice de l'application des dispositions de l'article 1751 du Code civil, au profit de ses ascendants, de ses descendants, du concubin notoire ou des personnes à charge, qui vivaient effectivement avec lui depuis au moins un an à la date de l'abandon de domicile.

Lors du décès du locataire, sans préjudice de l'application des dispositions de l'article 832, 6ᵉ et 7ᵉ alinéas, du Code civil, le contrat de location est transféré aux ascendants, descendants, concubin notoire ou personnes à charge, qui vivaient effectivement avec lui depuis au moins un an à la date du décès.
En cas de demandes multiples, le juge se prononce en fonction des intérêts en présence.
A défaut de personnes remplissant les conditions prévues au présent article, le contrat de location est résolu, de plein droit, par le décès du locataire.

Article 17. Le congé est notifié au bailleur ou au locataire par lettre recommandée avec demande d'avis de réception ou signifié par acte d'huissier de justice.
Le délai de préavis est de trois mois; toutefois, en cas de mutation ou de perte d'emploi, le locataire peut notifier son congé au bailleur en observant un délai de préavis réduit à un mois. Le délai de préavis court à compter du premier jour du mois suivant la réception de la lettre recommandée ou la signification de l'acte d'huissier.
A peine de nullité, le congé notifié par le bailleur ou celui notifié par le locataire en application de l'article 6, second alinéa, indique le motif allégué; lorsqu'il est donné dans les conditions prévues à l'article 9, le congé doit en outre mentionner les nom, prénom et adresse du bénéficiaire de la reprise ainsi que le lien de parenté avec le bailleur ou son conjoint.
La notification du congé par le bailleur dans les conditions prévues à l'article 9 ne fait pas obstacle à la prorogation du contrat de location, par accord exprès entre les parties pour une durée déterminée et non renouvelable qui ne peut excéder un an.
Pendant le délai de préavis, le locataire n'est redevable du loyer et des charges que pour le temps où il a occupé réellement les lieux si le congé a été notifié par le bailleur. Il est redevable du loyer et des charges concernant tout le délai de préavis si c'est lui qui a notifié le congé, sauf si le logement se trouve occupé avant la fin du préavis par un autre locataire en accord avec le bailleur.

Article 18. Le locataire est tenu des obligations principales suivantes:
- de payer le loyer et les charges récupérables dûment justifiées, aux termes convenus, le paiement mensuel est de droit lorsque le locataire en a fait la demande;
- d'user paisiblement de la chose louée suivant la destination qui lui a été donnée par le contrat de location;
- de répondre des dégradations et pertes qui surviennent pendant la durée du contrat dans les locaux dont il a la jouissance exclusive, à moins qu'il

ne prouve qu'elles ont eu lieu par cas de force majeure, par faute du bailleur ou par le fait d'un tiers qu'il n'a pas introduit dans le logement;
- de prendre à sa charge l'entretien courant du logement et des équipements mentionnés au contrat, les menues réparations et l'ensemble des réparations locatives définies par décret en Conseil d'Etat, sauf si elles sont occasionnées par vétusté, malfaçon, vice de construction, cas fortuit ou force majeure;
- de ne pas transformer sans l'accord exprès et écrit du bailleur les locaux loués et leurs équipements: le bailleur peut, si le locataire a méconnu cette obligation, exiger la remise en l'état des locaux ou des équipements au départ du locataire ou conserver les transformations effectuées sans que le locataire puisse réclamer une indemnité pour les frais engagés; le bailleur a toutefois la faculté d'exiger aux frais du locataire la remise immédiate des lieux en l'état lorsque les transformations mettent en péril le bon fonctionnement des équipements ou la sécurité du local;
- de souffrir la réalisation par le bailleur des réparations urgentes et qui ne peuvent être différées jusqu'à la fin du contrat de location, sans préjudice de l'application des dispositions de l'article 1724 du Code civil;
- de s'assurer contre les risques dont il doit répondre en vertu de la loi en sa qualité de locataire.

Article 19. Le bailleur est tenu des obligations principales suivantes:
- de délivrer au locataire le logement en bon état de réparations de toute espèce et les équipements mentionnés au contrat de location en bon état de fonctionnement;
- d'assurer la jouissance paisible du logement et de garantir le locataire contre les vices ou défauts, qui en empêchent l'usage, quand même il ne les aurait pas connus lors de la conclusion du contrat de location, sans préjudice de l'application du second alinéa de l'article 1721 du Code civil;
- d'entretenir des locaux en état de servir à l'usage prévu par le contrat et d'y faire toutes les réparations nécessaires autres que locatives;
- de ne pas s'opposer aux aménagements réalisés par le locataire, dès lors que ceux-ci ne constituent pas une transformation de la chose louée.

Article 20. Lorsque le locataire en fait la demande, le bailleur est tenu de remettre une quittance gratuitement, sous réserve des droits de quittance. Dans tous les cas où le locataire effectue un paiement partiel, le bailleur est tenu de délivrer un reçu.
La quittance ou le reçu portent le détail des sommes versées par le locataire, distinguant le loyer, le droit de bail et les autres charges et mentionnent l'imputation que le locataire a déclaré donner au paiement effectué, conformément à l'article 1253 du Code civil.

Article 21. Un état des lieux est établi contradictoirement par les parties, lors de la remise des clés au locataire et lors de la restitution de celles-ci.
A défaut, et huit jours après la mise en demeure restée sans effet, l'état des lieux est établi par huissier de justice à l'initiative de la partie la plus diligente, l'autre partie dûment appelée.
Pendant le premier mois de la première période de chauffe, le locataire peut demander que l'état des lieux soit complété pour ce qui concerne les éléments de chauffage.
Un exemplaire de l'état des lieux est remis à chaque partie pour être joint au contrat de location.
Dans le cas où l'état des lieux est établi par huissier de justice, les frais sont supportés par moitié par les deux parties.
S'il n'a pas été fait état des lieux au moment de la remise des clés au locataire, la présomption établie par l'article 1731 du Code civil ne s'applique pas.

Article 22. Lorsqu'un dépôt de garantie est prévu par le contrat de location pour garantir l'exécution par le locataire de ses obligations locatives, il ne peut être supérieur à deux mois de loyer en principal. Un dépôt de garantie ne peut être prévu lorsque le loyer est payable d'avance pour une période supérieure à deux mois ; toutefois, si le locataire demande le bénéfice du paiement mensuel du loyer, par application de l'article 18, deuxième alinéa, le bailleur peut exiger un dépôt de garantie.
Il est restitué dans un délai maximum de deux mois à compter du départ du locataire, déduction faite, le cas échéant, des sommes restant dues au bailleur et des sommes dont celui-ci pourrait être tenu aux lieu et place du locataire, sous réserve qu'elles soient dûment justifiées. Le montant du dépôt de garantie ne peut faire l'objet d'une révision ni au cours du contrat de location ni lors du renouvellement de ce contrat.
A défaut de restitution dans le délai prévu, le solde du dépôt de garantie restant dû au locataire après arrêté des comptes produira intérêt au taux légal au profit du locataire.

Article 23. Les charges récupérables, sommes accessoires au loyer principal, sont exigibles en contrepartie :
- des services rendus liés à l'usage des différents éléments de la chose louée ;
- des dépenses d'entretien courant et des menues réparations sur les éléments d'usage commun de la chose louée, qui ne sont pas la conséquence d'une erreur de conception ou d'un vice de réalisation ;
- du droit de bail et des taxes locatives qui correspondent à des services dont le locataire profite directement. La liste de ces charges est fixée par décret en Conseil d'Etat, sans préjudice des dispositions de l'article

L. 442-3 du Code de la construction et de l'habitation et de l'article 10 de la loi n° 81-1161 du 30 décembre 1981 relative à la modération des loyers.

Article 24. Les charges récupérables sont exigibles sur justification. Elles peuvent donner lieu au versement de provisions qui doivent faire l'objet d'une régularisation annuelle. Toute modification du montant d'une provision doit être accompagnée de la communication des résultats arrêtés lors de la précédente régularisation et d'un état prévisionnel des dépenses.
Un mois avant l'échéance de la demande de paiement ou de la régularisation annuelle, le bailleur adresse au locataire un décompte par catégorie de charges ainsi que, dans les immeubles collectifs, le mode de répartition entre tous les locataires de ce bailleur.
Dans les immeubles soumis au statut de la copropriété, le syndic est tenu de mettre à la disposition des copropriétaires bailleurs les informations qui ont été mentionnées au précédent alinéa avant l'ouverture du délai prévu audit alinéa, à charge pour eux de les porter à la connaissance de leurs locataires.
Pendant le mois suivant la notification du décompte prévu au troisième alinéa ci-dessus, les pièces justificatives, notamment les factures, les contrats de fournitures et d'exploitation en cours et leurs avenants, ainsi que la quantité consommée et le prix unitaire de chacune des catégories de charges pour le bâtiment ou l'ensemble de bâtiments d'habitation concerné sont tenus à la disposition des locataires par le bailleur, ou, dans les immeubles soumis au statut de la copropriété, par le syndic.

Article 25. Toute clause prévoyant la résiliation de plein droit du contrat de location pour défaut de paiement du loyer ou des charges dûment justifiées aux termes convenus ou pour non-versement du dépôt de garantie ne produit effet qu'un mois après un commandement de payer demeuré infructueux.
Le juge statuant en la forme des référés, saisi par le locataire à peine de forclusion avant l'expiration du délai prévu à l'alinéa précédent, peut, en considération des situations économiques des parties, accorder des délais de paiement renouvelables qui ne peuvent excéder deux ans à compter de la décision qui a suspendu les effets de la clause, l'ordonnance du juge détermine les modalités de règlements des loyers et des charges impayés.
La même faculté est ouverte au juge dans le cadre d'une action de résiliation du contrat fondée sur le non-paiement du loyer ou des charges.
Les effets de la clause de résiliation de plein droit sont suspendus pendant le cours des délais ainsi octroyés. Si le locataire se libère selon les délais et modalités fixés par le juge, la clause de résiliation de plein droit reprend ses effets.

Les délais et modalités de paiement ainsi accordés ne peuvent suspendre l'exécution du contrat de location et notamment le paiement du loyer et des charges dûment justifiées.
Le commandement de payer reproduit, à peine de nullité, en caractères très apparents, les dispositions du présent article.

Article 26. Une loi ultérieure fixera les conditions dans lesquelles le juge pourrait rejeter toute demande tendant à faire constater ou à prononcer la résiliation du contrat de location pour défaut de paiement du loyer ou des charges, si le locataire de bonne foi se trouve privé de moyens d'existence. Cette loi déterminera notamment les règles d'indemnisation du bailleur, les ressources affectées à cette indemnisation et les modalités du relogement éventuel du locataire.

Article 27. Est réputée non écrite toute clause:
- qui oblige le locataire, en vue de la vente ou de la location du local loué, à laisser visiter celui-ci les jours fériés ou plus de deux heures les jours ouvrables;
- par laquelle le locataire est obligé de souscrire une assurance auprès d'une compagnie choisie par le bailleur;
- qui prévoit l'ordre de prélèvement automatique comme unique mode de paiement du loyer ou qui impose au locataire la signature par avance de traites ou de billets à ordre;
- par laquelle le locataire autorise le bailleur à prélever ou à faire prélever les loyers directement sur son salaire dans la limite cessible;
- qui prévoit la responsabilité collective des locataires en cas de dégradation d'un élément commun de la chose louée;
- par laquelle le locataire s'engage par avance à des remboursements sur la base d'une estimation faite unilatéralement par le bailleur au titre des réparations locatives;
- qui autorise le bailleur à diminuer ou à supprimer des prestations stipulées au contrat sans prévoir la diminution correspondante du loyer et des charges et, le cas échéant, une indemnisation;
- qui prévoit la résiliation de plein droit du contrat en cas d'inexécution des obligations du locataire pour un motif autre que le non-paiement du loyer ou des charges dûment justifiées;
- qui autorise le bailleur à percevoir des amendes en cas d'infractions aux clauses d'un contrat de location ou d'un règlement intérieur d'immeuble;
- qui interdit au locataire l'exercice, dans le respect de ses obligations principales, d'une activité politique, syndicale, associative ou confessionnelle.

TITRE III
DE L'ORGANISATION DES RAPPORTS COLLECTIFS DE LOCATION

Article 28. Des accords collectifs de location portant sur un ou plusieurs des objets mentionnés à l'article 44 peuvent être conclus entre un ou plusieurs bailleurs et une ou plusieurs associations mentionnées à l'article 29, soit pour un bâtiment d'habitation comportant au moins six logements locatifs, soit pour tout ou partie du patrimoine immobilier d'un bailleur personne morale.

Un accord conclu pour un bâtiment d'habitation lie chaque bailleur et l'ensemble des locataires dès lors que les associations signataires groupent les sept douzièmes de ces derniers ou que les sept douzièmes de ces derniers ont adhéré par écrit à l'accord. Les clauses de cet accord s'appliquent également au nouveau locataire.

Un accord conclu pour tout ou partie du patrimoine immobilier lie le bailleur et l'ensemble de ses locataires dès lors qu'il a été conclu par les sept douzièmes des associations en nombre au moins égal à deux et que ces associations sont représentatives au sens du quatrième alinéa de l'article 29 au niveau de tout ou partie du patrimoine ou bien dès lors qu'il a été conclu par une association regroupant 20 % des locataires concernés par l'accord.

Préalablement à la signature de tels accords, les bailleurs et les locataires, lorsqu'ils sont membres d'une association, sont tenus de s'informer réciproquement de l'existence éventuelle d'accords portant sur le même objet et conclus au plan départemental ou national. Dès leur signature, le bailleur adresse au locataire copie desdits accords.

Dans les immeubles soumis au statut de la copropriété, les clauses du règlement de copropriété l'emportent sur toutes stipulations des accords collectifs qui leur sont contraires.

Article 29. Les bailleurs et les gestionnaires sont tenus de reconnaître comme interlocuteurs:

- les associations déclarées regroupant des locataires du bâtiment ou de l'ensemble de bâtiments et affiliées à une organisation siégeant à la commission nationale des rapports locatifs;
- les associations déclarées ayant pour objet exclusif la représentation des locataires d'un même bâtiment ou ensemble de bâtiments lorsque le nombre des adhérents de chacune d'entre elles représente au moins 10 % des locataires du bâtiment ou de l'ensemble des bâtiments sans que le nombre de ces locataires puisse être inférieur à trois;
- les associations déclarées regroupant des locataires de tout ou partie du patrimoine immobilier d'un même bailleur, lorsque le nombre des

adhérents de chacune d'entre elles représente au moins 10 % des locataires de tout ou partie de ce patrimoine immobilier sans que le nombre de ces locataires puisse être inférieur à trois.

Dans le cas où aucune association ne répond aux conditions prévues par les alinéas 2 à 4, le bailleur peut, à la demande des locataires, procéder à des élections au suffrage universel direct pour la désignation de représentants des locataires. La durée de leur mandat est fixée à un an.

Article 30. Chacune des associations mentionnées à l'article 29 notifie au bailleur et, le cas échéant, au gestionnaire, et, dans les immeubles soumis au statut de la copropriété, au syndic, par lettre recommandée avec demande d'avis de réception, le nom de ses représentants statutaires dont le nombre ne peut être supérieur à trois ou, dans les bâtiments d'habitation ou les ensembles de bâtiments d'habitation qui comportent plus de 200 logements locatifs, à cinq. Les représentants statutaires devront être choisis parmi les locataires du bâtiment d'habitation ou de l'ensemble de bâtiments d'habitation.

Article 31. Les représentants statutaires des associations mentionnées à l'article 29 sont consultés, sur leur demande, au moins une fois par trimestre, sur les différents aspects de la gestion du bâtiment ou de l'ensemble des bâtiments. Ils peuvent être assistés par un représentant de l'organisation départementale ou nationale à laquelle leur association est affiliée. Le bailleur ou, en cas de copropriété, le syndic est tenu de mettre à la disposition desdits représentants les documents, notamment factures et contrats de fournitures et d'exploitation, servant à la détermination des charges locatives.
Dans chaque bâtiment d'habitation, un panneau d'affichage doit être mis à la disposition des associations, pour leurs communications portant sur le logement et l'habitat, dans un lieu de passage des locataires.

Article 32. Dans les immeubles soumis au statut de la copropriété et sans préjudice des dispositions de la loi n°65-557 du 10 juillet 1965 fixant le statut de la copropriété des immeubles bâtis, les représentants statutaires des associations déclarées, représentant les locataires du bâtiment d'habitation ou de l'ensemble de bâtiments d'habitation, peuvent assister à l'Assemblée générale de copropriété et formuler des observations sur les questions inscrites à l'ordre du jour de l'Assemblée générale.
Le syndic de la copropriété informe les représentants statutaires, par lettre recommandée avec demande d'avis de réception, et les locataires, par voie d'affichage, de la date, de l'heure, du lieu et de l'ordre du jour de l'Assemblée générale.

Article 33. Tout congé notifié à un représentant statutaire d'association de locataires visée à l'article 29 ou à l'article 36, pendant la durée de son mandat et les six mois qui suivent, doit être soumis pour avis, préalablement à son exécution, à la commission départementale des rapports locatifs.
Dans ce cas, la commission départementale des rapports locatifs émet un avis dans un délai de deux mois. Les parties ne peuvent agir en justice avant d'avoir reçu notification de l'avis de la commission qui doit être joint à la demande en justice. Si la commission n'a pas formulé un avis dans le délai de deux mois, le juge peut être saisi. La prescription de l'action est interrompue à compter de la saisine de la commission départementale jusqu'à la notification aux parties de l'avis de ladite commission ou l'expiration du délai de deux mois.

Article 34. Il est créé, auprès du représentant de l'Etat, dans chaque département, une commission départementale des rapports locatifs.
Elle est composée notamment de représentants des organisations départementales de bailleurs, de locataires et de gestionnaires, qu'elles soient ou non affiliées à une organisation représentative au niveau national.
Au sein de chaque commission départementale des rapports locatifs, une formation de conciliation, composée de bailleurs et de locataires en nombre égal, est compétente pour l'application des articles 8, 33 et 57.
Un décret en Conseil d'Etat fixe la composition, le mode de désignation et le fonctionnement de la commission départementale.

Article 35. Une commission nationale des rapports locatifs est instituée auprès du ministre chargé de la construction et de l'habitation.
Elle a pour mission générale de promouvoir l'amélioration des rapports entre bailleurs et locataires.
Elle comprend notamment des représentants des organisations représentatives au plan national de bailleurs, de locataires et de gestionnaires. Sa composition, le mode de désignation de ses membres, son organisation et ses règles de fonctionnement sont fixés par décret en Conseil d'Etat.

Article 36. La représentativité au niveau national et départemental des organisations de bailleurs et des organisations de gestionnaires est appréciée d'après les critères suivants :
- nombre de leurs adhérents et nombre des logements détenus ou gérés par leurs adhérents ;
- montant global des cotisations ;
- indépendance, expérience et activité de l'association dans le domaine du logement.

La représentativité des organisations de locataires est appréciée d'après les critères suivants:
- nombre et répartition géographique de leurs adhérents;
- montant global des cotisations;
- indépendance, expérience et activité de l'association dans le domaine du logement.

Article 37. Des accords collectifs de location sont négociés, dans le cadre d'un ou plusieurs secteurs locatifs, au sein de la commission nationale des rapports locatifs ou de chaque commission départementale des rapports locatifs et conclus, pour un même secteur locatif, entre une ou plusieurs organisations de bailleurs et de locataires, représentées à la commission nationale, ou entre une ou plusieurs organisations départementales de bailleurs et de locataires, représentées à la commission départementale. Les accords ainsi conclus s'imposent aux organisations signataires et aux adhérents de ces organisations.
Les secteurs locatifs sont les suivants:
- logements appartenant aux organismes d'habitation à loyer modéré, ainsi que ceux appartenant aux collectivités locales et gérés par lesdits organismes;
- logements appartenant aux sociétés d'économie mixte et aux sociétés immobilières à participation majoritaire de la Caisse des dépôts et consignations, logements appartenant à l'Etat, aux collectivités locales ainsi qu'aux établissements publics autres que ceux mentionnés à l'alinéa ci-dessous et logements appartenant à des bailleurs personnes morales à vocation sociale définis par décret en Conseil d'Etat;
- logements appartenant aux entreprises d'assurances, aux sociétés immobilières créées en application de l'ordonnance n° 58-876 du 24 septembre 1958 relative aux sociétés immobilières conventionnées, aux sociétés immobilières d'investissement créées en application de la loi n° 63-254 du 15 mars 1963 portant réforme de l'enregistrement, du timbre et de la fiscalité immobilière, aux établissements bancaires et de crédit et aux filiales de ces organismes autres que celles mentionnées aux deux alinéas ci-dessus;
- logements appartenant aux autres catégories de bailleurs.

Article 38. Les accords collectifs de location prévus par les articles 28 et 37 de la présente loi doivent être écrits à peine de nullité.

Article 39. Les accords collectifs de location prévus par les articles 28 et 37 de la présente loi sont conclus pour une durée déterminée ou indéterminée. Quand ils sont conclus pour une durée déterminée, cette durée ne peut être supérieure à trois ans.

A défaut de stipulation contraire, l'accord à durée déterminée qui arrive à expiration continue à produire ses effets comme un accord à durée indéterminée.
Les accords à durée indéterminée peuvent cesser par la volonté de l'une des parties.
Les accords doivent prévoir dans quelles formes et à quelle date ils peuvent être dénoncés, renouvelés ou révisés. Ils prévoient notamment la durée du préavis qui doit précéder la dénonciation.
La dénonciation doit être notifiée aux autres signataires de l'accord.
Un exemplaire de chaque accord collectif départemental conclu en application de l'article 37 doit être déposé par la partie la plus diligente à la commission départementale des rapports locatifs.
Les accords collectifs nationaux et les accords mentionnés à l'article 51 doivent également être déposés dans les mêmes conditions auprès de la commission nationale des rapports locatifs.
Tout représentant d'une organisation de bailleurs, de gestionnaires ou de locataires peut demander à consulter ces documents.

Article 40. Lorsqu'un accord a été dénoncé, il continue à produire effet jusqu'à l'entrée en vigueur de l'accord destiné à le remplacer ou, à défaut de la conclusion d'un nouvel accord, pendant une durée d'un an.
Pour les accords conclus en application de l'article 37 au niveau national, ce délai d'un an court à compter de la publication au *Journal officiel* de la République française de l'avis mentionnant cette dénonciation.

Article 41. Les associations qui ne sont pas parties à l'accord peuvent y adhérer ultérieurement. L'association adhérente et ses membres sont liés par l'accord. L'adhésion doit être notifiée aux signataires de l'accord.

Article 42. Sont soumis aux obligations qui résultent de l'accord prévu à l'article 37 de la présente loi ceux qui deviennent membres d'une association signataire de l'accord ou qui y a adhéré.

Article 43. L'accord liant un bailleur et ses locataires, lorsqu'il a été conclu et rendu obligatoire en application des articles 28 et 47, est maintenu en vigueur en cas de changement de bailleur, même si le nouveau bailleur n'est pas signataire de l'accord ou membre d'une association signataire.
L'accord conclu en application de l'article 28 doit être annexé à l'acte de cession.

Article 44. Les accords collectifs de location ont pour objet d'améliorer les rapports entre bailleurs et locataires, tout en respectant l'équilibre économique et juridique du contrat de location. Les accords collectifs de loca-

tion ne peuvent déroger aux dispositions du titre II de la présente loi. Ils peuvent porter notamment sur la maîtrise de l'évolution des charges récupérables, la grille de vétusté, l'amélioration et l'entretien des parties communes, les locaux résidentiels à usage commun, les actions d'animation culturelle et sociale, l'élaboration de clauses types. L'établissement éventuel d'un règlement intérieur fait l'objet d'un accord conclu dans les conditions prévues à l'article 28.
Dans les immeubles soumis au statut de la copropriété, les clauses du règlement de copropriété l'emportent sur toutes stipulations des accords collectifs de location qui leur sont contraires.

Article 45. I. – Les clauses d'un accord mentionné à l'article 28 deuxième alinéa, ou d'un accord rendu obligatoire en application de l'article 47, s'appliquent en dépit des clauses contraires d'un accord non étendu.
II. – Les clauses d'un accord mentionné à l'article 28, deuxième alinéa, s'appliquent en dépit des clauses contraires d'un accord rendu obligatoire en application de l'article 47.
III. – Les clauses d'un accord conclu au niveau départemental en application de l'article 37 s'appliquent en dépit des clauses contraires d'un accord conclu au niveau national en application du même article.
IV. – Si un accord à durée déterminée est signé dans les conditions des articles 37 et 47, postérieurement à un accord signé conformément aux dispositions du deuxième alinéa de l'article 28, et que ces deux accords portent sur le même objet, chacune des parties signataires de l'accord élaboré conformément au deuxième alinéa de l'article 28 peut le dénoncer dans un délai de trois mois après la publication du décret en Conseil d'Etat prévu à l'article 47.

Article 46. Les accords collectifs tels que définis aux articles 28 et 37 peuvent prévoir que tout ou partie de leurs clauses s'appliquent aux contrats de location en cours.

Article 47. Les accords conclus au sein de la commission nationale des rapports locatifs, en application de l'article 37, font l'objet de la publication d'un avis au *Journal officiel* de la République française. A l'issue d'un délai d'un mois après cette publication, et sauf opposition de la majorité des organisations représentatives des bailleurs d'un secteur, ou de la majorité des organisations représentatives des locataires, ils peuvent être rendus obligatoires, par décret en Conseil d'Etat, pour tous les logements du secteur locatif concerné.
Le décret mentionné au premier alinéa peut, après avis motivé de la commission nationale des rapports locatifs et sans modifier l'équilibre de l'accord, en distraire certaines clauses.

Article 48. Le décret prévu à l'article 47 cesse d'avoir effet lorsque l'accord a cessé d'être en vigueur entre les parties par suite de sa dénonciation ou de son non-renouvellement.
La dénonciation doit faire l'objet de la publication d'un avis au *Journal officiel* de la République française.

Article 49. Les organisations représentatives des gestionnaires peuvent participer à l'élaboration des accords collectifs de location conclus entre bailleurs et locataires, adhérer à ces accords et en assurer l'exécution dans la limite de leur mandat.

Article 50. Tout bâtiment ou ensemble de bâtiments d'habitation de plus de cinquante logements, dont le permis de construire a été demandé postérieurement à la publication de la présente loi, doit comporter des locaux collectifs à l'usage des résidents.
Les associations de propriétaires et les associations de locataires du bâtiment ou de l'ensemble des bâtiments peuvent, à leur demande, accéder gratuitement à ces locaux.
Un décret en Conseil d'Etat règle les conditions d'application du présent article.

TITRE IV
DES LOYERS

Article 51. Un accord de modération des loyers peut être conclu chaque année pour une période allant du 1er janvier au 31 décembre suivant, dans le cadre d'un secteur locatif, entre une ou plusieurs organisations de bailleurs et une ou plusieurs organisations de locataires au sein de la commission nationale des rapports locatifs.
Ces accords de modération sont régis par les dispositions du présent titre et par celles des articles 35, 36, 37, 2e à 7e alinéas, 38, 41, 42 et 49 de la présente loi.
En cas de changement de bailleur, l'accord est opposable à tout nouveau bailleur à la condition qu'il relève du même secteur locatif que le précédent bailleur.

Article 52. Chaque accord de modération autre que celui relatif aux organismes d'habitation à loyer modéré fixe le taux maximum d'évolution des loyers lors de la conclusion ou du renouvellement des contrats. Toutefois, ces dispositions ne sont pas applicables aux loyers des locaux qui n'ont pas fait l'objet de contrat de location depuis une durée qui, fixée par l'accord, ne peut être inférieure à dix-huit mois à la date de la nouvelle location.

Elles ne sont pas non plus applicables à la location d'un logement vacant, lorsque cette vacance résulte d'une décision de justice fondée sur l'inexécution des obligations du locataire.
En outre, il peut prévoir des modulations particulières des loyers en fonction des conditions pratiquées localement pour des immeubles comparables. En cas de renouvellement du contrat, ces modulations peuvent être échelonnées au cours de la nouvelle période de location.
Les accords de modération peuvent, en outre, prévoir des majorations supplémentaires de loyers pouvant être échelonnées au cours du contrat, lorsque le bailleur a réalisé, depuis la dernière fixation ou révision du loyer, des travaux tendant à améliorer le confort, la sécurité, l'équipement, la qualité thermique ou phonique du logement ou de l'immeuble. La majoration ne peut être appliquée que lors de la conclusion ou à la date de renouvellement du contrat. Toutefois, lorsque les travaux sont réalisés pendant le cours du contrat, la majoration ne peut être appliquée qu'au terme de l'année du contrat qui suit la date d'achèvement des travaux. Elle tient compte du coût réel des travaux dans la limite d'un coût maximum déterminé par l'accord. Toutefois, cette limite ne s'applique pas en cas de changement de locataire. La majoration pour travaux est justifiée par la remise au locataire de la copie des factures.
Les accords portent sur les garages, places de stationnement, jardins ou locaux loués accessoirement au local principal par le même bailleur, qu'ils fassent ou non l'objet d'un contrat séparé.
Chacun des accords peut prévoir des taux différents dans des zones géographiques définies.
Ces accords ne peuvent pas déroger aux règles qui sont propres aux logements régis par les articles L. 351-2 à L. 351-9 du Code de la construction et de l'habitation ou aux logements construits à l'aide de primes ou de prêts spéciaux à la construction consentis par le Crédit Foncier de France ou la Caisse centrale de Coopération économique.

Article 53. L'accord de modération conclu dans le secteur des organismes d'habitations à loyer modéré a pour objet, en fonction des loyers pratiqués et des travaux réalisés ou projetés, de fixer, dans les limites qui ont été prévues à l'article L. 442-1 du Code de la construction et de l'habitation, l'évolution du prix de base des loyers entre le 1er janvier et le 31 décembre suivants.
Les dispositions de l'alinéa précédent sont applicables aux logements régis par l'article L. 353-16 du Code de la construction et de l'habitation dans les limites prévues par la convention mentionnée à cet article.
Cet accord porte sur les garages, places de stationnement, jardins et locaux loués accessoirement au local principal par le même bailleur, qu'ils fassent ou non l'objet d'un contrat séparé.

Article 54. Un décret en Conseil d'Etat peut rendre obligatoires les dispositions de chacun des accords de modération intervenus en application des articles 52 et 53 à tous les logements du secteur correspondant.
Le décret mentionné au premier alinéa peut, après avis motivé de la commission nationale des rapports locatifs et sans modifier l'équilibre de l'accord, en distraire certaines clauses.

Article 55. A défaut d'accord intervenu dans un secteur locatif au plus tard le 1er octobre, un décret en Conseil d'Etat, pris après avis de la commission nationale des rapports locatifs, peut, à l'expiration d'un délai de quinze jours suivant la saisine de ladite commission, fixer dans le secteur concerné le taux maximum d'évolution du loyer ainsi que celui des modulations particulières ou des majorations supplémentaires, dans les conditions prévues aux articles 52 et 53. Le taux maximum d'évolution du loyer ne peut être inférieur à 80 % de la variation de l'indice mentionné à l'article 58.
Ce décret peut prévoir de s'appliquer soit au niveau national, soit au niveau départemental. Dans ce dernier cas, il fixe les dispositions qui peuvent être rendues applicables par décision du représentant de l'Etat dans le département lorsque la situation locale nécessite une intervention. Il est applicable du 1er janvier au 31 décembre suivant la date de sa publication.
Ces dispositions ne sont pas applicables au loyer des locaux qui, à la date de la nouvelle location, n'ont pas fait l'objet d'un contrat de location depuis plus de dix-huit mois. Elles ne sont pas non plus applicables à la location d'un logement vacant, lorsque cette vacance résulte d'une décision de justice fondée sur l'inexécution des obligations du locataire.

Article 56. Si des circonstances économiques graves l'exigent, le taux maximum d'évolution peut être fixé, pour un ou plusieurs secteurs locatifs, par un décret en Conseil d'Etat, pris après avis de la commission nationale des rapports locatifs. Ce décret pourra s'appliquer au loyer des contrats de location en cours, au loyer des contrats renouvelés ou au loyer des nouveaux contrats.
Les dispositions de ce décret ne sont pas applicables au loyer des locaux dont le contrat de location a pris fin depuis plus de dix-huit mois à la date de la nouvelle location. Elles ne sont pas non plus applicables lorsque la vacance résulte d'une décision de justice fondée sur l'inexécution des obligations du locataire.
Le décret prévu à l'alinéa précédent peut prévoir des adaptations pour les logements soumis à des dispositions législatives ou réglementaires particulières.
Les dispositions des deuxième et troisième alinéas de l'article 52 sont applicables au décret pris en application du présent article.

Ce décret fixera la durée de son application, qui ne pourra être supérieure à douze mois.
Le taux d'évolution des loyers ne pourra pas, en tout état de cause, être inférieur à 80 % de la variation de l'indice mentionné à l'article 58.

Article 57. En cas de contestation relative à l'application des articles 52 à 56, l'une ou l'autre partie au contrat de location saisit la commission départementale des rapports locatifs qui émet un avis dans un délai de deux mois.
Les parties ne peuvent agir en justice avant d'avoir reçu notification de l'avis de la commission qui doit être joint à la demande en justice. Si la commission n'a pas émis un avis dans le délai de deux mois, le juge peut être saisi. La prescription de l'action est interrompue à compter de la saisine de cette commission jusqu'à la notification aux parties de l'avis émis ou l'expiration du délai de deux mois, sans que la contestation puisse constituer un motif de non-paiement.

Article 58. Si le contrat de location prévoit une révision du loyer, celle-ci intervient chaque année à la date fixée dans le contrat ou, à défaut, au terme de chaque année du contrat.
L'augmentation qui en résulte ne peut, sans préjudice des modulations particulières ou des majorations prévues en application des articles 52, deuxième et troisième alinéas, 54 à 56 et 59 à 61, excéder la variation d'un indice national mesurant le coût de la construction, établi suivant des éléments de calcul fixés par décret et publié par l'Institut national de la statistique et des études économiques.
La date de référence de l'indice et sa valeur à cette date doivent figurer au contrat ; à défaut, la variation de l'indice est celle du dernier indice publié à la date de l'augmentation.

TITRE V
DE L'AMELIORATION DES LOGEMENTS

Article 59. Le bailleur peut conclure avec l'Etat, après information du locataire, un contrat d'amélioration pour la réalisation de travaux destinés à adapter le local à des normes de salubrité, de sécurité, d'équipement et de confort. Ces travaux doivent porter le local à un niveau minimal de qualité thermique ; ils peuvent, en outre, être destinés à améliorer la qualité phonique du local.
Le contrat détermine la nature des travaux, leur coût prévisionnel, les modalités de leur exécution, la date prévue pour leur achèvement et, l[e] échéant, les modalités du relogement provisoire.

Il détermine également le prix maximum du loyer principal qui pourra être exigé des locataires à compter de l'achèvement des travaux ; les dispositions du titre IV ne s'appliquent pas à la fixation initiale du loyer.
Ces travaux s'imposent au locataire sous réserve de l'application de l'article 2 modifié de la loi n° 67-561 du 12 juillet 1967 relative à l'amélioration de l'habitat. Les dispositions du présent alinéa ne sont pas applicables aux locataires âgés de plus de quatre-vingts ans et dont les ressources annuelles sont inférieures à une fois et demie le montant annuel du salaire minimum de croissance ; toutefois, ces locataires ne peuvent interdire l'accès aux locaux loués, ni s'opposer au passage de conduits de toute nature.
Le bailleur est tenu de maintenir le local à usage locatif pendant le délai de neuf ans à compter de la date d'achèvement des travaux ; durant ce délai, les dispositions des articles 9, 10 et 11 ne sont plus applicables.
Lorsque le logement fait l'objet d'un contrat de location en cours, le bailleur doit, dans le délai d'un mois suivant la conclusion du contrat d'amélioration avec l'Etat, proposer au locataire un nouveau contrat de location de six ans ; ce contrat prend effet à compter de la date d'achèvement des travaux et ouvre droit à l'aide personnalisée au logement pour les locataires qui en remplissent les conditions d'attribution.
Au projet de contrat de location est annexée une copie du contrat d'amélioration avec l'Etat.
Le locataire dispose d'un délai de deux mois pour accepter ou refuser le nouveau contrat de location. Si le locataire refuse, le bailleur a la faculté de mettre fin au contrat de location en cours selon les règles prévues à l'article 17. Les travaux ne peuvent commencer qu'à l'expiration du délai de deux mois mentionné à l'alinéa précédent ou, si le locataire a refusé le nouveau contrat, à l'expiration du délai de préavis prévu à l'article 17.
Lorsque l'exécution des travaux nécessite l'évacuation temporaire des lieux, le bailleur s'engage à mettre provisoirement à la disposition du locataire qui a accepté le nouveau contrat de location un logement au moins équivalent au logement faisant l'objet des travaux ou correspondant à ses besoins et à ses possibilités, situé dans un périmètre géographique tel que défini à l'article 13 *bis* modifié de la loi n° 48-1360 du 1er septembre 1948 précitée. Les frais de déménagement du locataire sont à la charge du bailleur, déduction faite, le cas échéant, des primes de déménagement. Lorsque le logement est un local vacant, le bailleur est tenu de conclure avec le nouveau locataire un contrat de location de six ans dans les conditions prévues au présent article.
Un décret en Conseil d'Etat fixe les conditions d'application du présent article.

Article 60. I. – Lorsque des travaux visant à réaliser des économies d'énergie sont effectués par le bailleur avec une garantie contractuelle de résul-

tats sur un bâtiment ou un ensemble de bâtiments d'habitation, une majoration de loyer peut être appliquée par celui-ci, par dérogation aux dispositions du titre IV. Cette majoration, calculée selon les modalités fixées par décret, ne peut excéder le montant de l'économie d'énergie garantie.
II. – Le paragraphe II de l'article 21 de la loi n° 80-531 du 15 juillet 1980 relative aux économies d'énergie et à l'utilisation de la chaleur est abrogé.

Article 61. Lorsque le local ou l'immeuble répond aux normes mentionnées à la première phrase du premier alinéa de l'article 59, un accord peut être conclu soit entre un bailleur et un locataire, soit entre un ou plusieurs bailleurs et leurs locataires ou leurs associations telles que mentionnées a l'article 29, en vue de la réalisation de travaux sur tout ou partie de cet immeuble ; s'il concerne plusieurs locataires, l'accord s'impose à l'ensemble de ces locataires, dès lors qu'il a été approuvé par écrit par la majorité d'entre eux.
Cet accord fixe la nature, le coût prévisionnel, les modalités d'exécution et la date d'achèvement desdits travaux.
Il détermine également le montant maximum du loyer qui pourra être exigé des locataires à compter de l'achèvement des travaux ; les dispositions du titre IV ne s'appliquent pas à la fixation initiale du loyer.
Pour l'exécution des travaux, le bailleur est tenu de respecter les dispositions de l'article 2 modifié de la loi n° 67-561 du 12 juillet 1967 précitée.

TITRE VI
DE L'INFORMATION DU LOCATAIRE

Article 62. Toute personne qui propose à un tiers la conclusion d'un contrat de location doit lui remettre une fiche de renseignements concernant la localisation et la consistance des locaux, les éléments de confort, la durée du contrat de location, le loyer ainsi que le montant des charges locatives de l'année précédente et une estimation du montant de ces charges.
Tout vendeur d'un immeuble à usage d'habitation ou à usage mixte professionnel et d'habitation, autre que ceux construits par marché de travaux mentionnés à l'article 1779-3° du Code civil, et achevé depuis moins d'un an, doit remettre à l'acquéreur une fiche de renseignements concernant la localisation et la consistance des locaux, les éléments de confort ainsi que le montant indicatif des charges annuelles.
Un décret en Conseil d'Etat précise les conditions d'application du présent article.

Article 63. En ce qui concerne les logements achevés postérieurement à la publication de la présente loi, qu'ils soient destinés à la vente ou à la loca-

tion, le vendeur ou le bailleur doit en outre obligatoirement remettre, au moment de la mise à disposition du bien à l'acquéreur ou au locataire, une notice d'utilisation et d'entretien des éléments d'équipement conforme à une notice type agréée par arrêté du ministre chargé de la construction et de l'habitation.
En ce qui concerne les logements achevés antérieurement à la publication de la présente loi, la même obligation s'impose au vendeur ou au bailleur en cas de modification ou de changement des éléments d'équipement existants.

Article 64. Le règlement intérieur, s'il en existe un, est affiché dans chaque bâtiment et copie en est remise aux locataires à leur demande.

TITRE VII
DES INTERMEDIAIRES

Article 65. La rémunération de l'ensemble des personnes qui se livrent ou prêtent leur concours à un acte de location d'un immeuble appartenant à autrui, à usage d'habitation ou à usage mixte professionnel et d'habitation, est partagée par moitié entre le bailleur et le locataire.

TITRE VIII
ADMINISTRATION PROVISOIRE EN CAS DE DEFAILLANCE DANS LA GESTION DE LOGEMENTS AYANT BENEFICIE D'AIDES DE L'ETAT

Article 66. Pour les immeubles appartenant à des personnes morales ou physiques autres que les organismes d'habitation à loyer modéré ou gérés par ces personnes et ayant bénéficié de primes ou de prêts spéciaux à la construction consentis par le Crédit foncier de France ou la Caisse centrale de coopération économique, le représentant de l'Etat dans le département peut, pendant toute la durée des prêts, demander au juge, et, en cas d'urgence, selon la procédure de référé, de nommer un administrateur provisoire lorsqu'il aura été constaté des fautes graves notamment relatives au clos et au couvert, à l'entretien et à la sécurité ou des irrégularités sérieuses dans la gestion de ces immeubles et dans le respect de l'engagement financier de l'emprunteur.
L'administrateur provisoire désigné sur une liste établie par le ministre chargé de la construction et de l'habitation a pour mission, selon la décision du juge, soit d'assister le propriétaire dans sa mission de gestionnaire, soit d'exercer de plein droit les pouvoirs d'administration du propriétaire ou du gestionnaire pour une durée d'un an renouvelable.

TITRE IX
SANCTIONS

Article 67. Tout bailleur qui aura subordonné la conclusion d'un contrat de location soit à une remise d'argent ou de valeurs ne correspondant pas au paiement du loyer et des charges ou au dépôt de garantie mentionné à l'article 22, soit à la reprise d'objets ou d'installations à un prix manifestement supérieur à leur valeur réelle, sera puni d'une amende pénale de 1 000 F à 30 000 F.
Tout locataire qui aura subordonné son départ à une quelconque remise d'argent ou à la reprise d'objets ou d'installations à un prix manifestement supérieur à leur valeur réelle sera puni de la même peine.
Tout bailleur qui aura sciemment délivré en application des dispositions de l'article 3, treizième alinéa, une copie de quittance comportant une ou plusieurs mentions erronées sera puni d'une amende pénale de 1 000 F à 10 000 F.

Article 68. Tout propriétaire qui aura exercé de manière frauduleuse le droit de résiliation ou le droit de non-renouvellement du contrat, prévus aux articles 9 et 10, sera puni d'une amende pénale de 1 000 F à 50 000 F.

Article 69. Toute entrave apportée sciemment à l'exercice des droits conférés aux associations de locataires par les articles 29, 31, 32 et 50 de la présente loi sera punie d'une amende pénale de 1 000 F à 30 000 F.

Article 70. Constituent des pratiques de prix illicites qui sont constatées et poursuivies dans les conditions prévues par l'ordonnance n° 45-1484 du 30 juin 1945 modifiée :
- le fait pour un bailleur ou son mandataire d'exiger ou de percevoir un loyer dont le montant est supérieur à celui qui résulte de l'application d'un accord de modération de prix rendu obligatoire en application de l'article 54 ;
- le fait pour un bailleur ou son mandataire d'exiger ou de percevoir un loyer dont le montant excède celui qui résulte de l'application des articles 55 ou 56.

Ces infractions sont punies d'une amende pénale de 1 000 F à 50 000 F.

TITRE X
DISPOSITIONS TRANSITOIRES

Article 71. Les dispositions du titre II ci-dessus ne portent pas atteinte à la validité des contrats en cours à la date d'entrée en vigueur de la présente loi.

Toutefois, lorsque le locataire occupe le local à la date d'entrée en vigueur de la loi, les dispositions des articles 9 et 10 ne sont pas applicables pendant une période de trois ans à compter de la date d'effet du contrat ou de la date d'entrée dans les lieux, en cas de contrat à durée indéterminée.
A l'expiration du contrat initial ou du contrat renouvelé ou, s'il s'agit d'un contrat à durée indéterminée, à l'issue du délai d'un an à compter de la date d'entrée en vigueur de la présente loi, les parties sont tenues d'établir un contrat conforme aux dispositions de la présente loi.
Chacune des parties peut demander l'établissement d'un état des lieux dans les conditions prévues à l'article 21 ; les dispositions du premier alinéa de l'article 22 ne sont pas applicables.
Pour l'application des dispositions de la présente loi, l'établissement du contrat de location est assimilé à un renouvellement. Les parties doivent se conformer aux dispositions de l'article 23 dans le délai d'un an à compter de la date d'entrée en vigueur de la présente loi. Lorsque les charges récupérables ne sont pas distinguées du loyer, la répartition ne peut être opérée que sur la base des justifications prévues à l'article 24 de la présente loi.

Article 72. Tout occupant de bonne foi peut demander, par lettre recommandée avec demande d'avis de réception, le bénéfice des dispositions de la présente loi dans les trois mois suivant sa publication, à moins qu'il n'ait fait l'objet d'une décision d'expulsion devenue définitive.
Est réputé de bonne foi l'occupant qui, habitant effectivement dans les lieux, exécute les obligations résultant du bail expiré.
Le propriétaire du local est tenu, dans les deux mois suivant la demande de l'occupant, de lui proposer un nouveau contrat de location, dans les conditions prévues par la présente loi. Les dispositions du titre IV sont applicables. L'occupant dispose d'un délai d'un mois pour accepter ou refuser ce contrat de location.
Les dispositions du présent article ne sont pas applicables lorsque la résiliation ou le refus de renouvellement du contrat par le propriétaire était fondé, soit sur sa décision de reprendre le logement dans les conditions prévues à l'article 9, sous réserve des dispositions du deuxième alinéa de l'article 71, soit sur un motif légitime et sérieux tiré notamment de l'inexécution par le locataire d'une des obligations prévues à l'article 18.

Article 73. Tout congé, tel que défini par l'article 7 et notifié à compter du 7 octobre 1981, doit être fondé sur un motif légitime et sérieux ou sur la décision du bailleur de reprendre le logement dans les conditions prévues à l'article 9 de la présente loi, sous réserve des dispositions du deuxième alinéa de l'article 71. Les dispositions des deuxième, troisième et quatrième alinéas de l'article 72 sont également applicables.

Article 74. Des accords de modération des loyers ayant un objet conforme aux dispositions des articles 52 et 53 de la présente loi peuvent être conclus entre organisations nationales de bailleurs et de locataires pour la période allant du 1er mai 1982 au 31 décembre 1982. Les organisations nationales de gestionnaires peuvent adhérer à ces accords : les accords s'imposent aux membres des organisations signataires.
Les organisations nationales de bailleurs qui n'ont pas conclu d'accord de modération des loyers peuvent, pour la période mentionnée à l'alinéa précédent, prendre à l'égard de l'Etat un engagement de modération de l'évolution des loyers ayant un objet conforme aux dispositions de l'article 52. Les organisations nationales de gestionnaires peuvent adhérer à ces engagements.
L'engagement de modération de l'évolution des loyers s'impose aux membres des organisations signataires. Pendant la période mentionnée au premier alinéa, les bailleurs n'adhérant pas à une organisation ayant signé un accord de modération des loyers ou un engagement de modération de l'évolution des loyers ne peuvent pratiquer, à l'occasion de la révision des loyers des contrats en cours, du renouvellement des contrats ou de la conclusion de nouveaux contrats sous réserve des dispositions prévues à l'article 52 de la présente loi, une augmentation de loyer supérieure à la variation de l'indice mentionné à l'article 58 pour la période écoulée depuis la dernière révision ou fixation du loyer. Les dispositions de la loi n° 81-1161 du 30 décembre 1981 relative à la modération des loyers qui ne sont pas contraires à celles du présent article demeurent applicables.

TITRE XI
DISPOSITIONS DIVERSES

Article 75. I. – Ne sont pas applicables aux logements appartenant aux organismes d'habitation à loyer modéré et ne faisant pas l'objet de conventions en application de l'article L. 353-14 du Code de la construction et de l'habitation les dispositions des articles 4 à 12, 14, 15, 17, 22, premier alinéa, 23, 52, 58 à 60, 66 à 68, 72, 73, 76 à 79.
Les dispositions de l'article 16 sont applicables à la condition que le bénéficiaire du transfert du contrat remplisse les conditions d'attribution dudit logement.
II. – Ne sont pas applicables aux logements régis par le chapitre III de la loi n° 48-1360 du 1er septembre 1948 les dispositions des articles 3 à 12, 14, 15, 17, 22, premier alinéa, 23, 25, le titre IV, l'article 59 pour ce qui concerne les locaux occupés, à l'exception de ceux pour lesquels l'occupant se voit contester son droit au maintien dans les lieux, les articles 60, 61, 66, 67, 68 et le titre X.

III. – Ne sont pas applicables aux logements régis par une convention conclue en application de l'article L. 351-2 du Code de la construction et de l'habitation les dispositions des articles 4 à 12, 14, 15, 17, 22, premier alinéa, 53, 58 à 60, 66 à 68, 72, 76 à 79. L'article 23 n'est pas applicable aux logements régis par une convention conclue en application de l'article L. 353-15 ou de l'article L. 351-2, 2° et 3°, du Code de la construction et de l'habitation, en ce qui concerne les logements réglementés en contrepartie de primes ou de prêts spéciaux à la construction du Crédit foncier de France ou de la Caisse centrale de coopération économique. Les dispositions de l'article 16 sont applicables à la condition que le bénéficiaire du transfert du contrat remplisse, le cas échéant, les conditions d'attribution dudit logement.
Toutefois, les dispositions des articles 52, 54, 55 et 74 ne sont pas applicables au loyer initial des logements régis par une convention conclue en application de l'article L. 353-2, 2°, 3° et 4° du Code de la construction et de l'habitation.
IV. – Ne sont pas applicables aux logements dont les conditions sont réglementées en contrepartie de primes ou de prêts spéciaux à la construction consentis par le Crédit foncier de France ou la Caisse centrale de coopération économique les dispositions des articles 4, 5, 23, 53, 59, 76 à 79.
V. – Ne sont pas applicables aux logements loués à titre exceptionnel et transitoire par les collectivités locales les dispositions des articles 3, douzième à seizième alinéas, 4, 5, 7 à 14, 59 des titres VI, VIII et X, des articles 71, deuxième alinéa, 72 et 73 et du titre XI.

Article 76. I. – Les dispositions de la loi n° 48-1360 du 1er septembre 1948 précitée cessent d'être applicables aux locaux vacants dès l'achèvement des travaux prévus par le contrat conclu avec l'Etat en application de l'article 59 de la présente loi.
II. – L'article 3 *septies* de ladite loi est abrogé.

Article 77. Les dispositions du titre IV de la présente loi ne s'appliquent pas :

1° Au loyer initial des nouvelles locations consenties en application des articles 3 *bis*, 3 *quater* ou 3 *quinquies* de la loi n° 48-1360 du 1er septembre 1948 précitée ou au loyer initial des nouvelles locations consenties en application de l'article 3 *ter* de ladite loi lorsque le contrat de location est conclu avec l'occupant de bonne foi qui n'a pas droit au maintien dans les lieux au sens de l'article 10 de ladite loi.

2° Au loyer initial des nouvelles locations consenties en application de l'article 3 *sexies* de la loi n° 48-1360 du 1er septembre 1948 précitée et faisant suite à un contrat de location passé dans des conditions prévues à l'article 3 *ter* de la même loi, lorsque le logement ne répondait pas lors de la conclusion du contrat aux conditions prévues par le décret pris en application dudit article 3 *sexies*.

Le contrat de location conclu en application des articles 3 *ter*, 3 *quinquies* ou, en ce qui concerne les locaux à usage mixte d'habitation et professionnel, de l'article 3 *quater* de la loi n° 48-1360 du 1er septembre 1948 précitée, est soumis aux dispositions de la présente loi en ce qu'elles ne sont pas contraires à celles prévues auxdits articles. A l'expiration du terme fixé par ce contrat de location ou au départ du locataire, le logement est régi par l'ensemble des dispositions de la présente loi, s'il répond aux conditions prévues par le décret pris en application de l'article 3 *sexies* de la loi n°48-1360 du 1er septembre 1948 précitée.
Les contrats de location conclus en application de l'article 3 *bis* de la loi du 1er septembre 1948 précitée sont régis par les dispositions de la présente loi.

Article 78. Insérer après le onzième alinéa de l'article 27 de la loi n° 48-1360 du 1er septembre 1948 précitée un nouvel alinéa ainsi rédigé:
« Soit d'une allocation servie à toute personne dont l'infirmité entraîne au moins 80 % d'incapacité permanente et qui est qualifiée grand infirme en application de l'article 169 du Code de la famille et de l'aide sociale. »

Article 79. Par dérogation aux dispositions de l'article 77 et dans les communes de plus de 60 000 habitants, des décrets pourront fixer le plafond des majorations qui pourront être applicables au loyer initial des nouvelles locations mentionnées à cet article. Ce plafond devra tenir compte des prix pratiqués dans des locaux comparables situés dans un même secteur géographique.

Article 80. Le chapitre II du titre IV du livre IV du Code de la construction et de l'habitation est complété par les dispositions suivantes:

« *Article L. 442-8-1.* Par dérogation au premier alinéa de l'article L. 442-8, les organismes mentionnés à l'article L. 411-2 peuvent louer des logements à des associations déclarées ayant pour objet de les sous-louer à titre temporaire à des personnes en difficulté et d'exercer les actions nécessaires à leur réinsertion. Seules peuvent bénéficier de cette disposition les associations déclarées qui ont obtenu d'une collectivité locale une garantie financière assurant au bailleur, en cas de défaillance de l'association locataire, le paiement des loyers et des charges dûment justifiées.
Les dispositions des articles L. 442-1 à L. 442-6 sont applicables aux logements loués dans les conditions du présent article. Les sous-locataires

mentionnés au premier alinéa du présent article sont assimilés à des locataires pour bénéficier de l'aide personnelle au logement prévue par l'article L. 510 du Code de la Sécurité sociale, par l'article 1er de la loi n° 71-582 du 16 juillet 1971 relative à l'allocation de logement ou par l'article L. 351-1 du Code de la construction et de l'habitation.»

«*Article L. 442-8-2.* Les sous-locataires mentionnés au premier alinéa de l'article L. 442-8-1 perdent le bénéfice du droit au maintien dans les lieux après le refus d'une offre de relogement définitif correspondant à leurs besoins et à leurs possibilités.»

«*Article L. 442-8-3.* Les dispositions des articles L. 442-8-1 et L. 442-8-2 sont applicables à l'ensemble des logements appartenant aux organismes mentionnés à l'article L. 411-2, que ces logements soient ou non régis par l'article L. 353-14.»

Article 81. L'article 10 de la loi n° 75-1351 du 31 décembre 1975 modifié, relative à la protection des occupants de locaux à usage d'habitation est ainsi modifié:
I. – Le premier alinéa du I de cet article est remplacé par les dispositions suivantes:
«Préalablement à la conclusion de toute vente d'un ou plusieurs locaux à usage d'habitation ou à usage mixte d'habitation et professionnel, consécutive à la division initiale ou à la subdivision de tout ou partie d'un immeuble par lots, le bailleur doit, à peine de nullité de la vente, faire connaître par lettre recommandée avec demande d'avis de réception, à chacun des locataires ou occupants de bonne foi, l'indication du prix et des conditions de la vente projetée pour le local qu'il occupe. Cette information vaut offre de vente au profit de son destinataire.
L'offre est valable pendant une durée d'un mois à compter de sa réception. Le locataire qui accepte l'offre ainsi notifiée dispose, à compter de la date d'envoi de sa réponse au bailleur, d'un délai de deux mois pour la réalisation de l'acte de vente. Si, dans sa réponse, il notifie au bailleur son intention de recourir à un prêt, son acceptation de l'offre de la vente est subordonnée à l'obtention du prêt et, en ce cas, le délai de réalisation est porté à quatre mois.
Passé le délai de réalisation de l'acte de vente, l'acceptation par le locataire de l'offre de vente est nulle de plein droit.»
II. - Au dernier alinéa, les mots: «trois alinéas» sont remplacés par les mots: «cinq alinéas».
III. - Au premier alinéa du II, l'expression: «de l'appartement» est remplacée par l'expression: «du local à usage d'habitation ou à usage mixte d'habitation et professionnel».

IV. - Le III est rédigé comme suit :
« III. – Le présent article s'applique aux ventes de parts ou actions des sociétés dont l'objet est la division d'un immeuble par fractions destinées à être attribuées aux associés en propriété ou en jouissance à temps complet.
Il ne s'applique pas aux actes intervenant entre parents ou alliés jusqu'au quatrième degré inclus.
Il ne s'applique pas aux ventes portant sur un bâtiment entier ou sur l'ensemble des locaux à usage d'habitation ou à usage mixte d'habitation et professionnel dudit bâtiment. »

Article 82. Les dispositions de la loi n° 80-1 du 4 janvier 1980 modifiant certaines dispositions du Code de la construction et de l'habitation et celles de l'article 81 de la présente loi ne portent pas atteinte à la validité des ventes antérieurement conclues.
La présente loi sera exécutée comme loi de l'Etat.

ANNEXE N° 4

LOI MEHAIGNERIE

Loi n° 86-1290 du 23 décembre 1986

tendant à favoriser l'investissement locatif, l'accession à la propriété de logements sociaux et le développement de l'offre foncière

TITRE PREMIER
DES RAPPORTS ENTRE BAILLEURS ET LOCATAIRES

CHAPITRE Ier à IV

Article 1er à 24. *Abrogés (L. n° 89-462 du 6.7.89).*

CHAPITRE V
MODIFICATION DE LA LOI N° 48-1360 DU 1er SEPTEMBRE 1948 portant modification et codification de la législation relative aux rapports des bailleurs et locataires ou occupants de locaux d'habitation ou à usage professionnel et instituant des allocations de logement

Article 25. (*L. n° 89-462 du 6.7.89*) Les locaux vacants à compter du 23 décembre 1986 et satisfaisant aux normes minimales de confort et d'habitabilité fixées par décret après avis de la Commission nationale de concertation ne sont pas soumis aux dispositions de la loi n° 48-1360 du 1er septembre 1948 précitée. Ils sont désormais régis par les chapitres Ier à III du titre Ier de la loi n° 89-462 du 6 juillet 1989, à l'exception des locaux à usage exclusivement professionnel qui sont régis par l'article 57 A et par les dispositions du code civil.
Si les locaux loués depuis le 23 décembre 1986 ne satisfont pas aux normes précitées, le locataire peut demander au propriétaire leur mise en conformité avec ces normes sans qu'il soit porté atteinte à la validité du contrat de location en cours.
A défaut d'accord entre les parties, le juge saisi détermine, le cas échéant, la nature des travaux à réaliser et le délai de leur exécution, qu'il peut même d'office assortir d'une astreinte. Il peut également se prononcer sur

une demande de modification du loyer fixé par le bailleur ou proposé par le locataire.
A défaut de mise aux normes effectuée dans les conditions précitées, le loyer des locaux soumis au présent article est fixé conformément au *b* de l'article 17 de la loi n° 89-462 du 6 juillet 1989.
Les dispositions du présent article ne sont pas applicables aux locaux classés en catégorie IV.

Article 26. I. (Voir art. 3 *ter*, loi du 1.9.48).
II. (Voir art. 3 *quinquies*, 3 *sexies*, 8, dernier alinéa de l'article 78, art. 79, loi du 1.9.48).
III. (Voir art. 3 *octies*, loi du 1.9.48).
IV. (Voir art. 3 *nonies*, loi du 1.9.48).

Article 27. (Voir art. 5, loi du 1.9.48).

Article 28. Le bailleur d'un local classé en sous-catégorie II B ou II C dont le loyer ou l'indemnité d'occupation est fixé conformément aux dispositions du chapitre III de la loi n° 48-1360 du 1er septembre 1948 précitée peut proposer au locataire ou occupant de bonne foi un contrat de location régi par les dispositions des chapitres Ier à III et des articles 30 à 33 du présent titre et, s'il s'agit d'un local à usage exclusivement professionnel, par les dispositions du Code civil [(*L. n° 89-462 du 6.7.89*) et les articles 30 à 33 et 57A de la présente loi.
Les dispositions des deuxième et troisième alinéas de l'article 25 sont applicables aux locaux loués en application du présent article.]

Article 29. (*L. n° 89-462 du 6.7.89*). Les dispositions de l'article 28 ne sont pas opposables au locataire ou occupant de bonne foi dont les ressources, cumulées avec celles des autres occupants du logement, sont inférieures à un seuil fixé par décret.
Le seuil est calculé en fonction de la localisation géographique du logement et du nombre de personnes qui l'occupent.
Toutefois, si, à l'expiration du contrat prévu à l'article 30 ci-dessous, le locataire est âgé de plus de soixante-cinq ans ou handicapé visé au 2° de l'article 27 de la loi n° 48-1360 du 1er septembre 1948 précitée, il bénéficiera, nonobstant les dispositions de l'article 33, du droit au maintien dans les lieux prévu à l'article 4 de la loi n° 48-1360 du Ier septembre 1948 précitée.

Article 30. Le contrat de location conclu en application de l'article 28 est d'une durée de huit ans. Son loyer est fixé par référence aux loyers non régis par le chapitre III de la loi n° 48-1360 du 1er septembre 1948 précitée

et habituellement constatés dans le voisinage au cours des trois dernières années pour les logements comparables.
La différence entre le loyer du contrat de location établi en application de l'article 28 et le loyer ou l'indemnité d'occupation antérieur s'applique par huitième au cours des huit années de ce contrat. La révision éventuelle résultant de l'article 15 s'applique à chaque valeur ainsi définie.

Article 31. Le contrat de location proposé en application de l'article 28 doit, à peine de nullité, reproduire les dispositions des articles 25 et 28 à 33.
[(*L. n° 89-18 du 13.1.89*). Le bailleur notifie, à peine de nullité de la proposition de contrat, la liste des références ayant servi à déterminer le prix proposé. Les éléments constitutifs de ces références sont fixés par décret, après avis de la Commission nationale de concertation.]
Dans un délai de deux mois à compter de la réception de la proposition du bailleur, le locataire ou l'occupant de bonne foi fait, le cas échéant, connaître au bailleur, en présentant les justifications, qu'il remplit les conditions de l'article 29.
Dans le même délai, le locataire ou occupant de bonne foi qui ne peut se prévaloir des conditions de l'article 29 fait connaître au bailleur son acceptation ou son refus du contrat de location ainsi que, le cas échéant, le montant des travaux dont il demande le remboursement en application de l'article 32.
Les notifications prévues aux trois premiers alinéas du présent article sont faites par lettre recommandée avec demande d'avis de réception ou signifiées par acte d'huissier.
[6e alinéa: *abrogé (L. n° 89-462 du 6.7.89)]*
[(*L. n° 89-462 du 6.7.89*). En cas de désaccord, ou à défaut de réponse du locataire, l'une ou l'autre partie peut saisir la commission prévue à l'article 20 de la loi n° 89-462 du 6 juillet 1989 dans les trois mois qui suivent la réception de la proposition de contrat de location faite par le bailleur. Si, en l'absence d'accord entre les parties, à l'expiration d'un délai de six mois à compter de la proposition de contrat de location faite par le bailleur, le juge n'a pas été saisi, le local reste soumis aux dispositions de la loi n° 48-1360 du Ier septembre 1948 précitée.]
En cas de saisine du juge, celui-ci fixe le montant du loyer et statue sur les demandes des parties. Le contrat de location est alors réputé être conclu avec les clauses et conditions fixées judiciairement. La décision est exécutoire par provision.
Sauf convention expresse contraire, le contrat de location conclu dans les conditions du présent article prend effet à l'expiration d'un délai de six

mois à compter de la date de la proposition de contrat de location faite par le bailleur.
A la date d'effet du contrat de location, les rapports entre le bailleur et le locataire ou occupant de bonne foi ne sont plus régis par les dispositions de la loi n° 48-1360 du 1er septembre 1948 précitée.

Article 32. Lorsqu'il est fait application de l'article 28, le coût des travaux ayant amélioré substantiellement le confort ou l'équipement du local effectués par le locataire ou l'occupant de bonne foi est remboursé par le propriétaire. Un décret en Conseil d'Etat détermine la nature des travaux pris en compte ainsi que les modalités de leur évaluation.
Le montant en est fixé et le remboursement effectué lors de la conclusion du contrat de location prévu à l'article 28.
Si le bailleur le demande, le règlement intervient par compensation sur la fraction du nouveau loyer qui excède le montant de l'ancien. Si la dette n'est pas éteinte à l'expiration du bail mentionné à l'article 28, le bailleur en règle alors le solde.

Article 33. (*L. n° 89-462 du 6.7.89*). A l'expiration du contrat conclu en application de l'article 31, le local est soumis aux dispositions des chapitres Ier à III du titre Ier de la loi n° 89-462 du 6 juillet 1989 et les locaux à usage exclusivement professionnel aux dispositions de l'article 57 A et aux dispositions du Code civil.

Article 34. A l'expiration des contrats de location conclus en application des articles 3 *bis*, 3 *quater*, 3 *quinquies*, 3 *sexies* et 3 *septies* de la loi n° 48-1360 du 1er septembre 1948 précitée, en cours au moment de la publication de la présente loi, et portant sur des locaux à usage d'habitation ou mixte, il est fait application de l'article 20. A l'expiration des contrats conclus après la publication de la présente loi en application des articles 3 *bis*, 3 *quater* et 3 *octies* de la loi n° 48-1360 du 1er septembre 1948 précitée, les contrats de location des locaux d'habitation ou mixte sont soumis aux dispositions [(*L. n° 89-462 du 6.7.89*) des chapitres Ier à III de la loi n° 89-462 du 6 juillet 1989, à l'exception de l'article 16, du paragraphe C de l'article 17 et des articles 18 à 20.
A l'expiration des contrats conclus en application des mêmes articles et portant sur des locaux à usage exclusivement professionnel, il est fait usage des dispositions de l'article 57 A et des dispositions du Code civil.]

Article 35. Les normes prévues à l'article 25 de la présente loi sont applicables, à compter de leur conclusion, aux contrats de location conclus conformément au 2° de l'article 3 *bis* et aux articles 3 *quater*, 3 *quinquies*, 3 *sexies* et 3 *septies* de la loi n° 48-1360 du 1er septembre 1948 précitée en cours à la date de la publication de la présente loi. Cette disposition ne s'applique pas à ceux de ces contrats qui, à la date de publication de la présente loi, ont fait l'objet d'une contestation devant les tribunaux.

CHAPITRE VI
DISPOSITIONS RELATIVES AUX LOGEMENTS APPARTENANT AUX ORGANISMES D'HABITATIONS À LOYER MODÉRÉ OU GÉRÉS PAR EUX

Article 36. Il est inséré, dans le chapitre Ier du titre IV du livre IV du Code de la construction et de l'habitation, un article L. 441-3 ainsi rédigé:

«*Article L. 441-3.* Les organismes d'habitations à loyer modéré peuvent exiger des locataires dont les ressources dépassent les plafonds fixés pour l'attribution du logement à loyer modéré qu'ils occupent le paiement d'un supplément en sus du loyer principal et des charges locatives. Le montant de ce supplément est déterminé selon un barème qu'ils établissent par immeuble ou groupe d'immeubles, en fonction de l'importance du dépassement constaté, du loyer acquitté ainsi que du nombre et de l'âge des personnes vivant au foyer. A défaut d'opposition motivée du représentant de l'Etat dans le département dans le délai d'un mois, ce barème est exécutoire.»

Article 37. Après l'article L. 442-1 du Code de la construction et de l'habitation, il est inséré deux articles L. 442-1-1 et L. 442-1-2 ainsi rédigés:

«*Article L. 442-1-1.* Les organismes d'habitations à loyer modéré fixent librement les loyers des logements faisant l'objet d'une nouvelle location dans les limites prévues au deuxième alinéa de l'article L. 442-1 ou, pour les logements conventionnés en application de l'article L. 351-2, dans la limite des loyers maximaux de ces conventions ou, pour les logements financés à l'aide de primes ou de prêts spéciaux à la construction du Crédit foncier de France ou de la Caisse centrale de coopération économique, dans la limite de leurs loyers plafonds.»

«*Article L. 442-1-2.* Toute délibération d'un organisme d'habitations à loyer modéré relative aux loyers applicables à compter du 1er juillet 1987 est transmise deux mois avant son entrée en vigueur au représentant de l'Etat dans le département. Celui-ci peut, dans le délai d'un mois suivant cette transmission, demander à l'organisme une nouvelle délibération.»

Article 38. Jusqu'au 1er janvier 1987, les loyers, autres que ceux mentionnés à l'article L. 442-1-1 du Code de la construction et de l'habitation, pratiqués par les organismes d'habitations à loyer modéré restent régis par les dispositions prises en application de la loi n° 82-526 du 22 juin 1982 précitée. A compter de cette date et pour une période transitoire de six mois, ces loyers peuvent évoluer dans la limite de la dernière variation annuelle de l'indice du coût de la construction connue le 30 novembre 1986.
Toutefois, lorsque des travaux d'amélioration tels que définis par l'accord collectif de location conclu le 23 novembre 1983 et rendu obligatoire par le décret n° 84-364 du 11 mai 1984 ont été entrepris avant le 1er janvier 1987, une majoration supplémentaire de loyer peut être appliquée à compter du premier jour du mois qui suit l'achèvement de ces travaux, si cette date est antérieure au 1er juillet 1987. La majoration annuelle est au plus égale à 10 % du coût réel des travaux plafonné à 9 000 F par logement, augmenté de 2 000 F par pièce principale.

Article 39. L'article L. 442-5 du Code de la construction et de l'habitation est abrogé.

Article 40. Il est inséré dans le Code de la construction et de l'habitation un article L. 442-10 ainsi rédigé :

«*Article L. 442-10.* Les articles L. 442-1 à L. 442-9 s'appliquent aux logements construits ou acquis en application de la législation sur les habitations à loyer modéré appartenant soit à des organismes d'habitations à loyer modéré, soit à l'Etat, à des collectivités locales ou à des groupements de collectivités locales et gérés par lesdits organismes.»

CHAPITRE VII
DES PROCÉDURES DE CONCERTATION

Article 41. Une commission nationale de concertation est instituée auprès du ministre chargé de la construction et de l'habitation. Elle a pour mission, par ses études, avis et propositions, de contribuer à l'amélioration des rapports entre bailleurs et locataires.
Elle comprend notamment des représentants des organisations représentatives au plan national de bailleurs, de locataires et de gestionnaires. Sa composition, le mode de désignation de ses membres, son organisation et ses règles de fonctionnement sont fixés par décret en Conseil d'Etat.

Article 41 bis. (*L. 89-462 du 6.7.89*). Il est créé, au sein du conseil départemental de l'habitat prévu à l'article L. 364-1 du Code de la construction et de l'habitation, une commission spécialisée des rapports locatifs composée notamment de représentants des organisations représentatives au plan départemental de bailleurs, de locataires et de gestionnaires.

Article 41 ter. (*L. n° 89-462 du 6.7.89*). Des accords collectifs de location peuvent être conclus, pour un même secteur locatif, au sein de la Commission nationale de concertation ou de chaque commission spécialisée des rapports locatifs prévue à l'article 41 *bis* entre une ou plusieurs organisations de bailleurs et de locataires. Les accords ainsi conclus s'imposent aux organisations signataires et aux adhérents de ces organisations.
Les secteurs locatifs sont les suivants :

- logements appartenant ou gérés par les organismes d'habitations à loyer modéré ;
- logements appartenant aux sociétés d'économie mixte, aux sociétés immobilières à participation majoritaire de la Caisse des dépôts et consignations, aux collectivités publiques, aux sociétés filiales d'un organisme collecteur de la contribution des employeurs à l'effort de construction et aux filiales de ces organismes autres que celles mentionnées à l'alinéa ci-dessus ;
- logements appartenant aux entreprises d'assurance, aux sociétés immobilières créées en application de l'ordonnance n° 58-876 du 24 septembre 1958 relative aux sociétés immobilières conventionnées, aux sociétés immobilières d'investissement créées en application de la loi n° 63-254 du 15 mars 1963 portant réforme de l'enregistrement, du timbre et de la fiscalité immobilière, aux établissements de crédit et aux filiales de ces organismes autres que celles mentionnées aux deux alinéas ci-dessus ;
- logements appartenant aux autres catégories de bailleurs.

Ces accords portent notamment sur les suppléments de loyers pour les organismes d'habitations à loyer modéré, la maîtrise de l'évolution des charges récupérables, la grille de vétusté, l'amélioration et l'entretien des logements et des parties communes, les locaux résidentiels à usage commun.
Les accords conclus au sein de la Commission nationale de concertation font l'objet de la publication d'un avis au *Journal officiel* de la République française. A l'issue d'un délai d'un mois après cette publication et sauf opposition de la majorité des organisations représentatives des bailleurs d'un secteur, ou de la majorité des organisations représentatives des locataires, ils peuvent être rendus obligatoires, par décret, pour tous les logements du secteur locatif concerné. Le décret peut, après avis motivé de la Commis-

sion nationale de concertation et sans modifier l'équilibre de l'accord, en distraire certaines clauses.

Article 42. [(*L. n° 89-462 du 6.7.89*). Les bailleurs de logements visés à l'article 41 *ter* peuvent conclure avec une ou plusieurs associations de locataires des accords collectifs locaux portant sur tout ou partie de leur patrimoine. Ces accords portent notamment sur les loyers, les suppléments de loyers pour les organismes d'habitation à loyer modéré, la maîtrise de l'évolution des charges récupérables, la grille de vétusté, l'amélioration et l'entretien des logements et des parties communes, les locaux résidentiels à usage commun.
Ces accords sont obligatoires dès lors qu'ils ont été conclus soit par une ou plusieurs associations regroupant le tiers au moins des locataires concernés, soit par une ou plusieurs associations regroupant au moins 20 p. 100 des locataires concernés et affiliées à une organisation siégeant à la Commission nationale de concertation sauf s'ils ont été rejetés par écrit par un plus grand nombre de locataires dans un délai d'un mois à compter de leur notification individuelle par le bailleur aux locataires.]
Les bailleurs peuvent, en outre, proposer directement aux locataires des accords de même nature. Ces accords sont réputés applicables dès lors qu'ils ont été approuvés par écrit par la majorité des locataires, dans un délai d'un mois à compter de la réception de la notification individuelle par le bailleur.
Les accords prévus au présent article peuvent être conclus pour une durée déterminée ou indéterminée. Ils mentionnent les conditions de leur dénonciation, de leur renouvellement ou de leur révision.

Article 43. [(*L. n° 89-462 du 6.7.89*). Pour l'application de l'article 41 de la présente loi et de l'article 20 de la loi n° 89-462 du 6 juillet 1989], la représentativité des organisations de bailleurs, de gestionnaires et de locataires est appréciée d'après les critères suivants :
a) montant global des cotisations ;
b) indépendance, expérience et activité de l'organisation dans le domaine du logement ;
c) en outre :
- pour les organisations de bailleurs et de gestionnaires, nombre de leurs adhérents et nombre de logements détenus ou gérés par leurs adhérents ;
- pour les organisations de locataires, nombre et répartition géographique de leurs adhérents.

Article 44. [(*L. n° 89-462 du 6.7.89*). Chaque association qui, dans un immeuble ou groupe d'immeubles, représente au moins 10 p. 100 des locataires, ou est affiliée à une organisation siégeant à la Commission nationale de concertation, désigne au bailleur et le cas échéant, au syndic de copro-

priété par lettre recommandée avec demande d'avis de réception, le nom de trois au plus de ses représentants choisis parmi les locataires de l'immeuble ou du groupe d'immeubles.]
Ces représentants ont accès aux différents documents concernant la détermination et l'évolution des charges locatives. A leur demande, le bailleur ou, s'il y a lieu, l'administrateur de la copropriété les consulte chaque semestre sur les différents aspects de la gestion de l'immeuble ou du groupe d'immeubles.
[(*L. 89-462 du 6.7.89*). Dans les immeubles soumis au statut de la copropriété, les représentants des associations désignés ci-dessus peuvent assister à l'assemblée générale de copropriété et formuler des observations sur les questions inscrites à l'ordre du jour de l'assemblée générale. Le syndic de la copropriété informe les représentants des associations, par lettre recommandée avec demande d'avis de réception, de la date, de l'heure, du lieu, et de l'ordre du jour de l'assemblée générale.
Dans chaque bâtiment d'habitation, un panneau d'affichage doit être mis à la disposition des associations, pour leurs communications portant sur le logement et habitat, dans un lieu de passage des locataires.]

CHAPITRE VIII
DISPOSITIONS DIVERSES

Article 45. A compter du premier renouvellement ou reconduction suivant la publication de la présente loi, les loyers plafonds prévus par les contrats de location des logements ayant bénéficié de primes ou de prêts spéciaux à la construction du Crédit foncier de France ou de la Caisse centrale de Coopération économique sont révisés, par rapport aux loyers plafonds d'origine, par application de l'indice de référence, sans que joue la clause d'atténuation figurant au contrat.

Article 46. (*L. n° 89-462 du 6.7.89*). Les dispositions du présent titre sont d'ordre public.

Article 47 à 50. *Abrogés* (*L. n° 89-462 du 6.7.89*).

Article 51. Les contrats de location en cours qui n'ont pas été mis en conformité avec les dispositions de la loi n° 82-526 du 22 juin 1982 précitée, contrairement aux dispositions du troisième alinéa de l'article 71 de cette loi, sont réputés avoir été renouvelés dans les conditions de cet article par périodes de trois années à compter de leur date d'expiration contractuelle lorsqu'il s'agit de contrats de location à durée déterminée et par périodes de trois années à compter du 24 juin 1983 lorsqu'il s'agit de contrats de location à durée indéterminée conclus avant cette date. Ces dispositions ne s'appliquent pas à ceux de ces contrats dont le renouvellement est contesté devant les tribunaux.

Article 52. Les accords collectifs conclus en application des articles 28, 37 et 61 de la loi n° 82-526 du 22 juin 1982 précitée continuent de produire effet jusqu'à leur terme ou jusqu'à la date d'effet de leur dénonciation par l'une ou l'autre des parties.

Article 53. Les contrats d'amélioration conclus en application de l'article 59 de la loi n° 82-526 du 22 juin 1982 précitée continuent de produire effet jusqu'au terme des contrats de location auxquels ils ont donné lieu ou peuvent donner lieu.

Article 54. Les loyers fixés en application des articles 15 et 21 ou négociés en application des articles 41 *ter* et 42 ne peuvent ni excéder, pour les logements ayant fait l'objet de conventions passées en application de l'article L. 351-2 du Code de la construction et de l'habitation, les loyers plafonds applicables à ces logements ni déroger, pour les logements ayant fait l'objet de primes ou de prêts spéciaux à la construction du Crédit foncier de France ou de la Caisse centrale de coopération économique, aux règles applicables à ces logements.
Les accords conclus en application de l'article 42 ne peuvent conduire à déroger, pour les logements dont le loyer est fixé par application du chapitre III de la loi n° 48-1360 du 1er septembre 1948 précitée, aux règles de fixation de ce loyer ni, pour les logements gérés par les organismes d'habitations à loyer modéré, aux règles de fixation et d'évolution des loyers prévues à l'article L. 442-1 du Code de la construction et de l'habitation.

Article 55. La loi n° 82-526 du 22 juin 1982 précitée est abrogée, à l'exception de ses articles 76, 78, 81 et 82.

Article 56. L'ordonnance n° 58-1444 du 31 décembre 1958 relative à la levée des scellés apposés lors du décès de l'occupant d'un local est abrogée.

Article 57 A. (*L. n° 89-462 du 6.7.89*). Le contrat de location d'un local affecté à un usage exclusivement professionnel est conclu pour une durée au moins égale à six ans. Il est établi par écrit.
Au terme fixé par le contrat et sous réserve des dispositions du troisième alinéa du présent article, le contrat est reconduit tacitement pour la même durée.

Chaque partie peut notifier à l'autre son intention de ne pas renouveler le contrat à l'expiration de celui-ci en respectant un délai de préavis de six mois.
Le locataire peut, à tout moment, notifier au bailleur son intention de quitter les locaux en respectant un délai de préavis de six mois.
Les notifications mentionnées au présent article sont effectuées par lettre recommandée avec demande d'avis de réception ou par acte d'huissier.

Article 57. *Abrogé* (*L. 89-462 du 6.7.89*).

Article 58. Avant le dernier alinéa de l'article L. 631-7 du Code de la construction et de l'habitation, sont insérés deux alinéas ainsi rédigés:
« Ces dérogations et autorisations sont accordées à titre personnel. Cependant, les bénéficiaires membres d'une profession libérale réglementée, qui rendent à l'habitation le local qui était devenu totalement ou partiellement professionnel, peuvent être autorisés à transformer un autre local d'habitation en local professionnel pour une surface équivalente.
« La dérogation et l'autorisation cessent de produire effet lorsqu'il est mis fin, à titre définitif, pour quelque raison que ce soit, à l'exercice professionnel du bénéficiaire. »

Article 59. Dans l'article 7 de la loi n° 84-512 du 29 juin 1984 relative à la pêche en eau douce et à la gestion des ressources piscicoles, les mots: « dans un délai d'un an » sont remplacés par les mots: « dans un délai de deux ans. »

Article 60. *Abrogé* (*L. n° 89-421 du 23.6.89*).

TITRE II
DE LA CESSION POUR L'ACCESSION A LA PROPRIETE DE CERTAINS LOGEMENTS SOCIAUX

Article 61. La section II du chapitre III du titre IV du livre IV du Code de la construction et de l'habitation est ainsi rédigée:

Section II
Dispositions applicables aux cessions, aux transformations d'usage et aux démolitions d'éléments du patrimoine immobilier

«*Article L. 443-7.* Les organismes d'habitations à loyer modéré peuvent aliéner aux bénéficiaires prévus à l'article L. 443-11 des logements cons-

truits ou acquis depuis plus de dix ans par un organisme d'habitations à loyer modéré. Ces logements doivent répondre à des normes d'habitabilité minimale fixées par décret en Conseil d'Etat.
« La décision d'aliéner est prise par l'organisme propriétaire. Elle ne peut porter sur des logements et immeubles insuffisamment entretenus. Elle ne doit pas avoir pour effet de réduire de manière excessive le parc de logements sociaux locatifs existant sur le territoire de la commune ou de l'agglomération concernée.
« La décision d'aliéner est transmise au représentant de l'Etat dans le département qui consulte la commune d'implantation ainsi que les collectivités qui ont accordé leur garantie aux emprunts contractés pour la construction, l'acquisition ou l'amélioration des logements. A défaut d'opposition motivée du représentant de l'Etat dans le département dans un délai de deux mois, la décision est exécutoire pour une durée de cinq ans.
« Toutefois, lorsque le logement est affecté à la location saisonnière, la décision d'aliéner ne peut être prise qu'après accord de la commune d'implantation. »

« *Article L. 443-8.* Lorsque des circonstances économiques ou sociales particulières le justifient, la vente de logements locatifs ne répondant pas aux conditions d'ancienneté définies à l'article L. 443-7 peut être autorisée par décision du ministre chargé de la Construction et de l'Habitation et du ministre chargé de l'Economie et des Finances, après consultation de la commune d'implantation. La décision fixe les conditions de remboursement de tout ou partie des aides accordées par l'Etat pour la construction, l'acquisition ou l'amélioration de ce logement. »

« *Article L. 443-9.* Les logements répondant aux conditions prévues aux articles L. 443-7 et L. 443-8 et réservés par convention au profit d'une personne morale peuvent être vendus. Dans ce cas, l'organisme vendeur est tenu, à moins que les parties n'en décident autrement, de mettre à disposition du réservataire, au moment de la vente, un logement équivalent. A défaut de pouvoir y procéder immédiatement, il doit indiquer au réservataire la date à laquelle il sera en mesure de satisfaire à cette obligation. Le logement de remplacement sera par priorité situé dans le même ensemble immobilier ou, à défaut, dans la même commune que celui qui est aliéné, sauf accord du réservataire pour une localisation différente. »

« *Article L. 443-10.* Les dispositions des articles L. 443-7 à L. 443-9 s'appliquent nonobstant toutes stipulations contraires. »

«*Article L. 443-11.* Un logement occupé ne peut être vendu qu'à son locataire.

«Lorsque l'organisme d'habitations à loyer modéré met en vente un logement vacant, il doit l'offrir en priorité à l'ensemble des locataires de l'organisme dans le département par voie d'une publicité dont les modalités sont fixées par décret en Conseil d'Etat. A défaut d'acquéreur prioritaire, le logement peut être offert à toute autre personne physique.

«L'acquéreur doit occuper le logement à titre principal pendant une durée minimale de cinq ans. Toutefois, à titre exceptionnel, cette durée n'est pas opposable à l'acquéreur dont la situation personnelle, notamment professionnelle, aura connu, postérieurement à l'acquisition du logement, un changement fondamental.

«Nonobstant les dispositions du premier ou du deuxième alinéa du présent article, les logements peuvent être vendus à un autre organisme d'habitations à loyer modéré ou à une société d'économie mixte sans qu'il soit fait application des conditions d'ancienneté et d'habitabilité prévues à l'article L. 443-7. Les locataires en place continuent à bénéficier des conditions antérieures de location.

«Afin d'assurer l'équilibre économique et social d'un ou plusieurs ensembles d'habitations ou d'un quartier connaissant des difficultés particulières, l'organisme d'habitations à loyer modéré propriétaire peut, après accord du représentant de l'Etat dans le département, qui consulte la commune d'implantation, vendre des logements vacants à toute personne physique ou morale, ou les louer à ces mêmes personnes pour des usages autres que l'habitation.

Dans ce cas, les dispositions prévues aux articles L. 331-3 et L. 631-7 ne s'appliquent pas.»

«*Article L. 443-12.* Le prix de vente est fixé par l'organisme propriétaire. Sauf en cas de vente à un organisme d'habitations à loyer modéré ou à une société d'économie mixte, il ne peut être inférieur à l'évaluation faite par le service des domaines. Cette évaluation doit intervenir dans un délai d'un mois à compter de la demande. A titre exceptionnel, le représentant de l'Etat dans le département peut autoriser l'organisme à vendre à un prix inférieur.»

«*Article L. 443-13.* En cas de cession d'un élément de patrimoine immobilier d'un organisme d'habitations à loyer modéré, la fraction correspondante des emprunts éventuellement contractés pour la construction, l'acquisition ou l'amélioration de l'ensemble auquel appartient le bien vendu devient immédiatement exigible.

« Toutefois, lorsqu'un organisme d'habitations à loyer modéré vend un logement à un de ses locataires, il peut continuer à rembourser les prêts comportant une aide de l'Etat selon l'échéancier initialement prévu sous réserve que les remboursements continuent à être garantis. L'acquéreur peut se libérer d'une partie du prix de vente par des versements échelonnés dans le temps selon des modalités fixées par décret en Conseil d'Etat. Les dispositions du présent alinéa s'appliquent également lorsque l'acquéreur est une personne physique ne disposant pas de ressources supérieures à celles qui sont fixées pour l'octroi des prêts aidés par l'Etat pour la construction de logements en accession à la propriété.
« Toutefois, dans le cas d'une vente à un autre organisme d'habitations à loyer modéré ou à une société d'économie mixte, les emprunts sont transférés avec maintien des garanties y afférentes consenties par des collectivités territoriales, par leurs groupements ou par des chambres de commerce et d'industrie, sauf opposition des créanciers ou des garants dans les trois mois qui suivent la notification du projet de transfert du prêt lié à la vente.
« Le surplus des sommes perçues est affecté en priorité au financement de programmes nouveaux de construction, à des travaux destinés à améliorer de façon substantielle un ensemble déterminé d'habitations ou à des acquisitions de logements en vue d'un usage locatif.
« Dans le cas d'une vente réalisée en application de l'avant-dernier alinéa de l'article L. 443-11, l'organisme est tenu de verser à l'Etat une somme équivalente au montant des aides financières accordées pour la construction, l'acquisition ou l'amélioration du bien vendu, dans des conditions fixées par décret en Conseil d'Etat.
« En cas de vente d'un logement ayant fait l'objet de travaux d'amélioration financés avec l'aide de l'Etat depuis moins de cinq ans, l'organisme vendeur est tenu de rembourser cette aide. »

« *Article L. 443-14.* Toute décision d'aliénation d'un élément du patrimoine immobilier d'un organisme d'habitations à loyer modéré autre que les logements est notifiée au représentant de l'Etat dans le département dans le délai d'un mois à compter de la date de l'acte la constatant.
« Toutefois, lorsque le prix de cession de ladite aliénation est supérieur à un montant déterminé par arrêté du ministre chargé de la construction et de l'habitation et du ministre chargé de l'Economie et des Finances, la décision d'aliéner est soumise à la procédure prévue à l'article L. 443-7. »

« *Article L. 443-15.* Sauf s'il y renonce, les fonctions de syndic de la copropriété sont assurées, en cas de vente conclue en application de la présente section, par l'organisme vendeur tant que celui-ci y demeure propriétaire de logements. »

«*Article L. 443-15-1.* Sans préjudice des dispositions du titre III du livre IV du Code de l'urbanisme, un bâtiment à usage d'habitation appartenant à un organisme d'habitations à loyer modéré et construit avec l'aide de l'Etat ne peut être démoli sans l'accord préalable du représentant de l'Etat dans le département, de la commune d'implantation et des garants des prêts.
«Un décret en Conseil d'Etat fixe les conditions de remboursement des emprunts et des aides de l'Etat en cas de démolition totale ou partielle.»

«*Article L. 443-15-2.* Les dispositions de la présente section s'appliquent à l'aliénation des logements acquis par des sociétés d'économie mixte en application du quatrième alinéa de l'article L. 443-11.»

«*Article L. 443-15-3.* Les dispositions de la présente section ne sont applicables ni aux opérations entreprises en vue de l'accession à la propriété, ni aux cessions gratuites de terrains imposées par l'autorité compétente.»

«*Article L. 433-15-4.* Dans le cas où le terrain sur lequel un immeuble ou un groupe d'immeubles est édifié a été donné à bail à construction à un organisme d'habitations à loyer modéré par une collectivité publique, le bailleur et le preneur peuvent, préalablement à toute cession de logements prévue à l'article L. 443-7 du présent Code, convenir d'une vente du terrain d'assiette au profit de ce dernier. Dans ce cas, l'organisme d'habitations à loyer modéré peut, en accord avec le vendeur, se libérer d'une partie du prix de vente, par des versements échelonnés sur plusieurs années.»

«*Article L. 443-15-5.* Un décret en Conseil d'Etat précise en tant que de besoin les conditions d'application de la présente section.»

Article 62. Les dispositions de l'article 61 entreront en vigueur à une date fixée par décret en Conseil d'Etat et au plus tard le 1er juillet 1987. Toutefois, les dispositions du Code de la construction et de l'habitation, remplacées par l'article 61, continuent de s'appliquer dans leur rédaction antérieure pour toutes les décisions d'aliénation ayant fait l'objet, à la date d'entrée en vigueur du présent titre, de l'offre de vente prise au vu de la décision d'aliéner prévue par l'article L. 443-9 du Code de la construction et de l'habitation dans sa rédaction antérieure à la présente loi.

Article 63. L'article 26 du décret-loi du 28 février 1852 sur les sociétés de crédit foncier est abrogé.

TITRE III
MESURES DESTINEES A FAVORISER LE DEVELOPPEMENT DE L'OFFRE FONCIERE

Article 64. – I. – Les troisième, quatrième, cinquième, sixième, septième et huitième alinéas de l'article L. 112-1 du Code de l'urbanisme sont remplacés par les alinéas suivants :

« Une limite de densité, appelée "plafond légal de densité", peut être instaurée :

« – par le conseil municipal, après information sur le projet des communes limitrophes ;

« – par le conseil de la communauté urbaine ;

« – par l'organe délibérant du groupement de communes ayant compétence en matière d'élaboration de documents d'urbanisme ou en matière d'aménagement urbain, après accord des deux tiers des communes représentant la moitié de la population ou de la moitié des communes représentant les deux tiers de la population.

« La limite de densité ne peut être inférieure à 1 et, pour la ville de Paris, à 1,5. »

II. – Au début du neuvième alinéa du même article L. 112-1, les mots : « Aucune décision nouvelle modifiant la limite légale de densité » sont remplacés par les mots : « Aucune décision nouvelle instaurant, supprimant, modifiant le plafond légal de densité, ou prise en application du quatrième alinéa de l'article L. 112-2. »

III. – Les deux derniers alinéas du même article L. 112-1 sont ainsi rédigés :

« Toutefois, la première décision suivant la publication de la loi n° 86-1290 du 23 décembre 1986 tendant à favoriser l'investissement locatif, l'accession à la propriété de logements sociaux et le développement de l'offre foncière peut être prise sans condition de délai.

« Au-delà du plafond, s'il en est fixé un, l'exercice du droit de construire relève de la collectivité dans les conditions fixées par les dispositions du présent chapitre. »

IV. – L'article L. 112-2 du même Code est complété par un alinéa ainsi rédigé :

« Dans les conditions de l'article L. 112-1, il peut être décidé que l'obligation résultant des deux premiers alinéas du présent article n'est pas applicable aux immeubles ou parties d'immeubles affectés à l'habitation. »

V. – L'article L. 112-3 du même Code est complété par un alinéa ainsi rédigé :

« Il n'est pas non plus tenu compte, dans le cas d'une décision prise en application du quatrième alinéa de l'article L. 112-2, de la surface de plancher des immeubles ou parties d'immeubles déjà implantés sur ce terrain et affectés à l'habitation.»

VI. – Dans le quatrième alinéa de l'article L. 333-2 du Code de l'urbanisme, les mots: «troisième partie» sont remplacés par les mots: «deuxième partie».

Article 65. Si une décision n'a pas été prise dans les conditions de l'article L. 112-1 du Code de l'urbanisme dans un délai de trois mois à compter de la publication de la présente loi, la limite légale de densité et les valeurs de cette limite résultant de la rédaction du chapitre II du titre Ier du livre Ier du Code de l'urbanisme antérieurement à la publication de la présente loi cessent de produire leurs effets.

Le délai est porté à six mois pour les communautés urbaines, pour les groupements de communes ayant compétence en matière d'élaboration de documents d'urbanisme ou en matière d'aménagement urbain et pour les communes de Paris et Marseille.

La suppression expresse ou tacite du plafond légal de densité est sans effet sur le régime des zones d'aménagement concerté dont le bilan a été approuvé antérieurement à la délibération ou à l'expiration des délais prévus ci-dessus.

Article 66. Dans le premier alinéa de l'article L. 112-7 du Code de l'urbanisme, après les mots: «hygiène des locaux et» sont insérés les mots: «à l'isolation technique ou acoustique, ainsi que».

Article 67. L'article L. 123-4 du Code de l'urbanisme est complété par les alinéas suivants:

«Toutefois, lorsque la modification ne concerne que la suppression ou la réduction d'un emplacement réservé inscrit au plan d'occupation des sols au bénéfice d'une commune ou d'un établissement public de coopération intercommunale, il n'y a pas lieu de procéder à une enquête publique. Cette disposition n'est applicable que pour les terrains non acquis par la commune ou l'établissement public de coopération intercommunale.

«A compter de la décision prescrivant la révision d'un plan d'occupation des sols, le conseil municipal peut décider de faire une application anticipée des nouvelles dispositions du plan en cours d'établissement dans les conditions définies par décret en Conseil d'Etat, dès lors que cette application:

«*a*) n'est pas incompatible avec les dispositions d'un schéma directeur ou d'un schéma de secteur approuvé ou en cours d'établissement;

«*b*) n'est pas de nature à compromettre la réalisation d'un projet d'intérêt général au sens de l'article L. 121-12 ou l'application des lois d'aménagement et d'urbanisme prévues à l'article L. 111-1-1;

«*c*) n'a pas pour objet ou pour effet de supprimer une protection édictée en faveur d'un espace boisé ou de réduire de façon sensible une protection édictée en raison de la valeur agricole des terres, des risques de nuisance, de la qualité des sites, des paysages ou des milieux naturels.

«La délibération du conseil municipal prévoyant l'application anticipée des nouvelles dispositions devient exécutoire dans le délai d'un mois suivant sa transmission au représentant de l'Etat. Cette délibération est valable six mois. Elle peut être renouvelée.»

Article 68. I. – Le premier alinéa de l'article L. 211-1 du Code de l'urbanisme est ainsi rédigé:
«Les communes dotées d'un plan d'occupation des sols rendu public ou approuvé peuvent, par délibération, instituer un droit de préemption urbain sur tout ou partie des zones urbaines et des zones d'urbanisation future délimitées par ce plan ainsi que sur tout ou partie de leur territoire couvert par un plan d'aménagement de zone approuvé en application de l'article L. 311-4 ou par un plan de sauvegarde et de mise en valeur rendu public ou approuvé en application de l'article L. 313-1.»
II. – Dans la première phrase du deuxième alinéa du même article L. 211-1, les mots: «de plein droit» sont supprimés.
III. – Le même article L. 211-1 est complété par un alinéa ainsi rédigé:
«Lorsqu'un lotissement a été autorisé ou une zone d'aménagement concerté créée, la commune peut exclure du champ d'application du droit de préemption urbain la vente des lots issus dudit lotissement ou les cessions de terrains par la personne chargée de l'aménagement de la zone d'aménagement concerté. Dans ce cas, la délibération du conseil municipal est valable pour une durée de cinq ans à compter du jour où la délibération est exécutoire.»
IV. – Le premier alinéa de l'article L. 211-3 du même Code est ainsi rédigé:
«A l'intérieur des périmètres d'opération d'intérêt national ou lorsqu'elle a pris en considération un projet d'opération d'aménagement ou de travaux publics, l'autorité administrative peut demander au conseil municipal d'instituer ou, le cas échéant, de rétablir le droit de préemption urbain et de le déléguer à l'une des personnes mentionnées à l'article L. 213-3. En cas de refus ou de silence de la commune pendant deux mois, le droit de préemption urbain peut être, en tant que de besoin, institué ou rétabli et délégué par décret en Conseil d'Etat.»
V. – L'article L. 211-6 du même Code est abrogé.

Article 69. I. – Le paragraphe I de l'article 9 de la loi n° 85-729 du 18 juillet 1985 relative à la définition et à la mise en œuvre de principes d'aménagement est complété par les dispositions suivantes:

« Dans le cas où il y a substitution du droit de préemption urbain à une zone d'intervention foncière:

« – les déclarations d'intention d'aliéner souscrites au titre de la zone d'intervention foncière et en cours d'instruction à la date d'entrée en vigueur de la présente loi demeurent régies pour leur instruction par les dispositions des articles L. 211-1 et suivants du Code de l'urbanisme dans leur rédaction antérieure à cette loi;

« – le propriétaire qui avait l'intention de vendre un bien soumis au droit de préemption de la zone d'intervention foncière et qui a obtenu une renonciation du titulaire à l'exercice de son droit peut vendre son bien après l'entrée en vigueur de la présente loi, sans qu'il soit besoin de souscrire une nouvelle déclaration d'intention d'aliéner au titre du droit de préemption urbain, si le prix et les conditions de vente qui figuraient dans la déclaration d'intention d'aliéner ne sont pas modifiés;

« – les délégations du droit de préemption consenties par le conseil municipal au maire au titre de la zone d'intervention foncière en application du 15 de l'article L. 122-20 du Code des communes valent délégations au titre du droit de préemption urbain;

« – les délégations du droit de préemption consenties par le conseil municipal en application de l'article L. 211-7 du Code de l'urbanisme dans sa rédaction antérieure à la présente loi valent délégations au titre du droit de préemption urbain. »

II. – Il est inséré, après le huitième alinéa de l'article L. 142-12 du Code de l'urbanisme, les alinéas suivants:

« Toutefois, dans ce cas:

« – les déclarations d'intention d'aliéner souscrites au titre de la législation sur les périmètres sensibles et en cours d'instruction à la date d'entrée en vigueur fixée par le décret prévu au premier alinéa demeurent régies pour leur instruction par les dispositions des articles L. 142-1 et suivants du Code de l'urbanisme dans leur rédaction antérieure à cette date;

« – le propriétaire qui avait l'intention de vendre un bien soumis au droit de préemption au titre des périmètres sensibles et qui a obtenu une renonciation à l'exercice de ce droit peut vendre son bien après la date d'entrée en vigueur susvisée sans qu'il soit besoin de souscrire une nouvelle déclaration d'intention d'aliéner au titre des espaces naturels sensibles des départements, si le prix et les conditions de vente qui figuraient dans la déclaration d'intention d'aliéner ne sont pas modifiés;

« – la délégation du droit de préemption consentie par l'assemblée au bureau au titre des périmètres sensibles vaut délégation au titre des espaces naturels sensibles des départements. »

III. – A la fin du cinquième alinéa de l'article L. 123-9 du même Code, les mots : « instituant l'emplacement réservé » sont remplacés par les mots : « délimitant la zone dans laquelle est situé l'emplacement réservé ».

IV. – A la fin du *a* de l'article L. 213-4 du même Code, les mots : « pour la zone dans laquelle sont situés ces biens » sont remplacés par les mots : « et délimitant la zone dans laquelle sont situés les biens ».

V. – Dans le *a* de l'article L. 142-5 du même Code, les mots : « pour la zone dans laquelle est situé le bien » sont remplacés par les mots : « et délimitant la zone dans laquelle est situé le bien ».

Article 70. Dans le dernier alinéa de l'article L. 221-2 du Code de l'urbanisme, les mots : « du 5° de l'article 75 de la loi n° 82-526 du 22 juin 1982 relative aux droits et obligations des locataires et des bailleurs » sont remplacés par les mots : « de l'article 50 de la loi n° 86-1290 du 23 décembre 1986 tendant à favoriser l'investissement locatif, l'accession à la propriété de logements sociaux et le développement de l'offre foncière ».

Article 71. Il est inséré, après le quatrième alinéa de l'article L. 311-4 du Code de l'urbanisme, un alinéa ainsi rédigé :

« Lorsque la commune est dotée d'un plan d'occupation des sols opposable aux tiers, l'autorité compétente peut, par dérogation aux dispositions des deuxième et troisième alinéas du présent article, soumettre directement à enquête publique un projet de plan d'aménagement de zone, à condition que ce projet ne porte pas atteinte à l'économie générale du plan d'occupation des sols, ne concerne pas les espaces boisés classés et ne comporte pas de graves risques de nuisances. »

Article 72. Il est inséré dans le Code de l'urbanisme un article L. 315-8 ainsi rédigé :

« *Article L. 315-8.* Dans les cinq ans à compter de l'achèvement d'un lotissement constaté dans les conditions prévues par décret en Conseil d'Etat, le permis de construire ne peut être refusé ou assorti de prescriptions spéciales sur le fondement de dispositions d'urbanisme intervenues postérieurement à l'autorisation du lotissement. Toutefois, les dispositions résultant des modifications des documents du lotissement en application des articles L. 315-3, L. 315-4 et L. 315-7 sont opposables. »

Article 73. I. – Le dernier alinéa de l'article 11 de la loi n° 82-659 du 30 juillet 1982 portant statut particulier de la région de Corse : compétences, et le dernier alinéa de l'article L. 144-3 du Code de l'urbanisme sont ainsi rédigés :

« A défaut d'adoption, selon la procédure définie ci-dessus, dans un délai de vingt-quatre mois à compter de la promulgation de la loi n° 86-1290 du 23 décembre 1986 tendant à favoriser l'investissement locatif, l'accession à la propriété de logements sociaux et le développement de l'offre foncière, le schéma est élaboré et arrêté par l'Etat. »

II. – L'article 25 de la loi n° 85-97 du 25 janvier 1985 modifiant et complétant la loi n° 83-663 du 22 juillet 1983 et portant dispositions diverses relatives aux rapports entre l'Etat et les collectivités territoriales est abrogé.

III. – Pour une période de (*L. n° 89-462 du 6.7.89*) sept années à compter du 1er janvier 1987, il peut être dérogé aux dispositions des articles L. 53 et L. 54 du Code du domaine de l'Etat, en ce qu'elles concernent l'obligation d'affectation ou d'utilisation préférentielle au profit des autres services de l'Etat, des immeubles remis par le ministère de la Défense à l'administration des domaines.

TITRE IV
DISPOSITIONS PORTANT ALLEGEMENT DES CONDITIONS DE FONCTIONNEMENT DES ORGANISMES D'HABITATIONS A LOYER MODERE

Article 74. Il est inséré, dans le chapitre Ier du titre II du livre IV du Code de la construction et de l'habitation, un article L. 421-1-1 ainsi rédigé :

« *Article L. 421-1-1.* Sauf délibération spéciale de leur conseil d'administration, les offices publics d'aménagement et de construction sont soumis, en matière de gestion financière et comptable, aux règles applicables aux entreprises de commerce.

« Lorsqu'il est soumis, en matière de gestion financière et comptable, aux règles applicables aux entreprises de commerce, l'office :

« – demeure soumis aux dispositions de la loi n° 82-213 du 2 mars 1982 relative aux droits et libertés des communes, des départements et des régions, à l'exception du premier alinéa de l'article 7, des articles 9, 9-2, 9-3, 12, 12-1, 14, 15, 51, 53, 53-1, 54, 55, 82 et du premier alinéa de l'article 87 ;

« – tient sa comptabilité conformément au plan comptable général ;

« – est soumis au contrôle de l'Etat dans des conditions fixées par un décret en Conseil d'Etat. »

Article 75. Il est inséré, dans le chapitre Ier du titre II du livre IV du Code de la construction et de l'habitation, un article L. 421-1-2 ainsi rédigé :

« *Article L. 421-1-2.* Lorsque le conseil d'administration d'un office public d'aménagement décide de rester soumis aux règles de la comptabilité publique, il peut, par dérogation aux dispositions des articles 14, 54 et 82 de la loi n° 82-213 du 2 mars 1982 précitée, demander que le comptable de l'office soit un comptable direct du Trésor ou un comptable spécial placé sous l'autorité administrative du directeur général de l'office. Le comptable direct du Trésor est nommé par le ministre chargé de l'Economie et des Finances, après information préalable du président du conseil d'administration. Le comptable spécial est nommé par le représentant de l'Etat dans le département, sur proposition du conseil d'administration, après avis du trésorier-payeur général. »

Article 76. L'article L. 421-6 du Code de la construction et de l'habitation est ainsi rédigé :

« *Article L. 421-6.* Le conseil d'administration d'un office public d'habitations à loyer modéré peut demander, par dérogation aux dispositions des articles 14, 54 et 82 de la loi n° 82-213 du 2 mars 1982 précitée, que le comptable de l'office soit un comptable direct du Trésor ou un comptable spécial placé sous l'autorité administrative du président de l'office: le comptable direct du Trésor est nommé par le ministre chargé de l'Economie et des Finances, après information préalable du président du conseil d'administration. Le comptable spécial est nommé par le représentant de l'Etat dans le département, sur proposition du conseil d'administration, après avis du trésorier-payeur général. »

Article 77. Il est inséré, après le *d* de l'article L. 422-4 du Code de la construction et de l'habitation, un *e* ainsi rédigé :

« *e*) d'effectuer, pour le compte des organismes d'habitations à loyer modéré, le recouvrement des sommes dues par les acquéreurs d'un logement d'habitation à loyer modéré, dans les conditions prévues à l'article L. 443-13. »

Article 78. Le deuxième alinéa de l'article L. 422-5 du Code de la construction et de l'habitation est ainsi rédigé :

« Leurs statuts contiennent des clauses conformes aux clauses types approuvées par décret en Conseil d'Etat. »

Article 79. L'article L. 431-1 du Code de la construction et de l'habitation est complété par un alinéa ainsi rédigé:

«Lorsque le fonds de garantie géré par la Caisse de garantie du logement social apporte sa garantie aux opérations de construction ou d'acquisition et d'amélioration réalisées par les organismes d'habitations à loyer modéré ou les sociétés d'économie mixte en application du 3° de l'article L. 351-2, il peut demander que soit inscrite à son profit une hypothèse légale qui s'étend aux biens immobiliers acquis ou édifiés à l'aide de prêts qu'il a garantis.»

Article 80. Le deuxième alinéa de l'article L. 411-1 du Code de la construction et de l'habitation est ainsi rédigé:

«A ces habitations peuvent être adjoints, dans des conditions fixées par décision administrative, des dépendances, des annexes et des jardins privatifs ou collectifs, accolés ou non aux immeubles.»

ANNEXE N° 5

LOI N° 89-462 DU 6 JUILLET 1989

tendant à améliorer les rapports locatifs et portant modification de la loi n° 86-1290 du 23 décembre 1986

(J.O. du 8 juillet 1989)

L'Assemblée nationale et le Sénat ont délibéré,
L'Assemblée nationale a adopté,
Le Président de la République promulgue la loi dont la teneur suit :

TITRE PREMIER DES RAPPORTS ENTRE BAILLEURS ET LOCATAIRES

CHAPITRE PREMIER DISPOSITIONS GÉNÉRALES

Article 1er. Le droit au logement est un droit fondamental ; il s'exerce dans le cadre des lois qui le régissent.

L'exercice de ce droit implique la liberté de choix pour toute personne de son mode d'habitation grâce au maintien et au développement d'un secteur locatif et d'un secteur d'accession à la propriété ouverts à toutes les catégories sociales.

Les droits et obligations réciproques des bailleurs et des locataires doivent être équilibrés dans leurs relations individuelles comme dans leurs relations collectives.

Article 2. Les dispositions du présent titre sont d'ordre public. Elles s'appliquent aux locations de locaux à usage d'habitation principale ou à usage mixte professionnel et d'habitation principale ainsi qu'aux garages, places de stationnement, jardins et autres locaux, loués accessoirement au local principal par le même bailleur.

Toutefois, elles ne s'appliquent ni aux locaux meublés, ni aux logements-foyers, ni aux logements attribués ou loués en raison de l'exercice d'une fonction ou de l'occupation d'un emploi, ni aux locations à caractère saisonnier.

Article 3. Le contrat de location est établi par écrit. Il doit préciser:
- sa date de prise d'effet et sa durée;
- la consistance et la destination de la chose louée;
- la désignation des locaux et équipements d'usage privatif dont le locataire a la jouissance exclusive et, le cas échéant, l'énumération des parties, équipements et accessoires de l'immeuble qui font l'objet d'un usage commun;
- le montant du loyer, ses modalités de paiement ainsi que ses règles de révision éventuelle;
- le montant du dépôt de garantie, si celui-ci est prévu.

Un état des lieux, établi contradictoirement par les parties lors de la remise et de la restitution des clés ou, à défaut, par huissier de justice, à l'initiative de la partie la plus diligente et à frais partagés par moitié, est joint au contrat. Lorsque l'état des lieux doit être établi par huissier de justice, les parties en sont avisées par lui au moins deux jours à l'avance par lettre recommandée avec demande d'avis de réception. A défaut d'état des lieux, la présomption établie par l'article 1731 du Code civil ne peut être invoquée par celle des parties qui a fait obstacle à l'établissement de l'état des lieux.
Pendant le premier mois de la période de chauffe, le locataire peut demander que l'état des lieux soit complété par l'état des éléments de chauffage.
Lorsque la détermination du montant du loyer est subordonnée à la présentation du bailleur de références aux loyers habituellement pratiqués dans le voisinage pour des logements comparables dans les conditions prévues à l'article 19, ces références sont jointes au contrat ainsi que les termes dudit article.
Lorsque l'immeuble est soumis au statut de la copropriété, le copropriétaire bailleur est tenu de communiquer au locataire les extraits du règlement de copropriété concernant la destination de l'immeuble, la jouissance et l'usage des parties privatives et communes et précisant la quote-part afférente au lot loué dans chacune des catégories de charges.
Le bailleur ne peut pas se prévaloir de la violation des dispositions du présent article.
Chaque partie peut exiger, à tout moment, de l'autre partie, l'établissement d'un contrat conforme aux dispositions du présent article.

Article 4. Est réputée non écrite toute clause:
a) qui oblige le locataire, en vue de la vente ou de la location du local loué, à laisser visiter celui-ci les jours fériés ou plus de deux heures les jours ouvrables;
b) par laquelle le locataire est obligé de souscrire une assurance auprès d'une compagnie choisie par le bailleur;

c) qui impose comme mode de paiement du loyer l'ordre de prélèvement automatique sur le compte courant du locataire ou la signature par avance de traites ou de billets à ordre;

d) par laquelle le locataire autorise le bailleur à prélever ou à faire prélever les loyers directement sur son salaire dans la limite cessible;

e) qui prévoit la responsabilité collective des locataires en cas de dégradation d'un élément commun de la chose louée;

f) par laquelle le locataire s'engage par avance à des remboursements sur la base d'une estimation faite unilatéralement par le bailleur au titre des réparations locatives;

g) qui prévoit la résiliation de plein droit du contrat en cas d'inexécution des obligations du locataire pour un motif autre que le non-paiement du loyer, des charges, du dépôt de garantie, la non-souscription d'une assurance des risques locatifs;

h) qui autorise le bailleur à diminuer ou à supprimer, sans contrepartie équivalente, des prestations stipulées au contrat;

i) qui autorise le bailleur à percevoir des amendes en cas d'infraction aux clauses d'un contrat de location ou d'un règlement intérieur à l'immeuble;

j) qui interdit au locataire l'exercice d'une activité politique, syndicale, associative ou confessionnelle.

Article 5. La rémunération des personnes qui se livrent ou prêtent leur concours à l'établissement d'un acte de location d'un immeuble appartenant à autrui tel que défini à l'article 2 est partagée par moitié entre le bailleur et le locataire.

Article 6. Le bailleur est obligé:

a) de délivrer au locataire le logement en bon état d'usage et de réparations ainsi que les équipements mentionnés au contrat de location en bon état de fonctionnement; toutefois, les parties peuvent convenir par une clause expresse des travaux que le locataire exécutera ou fera exécuter et des modalités de leur imputation sur le loyer; cette clause prévoit la durée de cette imputation et, en cas de départ anticipé du locataire, les modalités de son dédommagement sur justification des dépenses effectuées; une telle clause ne peut concerner que des logements répondant aux normes minimales de confort et d'habitabilité définies par le décret prévu à l'article 25 de la loi n° 86-1290 du 23 décembre 1986 tendant à favoriser l'investissement locatif, l'accession à la propriété de logements sociaux et le développement de l'offre foncière;

b) d'assurer au locataire la jouissance paisible du logement et, sans préjudice des dispositions de l'article 1721 du Code civil, de le garantir des vices ou défauts de nature à y faire obstacle hormis ceux qui, consignés dans l'état des lieux, auraient fait l'objet de la clause expresse mentionnée au *a* ci-dessus ;

c) d'entretenir les locaux en état de servir à l'usage prévu par le contrat et d'y faire toutes réparations, autres que locatives, nécessaires au maintien en état et à l'entretien normal des locaux loués ;

d) de ne pas s'opposer aux aménagements réalisés par le locataire, dès lors que ceux-ci ne constituent pas une transformation de la chose louée.

Article 7. Le locataire est obligé :

a) de payer le loyer et les charges récupérables aux termes convenus ; le paiement mensuel est de droit lorsque le locataire en fait la demande ;

b) d'user paisiblement des locaux loués suivant la destination qui leur a été donnée par le contrat de location ;

c) de répondre des dégradations et pertes qui surviennent pendant la durée du contrat dans les locaux dont il a la jouissance exclusive, à moins qu'il ne prouve qu'elles ont eu lieu par cas de force majeure, par la faute du bailleur ou par le fait d'un tiers qu'il n'a pas introduit dans le logement ;

d) de prendre à sa charge l'entretien courant du logement, des équipements mentionnés au contrat et les menues réparations ainsi que l'ensemble des réparations locatives définies par décret en Conseil d'Etat, sauf si elles sont occasionnées par vétusté, malfaçon, vice de construction, cas fortuit ou force majeure ;

e) de laisser exécuter dans les lieux loués les travaux d'amélioration des parties communes des parties privatives du même immeuble, ainsi que les travaux nécessaires au maintien en état et à l'entretien normal des locaux loués ; les dispositions des deuxième et troisième alinéas de l'article 1724 du Code civil sont applicables à ces travaux ;

f) de ne pas transformer les locaux et équipements loués sans l'accord écrit du propriétaire ; à défaut de cet accord, ce dernier peut exiger du locataire, à son départ des lieux, leur remise en l'état ou conserver à son bénéfice les transformations effectuées sans que le locataire puisse réclamer une indemnisation des frais engagés ; le bailleur a toutefois la faculté d'exiger aux frais du locataire la remise immédiate des lieux en l'état lorsque les transformations mettent en péril le bon fonctionnement des équipements ou la sécurité du local ;

g) de s'assurer contre les risques dont il doit répondre en sa qualité de locataire et d'en justifier lors de la remise des clés puis, chaque année, à la demande du bailleur. Toute clause prévoyant la résiliation de plein droit du contrat de location pour défaut d'assurance du locataire ne produit effet qu'un mois après un commandement demeuré infructueux. Ce commandement reproduit, à peine de nullité, les dispositions du présent paragraphe.

Article 8. Le locataire ne peut ni céder le contrat de location, ni sous-louer le logement sauf avec l'accord écrit du bailleur, y compris sur le prix du loyer. Le prix du loyer au mètre carré de surface habitable des locaux sous-loués ne peut excéder celui payé par le locataire principal.
En cas de cessation du contrat principal, le sous-locataire ne peut se prévaloir d'aucun droit à l'encontre du bailleur ni d'aucun titre d'occupation.
Les autres dispositions de la présente loi ne sont pas applicables au contrat de sous-location.

Article 9. Lorsque deux locataires occupant deux logements appartenant au même propriétaire et situés dans un même ensemble immobilier demandent à procéder à un échange de logements entre eux, cet échange est de droit dès lors que l'une des deux familles concernées comporte au moins trois enfants et que l'échange a pour conséquence d'accroître la surface du logement occupé par la famille la plus nombreuse. Dans les contrats en cours, chaque locataire se substitue de plein droit à celui auquel il succède et ne peut être considéré comme un nouvel entrant. Ces dispositions ne sont pas applicables lorsque l'un des deux ou les deux logements sont soumis aux dispositions du chapitre III du titre Ier de la loi n° 48-1360 du 1er septembre 1948 portant modification et codification de la législation relative aux rapports des bailleurs et locataires ou occupants des locaux à usage d'habitation ou à usage professionnel et instituant des allocations de logement.

CHAPITRE II
DE LA DURÉE DU CONTRAT DE LOCATION

Article 10. Le contrat de location est conclu pour une durée au moins égale à trois ans pour les bailleurs personnes physiques ainsi que pour les bailleurs définis à l'article 13 et à six ans pour les bailleurs personnes morales.
A défaut de congé donné dans les conditions de forme et de délai prévues à l'article 15, le contrat de location parvenu à son terme est reconduit tacitement pour une durée égale à celle du contrat initial ou, si celle du contrat initial est inférieure, au moins égale à celles définies au premier alinéa du présent article.
A défaut de congé ou de tacite reconduction, le contrat parvenu à son terme est renouvelé pour une durée au moins égale à celles définies au premier alinéa du présent article. L'offre de renouvellement est présentée dans les conditions de forme et de délai prévues pour le congé, à l'article 15. Le loyer du contrat renouvelé est défini selon les modalités prévues au *c* de l'article 17.

Article 11. Quand un événement précis justifie que le bailleur personne physique ait à reprendre le local pour des raisons professionnelles ou familiales, les parties peuvent conclure un contrat d'une durée inférieure à trois ans mais d'au moins un an. Le contrat doit mentionner les raisons et l'événement invoqués.
Par dérogation aux conditions de délai prévues à l'article 15, le bailleur confirme, deux mois au moins avant le terme du contrat, la réalisation de l'événement. Dans le même délai, le bailleur peut proposer le report du terme du contrat si la réalisation de l'événement est différée. Il ne peut user de cette faculté qu'une seule fois.
Lorsque l'événement s'est produit et est confirmé, le locataire est déchu de plein droit de tout titre d'occupation du local au terme prévu dans le contrat. Lorsque l'événement ne s'est pas produit ou n'est pas confirmé, le contrat de location est réputé être de trois ans. Si le contrat prévu au présent article fait suite à un contrat de location conclu avec le même locataire pour le même local, le montant du nouveau loyer ne peut être supérieur à celui de l'ancien éventuellement révisé conformément au deuxième alinéa du *d* de l'article 17.

Article 12. Le locataire peut résilier le contrat de location à tout moment, dans les conditions de forme et de délai prévues au deuxième alinéa du paragraphe 1 de l'article 15.

Article 13. Les dispositions de l'article 11 et de l'article 15 peuvent être invoquées :
a) lorsque le bailleur est une société civile constituée exclusivement entre parents et alliés jusqu'au quatrième degré inclus, par la société au profit de l'un des associés ;
b) lorsque le logement est en indivision, par tout membre de l'indivision.

Article 14. En cas d'abandon du domicile par le locataire, le contrat de location continue:
- au profit du conjoint sans préjudice de l'article 1751 du Code civil ;
- au profit des descendants qui vivaient avec lui depuis au moins un an à la date de l'abandon du domicile ;
- au profit des ascendants, du concubin notoire ou des personnes à charge, qui vivaient avec lui depuis au moins un an à la date de l'abandon du domicile.

Lors du décès du locataire, le contrat de location est transféré :
- sans préjudice des sixième et septième alinéas de l'article 832 du Code civil, au conjoint survivant ;

- aux descendants qui vivaient avec lui depuis au moins un an à la date du décès ;
- aux ascendants, au concubin notoire ou aux personnes à charge, qui vivaient avec lui depuis au moins un an à la date du décès.

En cas de demandes multiples, le juge se prononce en fonction des intérêts en présence.
A défaut de personnes remplissant les conditions prévues au présent article le contrat de location est résilié de plein droit par le décès du locataire ou par l'abandon du domicile par ce dernier.

Article 15. I. – Lorsque le bailleur donne congé à son locataire, ce congé doit être justifié soit par sa décision de reprendre ou de vendre le logement soit par un motif légitime et sérieux, notamment l'inexécution par le locataire de l'une des obligations lui incombant. A peine de nullité, le congé donné par le bailleur doit indiquer le motif allégué et, en cas de reprise, les nom et adresse du bénéficiaire de la reprise qui ne peut être que le bailleur, son conjoint, son concubin notoire depuis au moins un an à la date du congé, ses ascendants, ses descendants ou ceux de son conjoint ou concubin notoire.
Le délai de préavis applicable au congé est de trois mois lorsqu'il émane du locataire et de six mois lorsqu'il émane du bailleur.
Toutefois, en cas de mutation ou de perte d'emploi, le locataire peut donner congé au bailleur avec un délai de préavis d'un mois. Le délai est également réduit à un mois en faveur des locataires âgés de plus de soixante ans dont l'état de santé justifie un changement de domicile.
Le congé doit être notifié par lettre recommandée avec demande d'avis de réception ou signifié par acte d'huissier. Ce délai court à compter du jour de la réception de la lettre recommandée ou de la signification de l'acte d'huissier. Pendant le délai de préavis le locataire n'est redevable du loyer et des charges que pour le temps où il a occupé réellement les lieux si le congé a été notifié par le bailleur. Il est redevable du loyer et des charges concernant tout le délai de préavis si c'est lui qui a notifié le congé, sauf si le logement se trouve occupé avant la fin du préavis par un autre locataire en accord avec le bailleur.
A l'expiration du délai de préavis le locataire est déchu de tout titre d'occupation des locaux loués.
II. - Lorsqu'il est fondé sur la décision de vendre le logement, le congé doit à peine de nullité, indiquer le prix et les conditions de la vente projetée. Le congé vaut offre de vente au profit du locataire : l'offre est valable pendant les deux premiers mois du délai de préavis.
A l'expiration du délai de préavis le locataire qui n'a pas accepté l'offre de vente est déchu de plein droit de tout titre d'occupation sur le local.

Le locataire qui accepte l'offre dispose, à compter de la date d'envoi de sa réponse au bailleur, d'un délai de deux mois pour la réalisation de l'acte de vente. Si, dans sa réponse, il notifie son intention de recourir à un prêt, l'acceptation par le locataire de l'offre de vente est subordonnée à l'obtention du prêt et le délai de réalisation de la vente est porté à quatre mois. Le contrat de location est prorogé jusqu'à l'expiration du délai de réalisation de la vente. Si, à l'expiration de ce délai, la vente n'a pas été réalisée, l'acceptation de l'offre de vente est nulle de plein droit et le locataire est déchu de plein droit de tout titre d'occupation.

Lorsque le bien a été vendu à un tiers à des conditions ou à un prix plus avantageux pour l'acquéreur que ceux prévus dans l'offre de vente, le locataire qui n'avait pas accepté cette offre a la faculté de se substituer à l'acquéreur pendant le délai d'un mois à compter de la notification du contrat de vente.

Le locataire indique au bailleur l'adresse à laquelle cette notification doit être effectuée à la diligence du notaire ; à défaut le locataire ne peut se prévaloir de ce droit de substitution.

Les termes des alinéas précédents sont reproduits, à peine de nullité, dans chaque notification.

Ces dispositions ne sont pas applicables aux actes intervenant entre parents jusqu'au troisième degré inclus, sous la condition que l'acquéreur occupe le logement pendant une durée qui ne peut être inférieure à deux ans à compter de l'expiration du délai de préavis ni aux actes portant sur les immeubles mentionnés au deuxième alinéa de l'article 1er de la loi n° 53-286 du 4 avril 1953 modifiant la loi n° 48-1360 du 1er septembre 1948 portant modification et codification de la législation relative aux rapports des bailleurs et locataires ou occupants de locaux d'habitation ou à usage professionnel.

III. – Le bailleur ne peut s'opposer au renouvellement du contrat en donnant congé dans les conditions définies au paragraphe 1 ci-dessus à l'égard de tout locataire âgé de plus de soixante-dix ans et dont les ressources annuelles sont inférieures à une fois et demie le montant annuel du salaire minimum de croissance, sans qu'un logement correspondant à ses besoins et à ses possibilités lui soit offert dans les limites géographiques qui ont été prévues à l'article 13 *bis* de la loi n° 48-1360 du 1er septembre 1948 précitée.

Toutefois, les dispositions de l'alinéa précédent ne sont pas applicables lorsque le bailleur est une personne physique âgée de plus de soixante ans ou si ses ressources annuelles sont inférieures à une fois et demie le montant annuel du salaire minimum de croissance.

L'âge du locataire et celui du bailleur sont appréciés à la date d'échéance du contrat ; le montant de leurs ressources est apprécié à la date de notification du congé.

Chapitre III
Du loyer et des charges

Article 16. Les données statistiques nécessaires à la détermination des références mentionnées aux articles 17 et 19 peuvent être recueillies et diffusées, pour chaque département, par des observatoires des loyers agréés à cette fin par le ministre chargé du Logement. Cet agrément peut également être accordé à des observatoires des loyers exerçant leur activité pour l'ensemble d'une agglomération.
L'agrément mentionné à l'alinéa précédent n'est accordé, dans des conditions fixées par décret qu'aux observatoires dont les statuts assurent la représentation équitable des bailleurs, des locataires, des gestionnaires au sein de leurs organes dirigeants.
Les observatoires des loyers fournissent aux commissions départementales de conciliation et aux juges qui en font la demande les éléments d'information en leur possession permettant à ceux-ci de favoriser la conciliation des parties ou de trancher un litige.
Le gouvernement dépose tous les deux ans sur le bureau des assemblées, lors de la seconde session ordinaire, un rapport sur l'évolution des loyers.

Article 17. *a*) le loyer :
- des logements neufs ;
- des logements vacants ayant fait l'objet de travaux de mise ou de remise aux normes définies par le décret pris en application de l'article 25 de la loi n° 86-1290 du 23 décembre 1986 précitée ;
- des logements conformes aux normes définies par ledit décret, faisant l'objet d'une première location ou, s'ils sont vacants, ayant fait l'objet depuis moins de six mois de travaux d'amélioration portant sur les parties privatives ou communes, d'un montant au moins égal à une année du loyer antérieur, est fixé librement entre les parties.

b) le loyer des logements vacants ou faisant l'objet d'une première location qui ne sont pas visés au *a* ci-dessus est fixé par référence aux loyers habituellement constatés dans le voisinage pour des logements comparables dans les conditions définies à l'article 19, s'il est supérieur au dernier loyer exigé du précédent locataire.
Les dispositions de l'alinéa précédent sont applicables pendant une durée de cinq ans à compter de la date de la publication de la présente loi. Avant l'expiration de ce délai, le gouvernement présentera au Parlement un rapport d'exécution permettant d'établir la comparaison entre l'évolution des loyers des logements vacants selon qu'ils relèvent du *a* ou du *b* du présent article.
En cas de non-respect par le bailleur des dispositions de l'article 19, le locataire dispose, sans qu'il soit porté atteinte à la validité du contrat en

cours d'un délai de deux mois pour contester le montant du loyer auprès de la commission de conciliation.

A défaut d'accord constaté par la commission, le juge, saisi par l'une ou l'autre des parties, fixe le loyer.

c) lors du renouvellement du contrat, le loyer ne donne lieu à réévaluation que s'il est manifestement sous-évalué.

Dans ce cas, le bailleur peut proposer au locataire, au moins six mois avant le terme du contrat et dans les conditions de forme prévues à l'article 15, un nouveau loyer fixé par référence aux loyers habituellement constatés dans le voisinage pour des logements comparables dans les conditions définies à l'article 19.

Lorsque le bailleur fait application des dispositions du présent *c*, il ne peut donner congé au locataire pour la même échéance du contrat.

La notification reproduit intégralement, à peine de nullité, les dispositions des alinéas du présent *c*, et mentionne le montant du loyer ainsi que la liste des références ayant servi à le déterminer.

En cas de désaccord ou à défaut de réponse du locataire quatre mois avant le terme du contrat, l'une ou l'autre des parties saisit la commission de conciliation.

A défaut d'accord constaté par la commission, le juge est saisi avant le terme du contrat. A défaut de saisine, le contrat est reconduit de plein droit aux conditions antérieures du loyer éventuellement révisé. Le contrat dont le loyer est fixé judiciairement est réputé renouvelé pour la durée définie à l'article 10 à compter de la date d'expiration du contrat. La décision du juge est exécutoire par provision.

La hausse convenue entre les parties ou fixée judiciairement s'applique par tiers ou par sixième selon la durée du contrat.

Toutefois, cette hausse s'applique par sixième annuel au contrat renouvelé, puis lors du renouvellement ultérieur, dès lors qu'elle est supérieure à 10 % si le premier renouvellement avait une durée inférieure à six ans.

La révision éventuelle résultant du *d* ci-dessous s'applique à chaque valeur ainsi définie.

d) lorsque le contrat de location prévoit la révision du loyer, celle-ci intervient chaque année à la date convenue entre les parties ou, à défaut, au terme de chaque année du contrat.

L'augmentation du loyer qui en résulte ne peut excéder la variation de l'indice national mesurant le coût de la construction publié par l'Institut national de la statistique et des études économiques. A défaut de clause contractuelle fixant la date de référence, cette date est celle du dernier indice publié à la date de signature du contrat de location.

e) lorsque les parties sont convenues, par une clause expresse, de travaux d'amélioration du logement que le bailleur fera exécuter, le contrat de location ou un avenant à ce contrat fixe la majoration du loyer consécutive à la réalisation de ces travaux.

Article 18. Dans la zone géographique où le niveau et l'évolution des loyers comparés à ceux constatés sur l'ensemble du territoire révèlent une situation anormale du marché locatif, un décret en Conseil d'Etat, pris après avis de la Commission nationale de concertation, peut fixer le montant maximum d'évolution des loyers des logements vacants définis au *b* de l'article 17 et des contrats renouvelés définis au *c* du même article. Ce décret précise sa durée de validité qui ne peut excéder un an et peut prévoir des adaptations particulières, notamment en cas de travaux réalisés par les bailleurs ou de loyers manifestement sous-évalués.

Article 19. Pour l'application de l'article 17, les loyers servant de références doivent être représentatifs de l'ensemble des loyers habituellement constatés dans le voisinage pour des logements comparables, situés soit dans le même groupe d'immeubles, soit dans tout autre groupe d'immeubles comportant des caractéristiques similaires et situé dans la même zone géographique. Un décret en Conseil d'Etat définit les éléments constitutifs de ces références.
Le nombre minimal des références à fournir par le bailleur est de trois. Toutefois, il est de six dans les communes, dont la liste est fixée par décret, faisant partie d'une agglomération de plus d'un million d'habitants.
Les références notifiées par le bailleur doivent comporter, au moins, pour deux tiers, des références de locations pour lesquelles il n'y a pas eu de changement de locataire depuis trois ans.

Article 20. Il est créé auprès du représentant de l'Etat dans chaque département une commission départementale de conciliation composée de représentants d'organisations de bailleurs et d'organisations de locataires en nombre égal, dont la compétence porte sur les litiges résultant de l'application des dispositions de l'article 17 de la présente loi et des articles 30 et 31 de la loi n° 86-1290 du 23 décembre 1986 précitée. La commission rend un avis dans le délai de deux mois à compter de sa saisine et s'efforce de concilier les parties.
Un décret fixe la composition, le mode de désignation et les règles de fonctionnement de la commission départementale de conciliation.

Article 21. Le bailleur est tenu de remettre gratuitement une quittance au locataire qui en fait la demande. La quittance porte le détail des sommes versées par le locataire en distinguant le loyer, le droit de bail et les charges. Si le locataire effectue un paiement partiel, le bailleur est tenu de délivrer un reçu.

Article 22. Lorsqu'un dépôt de garantie est prévu par le contrat de location pour garantir l'exécution de ses obligations locatives par le locataire, il ne peut être supérieur à deux mois de loyer en principal.
Un dépôt de garantie ne peut être prévu lorsque le loyer est payable d'avance pour une période supérieure à deux mois ; toutefois, si le locataire demande le bénéfice du paiement mensuel du loyer par application de l'article 7, le bailleur peut exiger un dépôt de garantie.
Il est restitué dans un délai maximal de deux mois à compter de la restitution des clés par le locataire, déduction faite, le cas échéant, des sommes restant dues au bailleur et des sommes dont celui-ci pourrait être tenu, aux lieu et place du locataire, sous réserve qu'elles soient dûment justifiées.
Le montant de ce dépôt de garantie ne porte pas intérêt au bénéfice du locataire. Il ne doit faire l'objet d'aucune révision durant l'exécution du contrat de location, éventuellement renouvelé.
A défaut de restitution dans le délai prévu, le solde du dépôt de garantie restant dû au locataire, après arrêté des comptes, produit intérêt au taux légal au profit du locataire.

Article 23. Les charges récupérables, sommes accessoires au loyer principal, sont exigibles sur justification en contrepartie :
1° Des services rendus liés à l'usage des différents éléments de la chose louée.
2° Des dépenses d'entretien courant et des menues réparations sur les éléments d'usage commun de la chose louée.
3° Du droit de bail et des impositions qui correspondent à des services dont le locataire profite directement.

La liste de ces charges est fixée par décret en Conseil d'Etat.
Les charges locatives peuvent donner lieu au versement de provisions et doivent, en ce cas, faire l'objet d'une régularisation au moins annuelle. Les demandes de provisions sont justifiées par la communication de résultats antérieurs arrêtés lors de la précédente régularisation et, lorsque l'immeuble est soumis au statut de la copropriété ou lorsque le bailleur est une personne morale, par le budget prévisionnel. Un mois avant cette régularisation, le bailleur en communique au locataire le décompte par nature de charges ainsi que, dans les immeubles collectifs, le mode de répartition entre les locataires. Durant un mois à compter de l'envoi de ce décompte, les pièces justificatives sont tenues à la disposition des locataires.

Article 24. Toute clause prévoyant la résiliation de plein droit du contrat de location pour défaut de paiement du loyer ou des charges aux termes convenus ou pour non-versement du dépôt de garantie ne produit effet que deux mois après un commandement de payer demeuré infructueux.

Le juge, saisi par le locataire avant l'expiration du délai prévu à l'alinéa précédent, peut accorder des délais de paiement dans les conditions prévues au deuxième alinéa de l'article 1244 du Code civil.
Pendant le cours des délais ainsi accordés, les effets de la clause de résiliation de plein droit sont suspendus ; ces délais et les modalités de paiement accordés ne peuvent affecter l'exécution du contrat de location et notamment suspendre le paiement du loyer et des charges.
Si le locataire se libère dans le délai et selon les modalités fixés par le juge, la clause de résiliation de plein droit est réputée ne pas avoir joué ; dans le cas contraire, elle reprend son plein effet.
Le commandement de payer reproduit, à peine de nullité, les dispositions des alinéas précédents.

Article 25. I – Les chapitres Ier à IV du titre Ier de la loi n° 86-1290 du 23 décembre 1986 tendant à favoriser l'investissement locatif, l'accession à la propriété des logements sociaux et le développement de l'offre foncière sont abrogés.
II. – Jusqu'à leur terme, les contrats de location en cours à la date de la publication de la présente loi demeurent soumis aux dispositions qui leur étaient applicables. Toutefois, les dispositions, des deux derniers alinéas de l'article 10, des articles 15, 17, 18, 19 et 24 s'appliquent à ces contrats dès la publication de la présente loi. Pour les contrats conclus postérieurement au 23 décembre 1986, pour lesquels le propriétaire a délivré congé en application de l'article 9 et de l'article 14 de la loi n° 86-1290 du 23 décembre 1986 précitée avant la date de publication de la présente loi le congé est nul et sans effet. Le propriétaire peut délivrer un nouveau congé dans les formes et conditions prévues à l'article 15 ; toutefois, le délai de préavis applicable à ce congé est réduit à trois mois.
III. – Pour les contrats arrivant à échéance après le 22 mai 1989 ou pour lesquels une instance judiciaire est en cours, pour lesquels le propriétaire a formulé, avant la publication de la présente loi, une proposition de nouveau loyer en application de l'article 21 de la loi n° 86-1290 du 23 décembre 1986 précitée, le locataire dispose d'un délai d'un mois à compter de ladite publication pour demander au bailleur, par lettre recommandée avec demande d'avis de réception ou par acte d'huissier de formuler à nouveau une proposition de loyer ; dans ce cas le bailleur peut présenter, dans un délai d'un mois à compter de la demande du locataire et dans les mêmes formes une nouvelle proposition faute de quoi le contrat initial est reconduit à compter de sa date normale d'échéance pour la durée prévue à l'article 10 et au loyer antérieur éventuellement révisé.
Les dispositions du *c* de l'article 17 sont applicables à ladite proposition, sous les réserves suivantes : le délai de préavis qui est fixé pour la formulation de la proposition n'est pas applicable ; la commission départementale

de conciliation est saisie au plus tard deux mois après la proposition du bailleur ; le juge doit être saisi au plus tard deux mois après la saisine de la commission ; le nouveau loyer, fixé à la suite de cette seconde proposition, prend effet à la date normale d'échéance du contrat. Jusqu'à la fixation de ce loyer, il n'est pas porté atteinte à la validité du loyer éventuellement fixé en application de l'article 21 de la loi n° 86-1290 du 23 décembre 1986 précitée.
Pour les contrats conclus postérieurement au 23 décembre 1986 et pour lesquels le bailleur a formulé une proposition de renouvellement assortie d'un nouveau loyer en application de l'article 9 de la loi n° 86-1290 du 23 décembre 1986 précitée avant la date de publication de la présente loi, la proposition est nulle et sans effet. Le bailleur peut formuler dans un délai d'un mois à compter de la publication de la présente loi une proposition de nouveau loyer conformément au *c* de l'article 17, sous les réserves prévues à l'alinéa précédent ; toutefois, jusqu'à la fixation du nouveau loyer, le loyer antérieur éventuellement révisé demeure applicable.
IV. – Les dispositions du paragraphe III ci-dessus ne sont pas applicables lorsque la proposition du bailleur ou le congé ont donné lieu à une décision de justice passée en force de chose jugée.
V. – Les décrets pris en application des articles 7, 18, 21, 23 et 24 abrogés et des articles 25 et 29 modifiés de la loi n° 86-1290 du 23 décembre 1986 restent en vigueur pour l'application de la présente loi, jusqu'à l'intervention des décrets correspondants pris en application de la présente loi.

TITRE II
DISPOSITIONS DIVERSES

Article 26. L'article 25 de la loi n° 86-1290 du 23 décembre 1986 précitée est ainsi rédigé :

« *Article 25.* Les locaux vacants à compter du 23 décembre 1986 et satisfaisant aux normes minimales de confort et d'habitabilité fixées par décret après avis de la Commission nationale de concertation ne sont pas soumis aux dispositions de la loi n° 48-1360 du 1er septembre 1948 précitée. Ils sont désormais régis par les chapitres Ier à III du titre Ier de la loi n° 89-462 du 6 juillet 1989, à l'exception des locaux à usage exclusivement professionnel qui sont régis par l'article 57 A et par les dispositions du Code civil.
« Si les locaux loués depuis le 23 décembre 1986 ne satisfont pas aux normes précitées le locataire peut demander au propriétaire leur mise en conformité avec ces normes sans qu'il soit porté atteinte à la validité du contrat de location en cours.

« A défaut d'accord entre les parties le juge saisi détermine, le cas échéant, la nature des travaux à réaliser et le délai de leur exécution, qu'il peut même d'office assortir d'une astreinte. Il peut également se prononcer sur une demande de modification du loyer fixé par le bailleur ou proposé par le locataire.
« A défaut de mise aux normes effectuée dans les conditions précitées, le loyer des locaux soumis au présent article est fixé conformément au *b* de l'article 17 de la loi n° 89-462 du 6 juillet 1989.
« Les dispositions du présent article ne sont pas applicables aux locaux classés en catégorie IV. »

Article 27. L'article 29 de la loi n° 86-1290 du 23 décembre 1986 précitée est ainsi rédigé :

« *Article 29.* Les dispositions de l'article 28 ne sont pas opposables au locataire ou occupant de bonne foi dont les ressources cumulées avec celles des autres occupants du logement sont inférieures à un seuil fixé par décret.
« Le seuil est calculé en fonction de la localisation géographique du logement et du nombre de personnes qui l'occupent.
« Toutefois, si, à l'expiration du contrat prévu à l'article 30 ci-dessous, le locataire est âgé de plus de soixante-cinq ans ou handicapé visé au 2° de l'article 27 de la loi n° 48-1360 du 1er septembre 1948 précitée il bénéficiera, nonobstant les dispositions de l'article 33, du droit au maintien dans les lieux prévu à l'article 4 de la loi n° 48-1360 du 1er septembre 1948 précitée. »

Article 28. L'article 31 de la loi n° 86-1290 du 23 décembre 1986 précitée est ainsi modifié :
- le sixième alinéa est abrogé ;
- le septième alinéa est ainsi rédigé :
  « En cas de désaccord ou à défaut de réponse du locataire l'une ou l'autre partie peut saisir la commission prévue à l'article 20 de la loi n° 89-462 du 6 juillet 1989 dans les trois mois qui suivent la réception de la proposition du contrat de location faite par le bailleur. Si, en l'absence d'accord entre les parties, à l'expiration d'un délai de six mois à compter de la proposition de contrat de location faite par le bailleur le juge n'a pas été saisi, le local reste soumis aux dispositions de la loi n° 48-1360 du 1er septembre 1948 précitée. »

Article 29. L'article 33 de la loi n° 86-1290 du 23 décembre 1986 précitée est ainsi rédigé :

« *Article 33.* A l'expiration du contrat conclu en application de l'article 31, le local est soumis aux dispositions des chapitres Ier à III titre 1er de la loi n° 89-462 du 6 juillet 1989 et les locaux à usage exclusivement professionnel aux dispositions de l'article 57 A et aux dispositions du Code civil.»

Article 30. Le dernier alinéa de l'article 34 de la loi n° 86-1290 du 23 décembre 1986 précitée est ainsi rédigé:
«A l'expiration des contrats conclus en application des mêmes articles et portant sur des locaux à usage exclusivement professionnel, il est fait usage des dispositions de l'article 57 A et des dispositions du Code civil.»

Article 31. Il est inséré, dans la loi n° 86-1290 du 23 décembre 1986 précitée, un article 41 *bis* ainsi rédigé:

«*Article 41 bis.* Il est créé au sein du conseil départemental de l'habitat prévu à l'article L. 364-1 du Code de la construction et de l'habitation, une commission spécialisée des rapports locatifs composée notamment de représentants des organisations représentatives au plan départemental de bailleurs, de locataires et de gestionnaires.»

Article 32. Il est inséré, dans la loi n° 86-1290 du 23 décembre 1986 précitée, un article 41 *ter* ainsi rédigé:

«*Article 41 ter.* Des accords collectifs de location peuvent être conclus, pour un même secteur locatif, au sein de la Commission nationale de concertation ou de chaque commission spécialisée des rapports locatifs prévue à l'article 41 *bis* entre une ou plusieurs organisations de bailleurs et de locataires. Les accords ainsi conclus s'imposent aux organisations signataires et aux adhérents de ces organisations.
«Les secteurs locatifs sont les suivants:
«– logements appartenant ou gérés par les organismes d'habitations à loyer modéré;
«– logements appartenant aux sociétés d'économie mixte, aux sociétés immobilières à participation majoritaire de la Caisse des dépôts et consignations, aux collectivités publiques, aux sociétés filiales d'un organisme collecteur de la contribution des employeurs à l'effort de construction et aux filiales de ces organismes autres que celles mentionnées à l'alinéa ci-dessus;
«– logements appartenant aux entreprises d'assurances, aux sociétés immobilières créées en application de l'ordonnance n° 58-876 du 24 septembre 1958 relative aux sociétés immobilières conventionnées, aux sociétés immobilières d'investissement créées en application de la loi n° 63-254 du 15 mars 1963 portant réforme de l'enregistrement, du timbre et de la fiscalité immobilière, aux établissements de crédit et

aux filiales de ces organismes autres que celles mentionnées aux deux alinéas ci-dessus;
«– logements appartenant aux autres catégories de bailleurs.

«Ces accords portent notamment sur les suppléments de loyers pour les organismes d'habitations à loyer modéré, la maîtrise de l'évolution des charges récupérables, la grille de vétusté, l'amélioration et l'entretien des logements et des parties communes, les locaux résidentiels à usage commun.
«Les accords conclus au sein de la Commission nationale de concertation font l'objet de la publication d'un avis au *Journal officiel* de la République française. A l'issue d'un délai d'un mois après cette publication et sauf opposition de la majorité des organisations représentatives des bailleurs d'un secteur, ou de la majorité des organisations représentatives des locataires, ils peuvent être rendus obligatoires, par décret, pour tous les logements du secteur locatif concerné. Le décret peut, après avis motivé de la Commission nationale de concertation et sans modifier l'équilibre de l'accord, en distraire certaines clauses.»

Article 33. Le premier alinéa de l'article 42 de la loi n° 86-1290 du 23 décembre 1986 précitée est ainsi rédigé:
«Les bailleurs de logements visés à l'article 41 *ter* peuvent conclure avec une ou plusieurs associations de locataires des accords collectifs locaux portant sur tout ou partie de leur patrimoine. Ces accords portent notamment sur les loyers, les suppléments de loyers pour les organismes d'habitations à loyer modéré, la maîtrise de l'évolution des charges récupérables, la grille de vétusté, l'amélioration et l'entretien des logements et des parties communes, les locaux résidentiels à usage commun.»

Article 34. Le deuxième alinéa de l'article 42 de la loi n° 86-1290 du 23 décembre 1986 précitée est ainsi rédigée:
«Ces accords sont obligatoires dès lors qu'ils ont été conclus soit par une ou plusieurs associations regroupant le tiers au moins des locataires concernés, soit par une ou plusieurs associations regroupant au moins 20% des locataires concernés et affiliées à une organisation siégeant à la Commission nationale de concertation sauf s'ils ont été rejetés par écrit par un plus grand nombre de locataires dans un délai d'un mois à compter de leur notification individuelle par le bailleur aux locataires.»

Article 35. I. – Le premier alinéa de l'article 44 de la loi n° 86-1290 du 23 décembre 1986 précitée est ainsi rédigé:
«Chaque association qui, dans un immeuble ou un groupe d'immeubles, représente au moins 10% des locataires ou est affiliée à une organisation sié-

geant à la commission nationale de concertation, désigne au bailleur, et, le cas échéant, au syndic de copropriété par lettre recommandée avec demande d'avis de réception, le nom de trois au plus de ses représentants choisis parmi les locataires de l'immeuble ou du groupe d'immeubles. »

II. – Le même article 44 est complété par deux alinéas ainsi rédigés :

« Dans les immeubles soumis au statut de la copropriété, les représentants des associations désignés ci-dessus peuvent assister à l'assemblée générale de copropriété et formuler des observations sur les questions inscrites à l'ordre du jour de l'assemblée générale. Le syndic de la copropriété informe les représentants des associations, par lettre recommandée avec demande d'avis de réception, de la date, de l'heure, du lieu et de l'ordre du jour de l'assemblée générale. »

« Dans chaque bâtiment d'habitation, un panneau d'affichage doit être mis à la disposition des associations, pour leurs communications portant sur le logement et l'habitat, dans un lieu de passage des locataires. »

Article 36. Il est inséré, dans la loi n° 86-1290 du 23 décembre 1986 précitée, un article 57 A ainsi rédigé :

« *Article 57 A.* – Le contrat de location d'un local affecté à un usage exclusivement professionnel est conclu pour une durée au moins égale à six ans. Il est établi par écrit.

« Au terme fixé par le contrat et sous réserve des dispositions du troisième alinéa du présent article, le contrat est reconduit tacitement pour la même durée. Chaque partie peut notifier à l'autre son intention de ne pas renouveler le contrat à l'expiration de celui-ci en respectant un délai de préavis de six mois.

« Le locataire peut, à tout moment, notifier au bailleur son intention de quitter les locaux en respectant un délai de préavis de six mois.

« Les notifications mentionnées au présent article sont effectuées par lettre recommandée avec demande d'avis de réception ou par acte d'huissier. »

Article 37. L'article 57 de la loi n° 86-1290 du 23 décembre 1986 précitée est abrogé.

Les bénéficiaires des dispositions de l'article susvisé sont réputés, à la date de publication de la présente loi, titulaires à titre personnel, pour le local en cause, d'une autorisation d'usage professionnel, à la condition d'en faire la déclaration à la préfecture du lieu du local dans un délai de trois mois à compter de la même date.

Article 38. I. – Le cinquième alinéa de l'article 27 de la loi n° 48-1360 du 1er septembre 1948 précitée est complété par la phrase suivante : « Les loca-

taires ou occupants auxquels est ou a été appliquée cette majoration continuent de bénéficier du droit au maintien dans les lieux prévu à l'article 4, nonobstant les dispositions du 7° de l'article 10.»
II. – L'article 38 de la loi n° 48-1360 du 1er septembre 1948 précitée est ainsi rédigé:

«*Art. 38.* Les locataires ou occupants sont tenus, en sus du loyer principal, au remboursement des charges locatives définies à l'article 23 de la loi n° 89-462 du 6 juillet 1989, dans les conditions prévues à cet article.»

Article 39. I. – Les articles suivants de la loi n° 86-1290 du 23 décembre 1986 précitée sont ainsi modifiés:
- à la fin du premier alinéa de l'article 28, les mots: «et les articles 30 à 33 du présent titre», sont remplacés par les mots: «et les articles 30 à 33 et 57 A de la présente loi»;
- le deuxième alinéa du même article est ainsi rédigé: «Les dispositions des deuxième et troisième alinéas de l'article 25 sont applicables aux locaux loués en application du présent article»;
- dans le premier alinéa de l'article 34, les mots: «du présent titre à l'exception du chapitre IV» sont remplacés par les mots: «des chapitres Ier à III de la loi n° 89-462 du 6 juillet 1989, à l'exception de l'article 16, du paragraphe *c* de l'article 17 et des articles 18 à 20»;
- au début du premier alinéa de l'article 43, les mots: «Pour l'application des articles 24 et 41» sont remplacés par les mots: «Pour l'application de l'article 41 de la présente loi et de l'article 20 de la loi n° 89-462 du 6 juillet 1989»;
- dans le premier alinéa de l'article 54, les mots: «négociés en application de l'article 42» sont remplacés par les mots: «négociés en application des articles 41 *ter* et 42».

II. – L'article 46 de la loi n° 86-1290 du 23 décembre 1986 précitée est ainsi rédigé:

«*Art. 46.* – Les dispositions du présent titre sont d'ordre public.»
III. – Les articles 47, 48, 49 et 50 de la loi n° 86-1290 du 23 décembre 1986 précitée sont abrogés.

Article 40. I. – Les dispositions des articles 8, 10 à 12, 15 à 20 du premier alinéa de l'article 22, des cinq premiers alinéas de l'article 23 ne sont pas applicables aux logements appartenant aux organismes d'habitations à loyer modéré et ne faisant pas l'objet d'unc convention passée en application de l'article L. 351-2 du Code de la construction et de l'habitation. Les dispositions de l'article 14 sont applicables à la condition que le bénéficiaire du transfert du contrat remplisse les conditions d'attribution dudit logement.

Toutefois, les dispositions des deuxième et troisième alinéas du paragraphe I de l'article 15 leur sont applicables lorsque le congé émane du locataire.

II. – Les dispositions des articles 3, 8 à 20, du premier alinéa de l'article 22 et de l'article 24 ne sont pas applicables aux logements dont le loyer est fixé en application des dispositions du chapitre III de la loi n° 48-1360 du 1er septembre 1948 précitée.

III. – Les dispositions des articles 8, 10 à 12, 15, du paragraphe *e* de l'article 17 et du premier alinéa de l'article 22 ne sont pas applicables aux logements régis par une convention conclue en application de l'article L. 351-2 du Code de la construction et de l'habitation. Toutefois, les dispositions des deuxième et troisième alinéas du paragraphe I de l'article 15 leur sont applicables lorsque le congé émane du locataire.

Les dispositions de l'article 14 leur sont applicables à la condition que le bénéficiaire du transfert remplisse les conditions d'attribution desdits logements. En outre, les dispositions de l'article 16, des paragraphes *a, b, c* et *d* de l'article 17, des articles 18 à 20 et des cinq premiers alinéas de l'article 23 ne sont pas applicables aux logements régis par une convention conclue en application de l'article L. 353-14 du Code de la construction et de l'habitation.

IV. – Les dispositions des cinq premiers alinéas de l'article 23 ne sont pas applicables aux logements dont les conditions sont réglementées en contrepartie de primes ou prêts spéciaux à la construction consentis par le Crédit foncier de France ou la Caisse centrale de Coopération économique.

V. – Les dispositions de l'article 10, de l'article 15 à l'exception des deuxième, troisième et quatrième alinéas du paragraphe I et des paragraphes *b* et *c* de l'article 17 ne sont pas applicables aux logements donnés en location à titre exceptionnel et transitoire par les collectivités locales.

VI. – Les loyers fixés en application de l'article 17 ou négociés en application des articles 41 *ter* et 42 de la loi n° 86-1290 du 23 décembre 1986 précitée ne peuvent ni excéder, pour les logements ayant fait l'objet de conventions passées en application de l'article L. 351-2 du Code de la construction et de l'habitation, les loyers plafonds applicables à ces logements, ni déroger, pour les logements ayant fait l'objet de primes ou de prêts spéciaux à la construction du Crédit foncier de France ou de la Caisse centrale de Coopération économique, aux règles applicables à ces logements.

Les accords conclus en application des articles 41 *ter* et 42 de la loi n° 86-1290 du 23 décembre 1986 précitée ne peuvent conduire à déroger, pour les logements dont le loyer est fixé en application du chapitre III de la loi n° 48-1360 du 1er septembre 1948 précitée, aux règles de fixation de ce loyer ni, pour les logements gérés par les organismes d'habitations à loyer modéré, aux règles de fixation et d'évolution des loyers prévues à l'article L. 442-1 du Code de la construction et de l'habitation.

Article 41. Pour la période du 13 novembre 1982 au 31 décembre 1986, les services rendus liés à l'usage des différents éléments de la chose louée prévus par l'article L. 442-3 du Code de la construction et de l'habitation, dans sa rédaction tirée du paragraphe 1 de l'article 9 de la loi n° 81-1161 du 30 décembre 1981 relative à la modération des loyers, n'incluent pas les dépenses du personnel chargé de l'entretien des parties communes et de l'élimination des rejets. La présente disposition, qui est interprétative, a un caractère d'ordre public.

Article 42. Au début du paragraphe III de l'article 73 de la loi n° 86-1290 du 23 décembre 1986 précitée, les mots: «Pour une période de cinq années à compter du 1er janvier 1987», sont remplacés par les mots: «Pour une période de sept années à compter du 1er janvier 1987».

La présente loi sera exécutée comme loi de l'Etat.

Fait à Paris, le 6 juillet 1989.

ANNEXE N° 6

DECRET N° 87-149 DU 6 MARS 1987

fixant les conditions minimales de confort et l'habitabilité auxquelles doivent répondre les locaux mis en location

(J.O. 7 mars)

NORMES MINIMALES DE CONFORT ET D'HABITABILITE

(Décret pris pour l'application de l'article 25, réf. Bailleurs et locataires n° 258)

Article 1er. Les normes mentionnées à l'article 25 de la loi du 23 décembre 1986 susvisée sont les suivantes :

I. – Les logements à usage d'habitation ou la partie de locaux à usage mixte professionnel et d'habitation destinée à l'habitation doivent présenter les caractéristiques ci-après :

a) composition et dimensions

Un logement comprend au minimum une pièce d'habitation et les pièces de service attenantes suivantes : cuisine ou coin cuisine, salle d'eau et cabinet d'aisances, celui-ci pouvant être situé dans la salle d'eau ; cette pièce d'habitation doit avoir au moins neuf mètres carrés lorsque la cuisine est séparée ou au moins douze mètres carrés lorsqu'il existe un coin cuisine.

La hauteur sous plafond des pièces d'habitation et de la cuisine est égale au moins à deux mètres vingt. Toutefois, celle-ci peut être inférieure à deux mètres vingt, sans être inférieure à deux mètres, à condition que le logement n'ait pas subi de division en hauteur depuis le 1er septembre 1948.

La surface habitable est déterminée conformément à l'article R. 111-2 du Code de la construction et de l'habitation.

b) ouverture et ventilation

Toute pièce d'habitation est pourvue d'un ouvrant donnant à l'extérieur du bâtiment permettant une aération et un éclairement suffisants et assurant le bon usage du logement et la conservation du bâtiment.

Toute pièce de service est pourvue d'un ouvrant donnant à l'extérieur du bâtiment ou, à défaut, est équipée d'un système d'évacuation débouchant à l'extérieur du bâtiment et assurant le bon usage du logement et la conservation de ce bâtiment.

c) cuisine ou coin cuisine
La cuisine ou le coin cuisine est intérieur et comprend un évier avec siphon raccordé à une chute d'eaux usées, sur lequel sont installées l'eau potable froide et l'eau chaude. La cuisine ou le coin cuisine est aménagé de manière à pouvoir recevoir un appareil de cuisson (à gaz ou électrique) ou possède un conduit d'évacuation de fumée en bon état.

d) salle d'eau et cabinet d'aisances
La salle d'eau est intérieure au logement, constitue une pièce séparée et comporte une baignoire ou une douche et un lavabo munis de siphons et alimentés en eau chaude et froide.
Le cabinet d'aisances est intérieur au logement, constitue une piècc séparée, à moins qu'il ne fasse partie de la salle d'eau, et est pourvu d'une cuvette à l'anglaise et d'une chasse d'eau. S'il est équipé d'une fosse étanche, la chasse d'eau peut être remplacée par un simple effet d'eau.
Le cabinet d'aisances est séparé de la cuisine et de la pièce où sont pris les repas.
Les sols sont étanches et les parois situées autour de la douche et de la baignoire sont protégées contre les infiltrations.

e) gaz et électricité
Le logement est alimenté en électricité, et, le cas échéant, en gaz. Ces alimentations, ainsi que la ventilation des pièces où le gaz est utilisé, répondent aux besoins normaux des usagers ; ces installations doivent assurer la sécurité des utilisateurs.
Les nouvelles installations électriques et les nouvelles alimentations en gaz éventuelles, ainsi que la ventilation des pièces où le gaz est utilisé, sont conformes à la réglementation.

f) eau
Les installations d'eau intérieures au logement assurent la permanence de la distribution avec une pression et un débit suffisants.
II. – La partie des locaux à usage professionnel ainsi que les locaux professionnels obéissent à la législation en vigueur en matière d'hygiène et de sécurité des travailleurs.
III. – Les sols, murs, plafonds des logements ou locaux ci-dessus ne présentent pas d'infiltration ni de remontée d'eau. Les ouvrants sont étanches à l'eau et en bon état de fonctionnement.
IV. – L'immeuble ne présente pas de défaut d'entretien grave. Le gros œuvre (murs, charpentes, escaliers, planchers, balcons) est en bon état d'entretien.
La couverture, ses raccords et ses accessoires sont étanches.

Article 2. Les normes mentionnées à l'article 1er du présent décret s'appliquent aux baux conclus en application du deuxième alinéa de l'article 3 de la loi du 1er septembre 1948 susvisée.

Article 3. Sauf pour les litiges en cours devant les tribunaux, le décret n° 78-924 du 22 août 1978 est abrogé.

ANNEXE N° 7

DECRET N° 87-712 DU 26 AOUT 1987

pris en application de l'article 7 de la loi n° 86-1290 du 23 décembre 1986 tendant à favoriser l'investissement locatif, l'accession à la propriété de logements sociaux et le développement de l'offre foncière et relatif aux réparations locatives

(J.O. 30 avril)

REPARATIONS LOCATIVES

(Réf. Bailleurs et locataires n° 103)

Article 1er. Sont des réparations locatives les travaux d'entretien courant et de menues réparations, y compris les remplacements d'éléments assimilables auxdites réparations, consécutifs à l'usage normal des locaux et équipements à usage privatif.
Ont notamment le caractère de réparations locatives les réparations énumérées en annexe au présent décret.

Liste de réparations ayant le caractère de réparations locatives

I. – Parties extérieures dont le locataire a l'usage exclusif

a) jardins privatifs :
– entretien courant, notamment des allées, pelouses, massifs, bassins et piscines ; taille, élagage, échenillage des arbres et arbustes ;
– remplacement des arbustes ; réparation et remplacement des installations mobiles d'arrosage.

b) auvents terrasses et marquises :
– enlèvement de la mousse et des autres végétaux.

c) descentes d'eaux pluviales, chéneaux et gouttières :
– dégorgement des conduits.

II. – Ouvertures intérieures et extérieures

a) sections ouvrantes telles que portes et fenêtres :
– graissage des gongs, paumelles et charnières ;
– menues réparations des boutons et poignées de portes, des gonds, crémones et espagnolettes ; remplacement notamment de boulons, clavettes et targettes.

b) vitrages :
– réfection des mastics ;
– remplacement des vitres détériorées.

c) dispositifs d'occultation de la lumière tels que stores et jalousies :
– graissage ;
– remplacement notamment de cordes, poulies ou de quelques lames.

d) serrures et verrous de sécurité :
– graissage ;
– remplacement de petites pièces ainsi que des clés égarées ou détériorées.

e) grilles :
– nettoyage et graissage ;
– remplacement notamment de boulons, clavettes, targettes.

III. – Parties intérieures

a) plafonds, murs intérieurs et cloisons :
– maintien en état de propreté ;
– menus raccords de peintures et tapisseries ; remise en place ou remplacement de quelques éléments des matériaux de revêtement tels que faïence, mosaïque, matière plastique ; rebouchage des trous rendu assimilable à une réparation par le nombre, la dimension et l'emplacement de ceux-ci.

b) parquets, moquettes et autres revêtements de sol :
– encaustiquage et entretien courant de la vitrification ;
– remplacement de quelques lames de parquet et remise en état, pose de raccords de moquettes et autres revêtements de sol, notamment en cas de taches et de trous.

c) placards et menuiseries telles que plinthes, baguettes et moulures :
– remplacement des tablettes et tasseaux de placard et réparation de leur dispositif de fermeture ; fixation de raccords et remplacement de pointes de menuiseries.

IV. – Installations de plomberie

a) canalisations d'eau :
– dégorgement ;
– remplacement notamment de joints et de colliers.

b) canalisation de gaz :
– entretien courant des robinets, siphons et ouvertures d'aération ;
– remplacement périodique des tuyaux souples de raccordement.

c) fosses septiques, puisards et fosses d'aisance :
– vidange.

d) chauffage, production d'eau chaude et robinetterie :
- emplacement des bilames, pistons, membranes, boîtes à eau, allumage piézo-électrique, clapets et joints des appareils à gaz ;
- rinçage et nettoyage des corps de chauffe et tuyauteries ;
- remplacement des joints, flotteurs et joints cloches des chasses d'eau.

e) éviers et appareils sanitaires :
- nettoyage des dépôts de calcaire, remplacement des tuyaux flexibles de douches.

V. – Equipements d'installations d'électricité

Remplacement des interrupteurs, prises de courant, coupe-circuits et fusibles, des ampoules, tubes lumineux ; réparation ou remplacement des baguettes ou gaines de protection.

VI. – Autres équipements mentionnés au contrat de location

a) entretien courant et menues réparations des appareils tels que réfrigérateurs, machines à laver le linge et la vaisselle, sèche-linge, hottes aspirantes, adoucisseurs, capteurs solaires, pompes à chaleur, appareils de conditionnement d'air, antennes individuelles de radiodiffusion et de télévision, meubles scellés, cheminées, glaces et miroirs ;
b) menues réparations nécessitées par la dépose des bourrelets ;
c) graissage et remplacement des joints des vidoirs ;
d) ramonage des conduits d'évacuation des fumées et des gaz et conduits de ventilation.

ANNEXE N° 8

DECRET N° 87-713 DU 26 AOUT 1987

pris en application de l'article 18 de la loi n° 86-1290 du 23 décembre 1986 tendant à favoriser l'investissement locatif, l'accession à la propriété de logements sociaux et le développement de l'offre foncière et fixant la liste des charges récupérables

(J.O. 30 août)

CHARGES RECUPERABLES

Article 1er. La liste des charges récupérables prévue à l'article 18, de la loi du 23 décembre 1986 susvisée figure en annexe au présent décret.

Article 2. Pour l'application du présent décret :

a) il n'y a pas lieu de distinguer entre les services assurés par le bailleur en régie et les services assurés dans le cadre d'un contrat d'entreprise. Le coût des services assurés en régie inclut les dépenses de personnel d'encadrement technique. Lorsqu'il existe un contrat d'entreprise, le bailleur doit s'assurer que ce contrat distingue les dépenses récupérables et les autres dépenses ;

b) les dépenses de personnel récupérables correspondent à la rémunération et aux charges sociales et fiscales ;

c) lorsque l'entretien des parties communes et l'élimination des rejets sont assurés par un gardien ou un concierge, les dépenses correspondant à sa rémunération, à l'exclusion du salaire en nature, sont exigibles au titre des charges récupérables à concurrence des trois quarts de leur montant ;

d) lorsque l'entretien des parties communes et l'élimination des rejets sont assurés par un employé d'immeuble, les dépenses correspondant à sa rémunération et aux charges sociales et fiscales y afférentes sont exigibles, en totalité, au titre des charges récupérables ;

e) le remplacement d'éléments d'équipement n'est considéré comme assimilable aux menues réparations que si son coût est au plus égal au coût de celles-ci.

Article 3. Pour l'application du présent décret, les dépenses afférentes à l'entretien courant et aux menues réparations d'installations individuelles, qui figurent au III du tableau annexé, sont récupérables lorsqu'elles sont effectuées par le bailleur aux lieu et place du locataire.

Liste des charges récupérables

I. – Ascenseurs et monte-charge

1. Dépenses d'électricité.
2. Dépenses d'exploitation, d'entretien courant, de menues réparations :

a) exploitation :
– visite périodique, nettoyage et graissage des organes mécaniques ;
– examen semestriel des câbles et vérification annuelle des parachutes ;
– nettoyage annuel de la cuvette, du dessus de la cabine et de la machinerie ;
– dépannage ne nécessitant pas de réparations ou fournitures de pièces ;
– tenue d'un dossier par l'entreprise d'entretien mentionnant les visites techniques, incidents et faits importants touchant l'appareil.

b) fournitures relatives à des produits ou à du petit matériel d'entretien (chiffons, graisses et huiles nécessaires) et aux lampes d'éclairage de la cabine.

c) menues réparations :
– de la cabine (boutons d'envoi, paumelles de portes, contacts de portes, ferme-portes automatiques, coulisseaux de cabine, dispositif de sécurité de seuil et cellule photo-électrique) ;
– des paliers (ferme-portes mécaniques, électriques ou pneumatiques, serrures électromécaniques, contacts de porte et boutons d'appel) ;
– des balais du moteur et fusibles.

II. – Eau froide, eau chaude et chauffage collectif des locaux privatifs et des parties communes

1. Dépenses relatives :
– à l'eau froide et chaude des locataires ou occupants du bâtiment ou de l'ensemble des bâtiments d'habitation concernés ;
– à l'eau nécessaire à l'entretien courant des parties communes du ou desdits bâtiments, y compris la station d'épuration ;
– à l'eau nécessaire à l'entretien courant des espaces extérieurs ; les dépenses relatives à la consommation d'eau incluent l'ensemble des taxes et redevances ainsi que les sommes dues au titre de la redevance d'assainissement, à l'exclusion de celles auxquelles le propriétaire est astreint en application de l'article L. 35-5 du Code de la santé publique ;
– aux produits nécessaires à l'exploitation, à l'entretien et au traitement de l'eau ;
– à l'électricité ;
– au combustible ou à la fourniture d'énergie, quelle que soit sa nature.
2. Dépenses d'exploitation, d'entretien courant et de menues réparations :

a) exploitation et entretien courant :

– nettoyage des gicleurs, électrodes, filtres et clapets des brûleurs;
– entretien courant et graissage des pompes de relais, jauges, contrôleurs de niveau ainsi que des groupes moto-pompes et pompes de puisards;
– graissage des vannes et robinets et réfection des presse-étoupes;
– remplacement des ampoules des voyants lumineux et ampoules de chaufferie;
– entretien et réglage des appareils de régulation automatique et de leurs annexes;
– vérification et entretien des régulateurs de tirage;
– réglage des vannes, robinets et tés ne comprenant pas l'équilibrage;
– purge des points de chauffage;
– frais de contrôles de combustion;
– entretien des épurateurs de fumée;
– opérations de mise en repos en fin de saison de chauffage, rinçage des corps de chauffe et tuyauteries, nettoyage de chaufferies, y compris leurs puisards et siphons, ramonage des chaudières, carneaux et cheminées;
– conduite de chauffage;
– frais de location d'entretien et de relevé des compteurs généraux et individuels;
– entretien de l'adoucisseur, du détartreur d'eau, du surpresseur et du détenteur;
– contrôles périodiques visant à éviter les fuites de fluide frigorigène des pompes à chaleur;
– vérification, nettoyage et graissage des organes des pompes à chaleur;
– nettoyage périodique de la face extérieure des capteurs solaires;
– vérification, nettoyage et graissage des organes des capteurs solaires.
b) menues réparations dans les parties communes ou sur des éléments d'usage commun:
– réparation de fuites sur raccords et joints;
– remplacement des joints, clapets et presse-étoupes;
– rodage des sièges de clapets;
– menues réparations visant à remédier aux fuites de fluide frigorigène des pompes à chaleur;
– recharge en fluide frigorigène des pompes à chaleur.

III. – Installations individuelles

Chauffage et production d'eau chaude, distribution d'eau dans les parties privatives:
1. Dépenses d'alimentation commune de combustible.
2. Exploitation et entretien courant, menues réparations:
a) exploitations et entretien courant:
– réglage de débit et température de l'eau chaude sanitaire;

– vérification et réglage des appareils de commande, d'asservissement, de sécurité d'aquastat et de pompe;
– dépannage;
– contrôle des raccordements et de l'alimentation des chauffe-eau électriques, contrôle de l'intensité absorbée;
– vérification de l'état des résistances, des thermostats, nettoyage;
– réglage des thermostats et contrôle de la température d'eau;
– contrôle et réfection d'étanchéité des raccordements eau froide-eau chaude;
– contrôle des groupes de sécurité;
– rodage des sièges de clapets des robinets;
– réglage des mécanismes de chasses d'eau.

b) menues réparations:
– remplacement des bilames, pistons, membranes, boîtes à eau, allumage piézo-électrique, clapets et joints des appareils à gaz;
– rinçage et nettoyage des corps de chauffe et tuyauteries;
– remplacement des joints, clapets et presse-étoupes des robinets:
– remplacement des joints, flotteurs et joints cloches des chasses d'eau.

IV. – Parties communes intérieures au bâtiment ou à l'ensemble des bâtiments d'habitation

1. Dépenses relatives:
   – à l'électricité;
   – aux fournitures consommables, notamment produits d'entretien, balais et petit matériel assimilé nécessaires à l'entretien de propreté, sel.
2. Exploitation et entretien courant, menues réparations:
   a) entretien de minuterie, pose, dépose et entretien des tapis;
   b) menues réparations des appareils d'entretien de propreté tels qu'aspirateur.
3. Entretien de propreté (frais de personnel).

V. – Espaces extérieurs au bâtiment ou à l'ensemble de bâtiments d'habitation (voies de circulation, aires de stationnement, abords et espaces verts, aires et équipements de jeux)

1. Dépenses relatives:
   – à l'électricité;
   – à l'essence et huile;
   – aux fournitures consommables utilisées dans l'entretien courant; ampoules ou tubes d'éclairage, engrais, produits bactéricides et insecticides, produits tels que graines, fleurs, plants, plantes de remplacement, à l'exclusion de celles utilisées pour la réfection de massifs, plates-bandes ou haies.

2. *a*) exploitation et entretien courant : opérations de coupe, désherbage, sarclage, ratissage, nettoyage et arrosage concernant :
- les allées, aires de stationnement et abords ;
- les espaces verts (pelouses, massifs, arbustes, haies vives, plates-bandes) ;
- les aires de jeux ;
- les bassins, fontaines, caniveaux, canalisations d'évacuation des eaux pluviales ;
- entretien du matériel horticole ;
- remplacement du sable des bacs et du petit matériel de jeux.

b) peinture et menues réparations des bancs de jardins et des équipements de jeux et grillages.

VI. – Hygiène

1. Dépenses de fournitures consommables :
   - sacs en plastique et en papier nécessaires à l'élimination des rejets ;
   - produits relatifs à la désinsectisation et à la désinfection, y compris des colonnes sèches de vide-ordures.
2. Exploitation et entretien courant :
   - entretien et vidange des fosses d'aisances ;
   - entretien des appareils de conditionnement des ordures.
3. Elimination des rejets (frais de personnel).

VII. – Equipements divers du bâtiment ou de l'ensemble de bâtiments d'habitation

1. La fourniture d'énergie nécessaire à la ventilation mécanique.
2. Exploitation et entretien courant :
   - ramonage des conduits de ventilation ;
   - entretien de la ventilation mécanique des dispositifs d'ouverture automatique ou codés et des interphones ;
   - visites périodiques à l'exception des contrôles réglementaires de sécurité, nettoyage et graissage de l'appareillage fixe de manutention des nacelles de nettoyage des façades vitrées.
3. Divers :
   - abonnement des postes de téléphone à la disposition des locataires.

VIII. Impositions et redevances

Droit de bail.
Taxe d'enlèvement des ordures ménagères et taxe de balayage.
(Référence « Bailleurs et locataires » n° 189).

ANNEXE N° 9

LOI N° 89-18 DU 13 JANVIER 1989

portant diverses mesures d'ordre social

(J.O. 14 janv. 1989)

TITRE II
DISPOSITIONS RELATIVES AU LOGEMENT

Article 3. L'avant-dernier alinéa de l'article 21 de la loi n° 86-1290 du 23 décembre 1986 tendant à favoriser l'investissement locatif, l'accession à la propriété de logements sociaux et le développement de l'offre foncière est ainsi rédigé : (V. *L. n° 86-1290, 23 déc. 1986, art. 21, avant-dernier al.).*
Ces dispositions s'imposent à tous les contrats arrivant à échéance, ou arrivés à échéance et non encore renouvelés, après publication du présent article.
Le gouvernement déposera, dès février 1989, sur le bureau des Assemblées un rapport d'information sur l'évolution des loyers eu égard à l'application du présent article.

Article 4. I. – Dans le troisième alinéa de l'article 21 de la loi n° 86-1290 du 23 décembre 1986, après les mots : « du loyer proposé », sont insérées les dispositions suivantes : « ainsi que la liste des références ayant servi à le déterminer. Les éléments constitutifs de ces références sont fixés par décret, après avis de la Commission nationale de concertation ».
II. – Après le premier alinéa de l'article 31 de la loi n° 86-1290 du 23 décembre 1986, il est inséré un alinéa ainsi rédigé : (V. *L. n° 86-1290, 23 déc. 1986, art. 31).*

Article 5. L'article L. 442-10 du Code de la construction et de l'habitation est complété par la phrase suivante : (V. *C. construction, art. L. 442-10).*

ANNEXE N° 10

DECRET N° 89-98 DU 15 FEVRIER 1989

portant application des articles 21, 30 et 31 de la loi n° 86-1290 du 23 décembre 1986 modifiée

(J.O. 16 fév. 1989)

(*Abrogé en tant qu'il porte application de l'article 21 de la loi du 6 juillet 1989, D n° 90-780, 31 août 1990, article 2 et en tant qu'il porte application des articles 30 et 31 de la loi du 23 décembre 1986, D n° 90-781, 31 août 1990, article 6*)

Article 1er. Pour permettre l'application des articles 21, 30 et 31 de la loi du 23 décembre 1986, les loyers servant de références doivent être représentatifs de l'ensemble des loyers habituellement constatés au cours des trois dernières années dans le voisinage pour les logements comparables, quelle que soit la date d'entrée dans les lieux du locataire.
La liste des références notifiée par le bailleur doit comprendre les éléments définis aux articles 2, 3, 4 et 5 du présent décret.

Article 2. Le nombre minimal des références à fournir est de trois. Toutefois, il est de six :
- dans les communes de l'agglomération parisienne figurant au décret n° 87-818 du 2 octobre 1987 ;
- dans les zones géographiques où existe un observatoire des loyers agréé par arrêté conjoint du ministre de la Justice, du ministre chargé de l'Economie et du ministre chargé du Logement.

Article 3. Les références utilisées doivent être prises dans le voisinage du logement en cause, c'est-à-dire soit dans le même groupe d'immeubles, soit dans tout autre groupe d'immeubles comportant des caractéristiques similaires et situé dans la même zone géographique.

Article 4. La liste des références notifiée par le bailleur doit comporter, au moins pour les deux tiers, des références de locations pour lesquelles il n'y a pas eu de changement de locataire depuis trois ans.

Article 5. Les références servant à déterminer le loyer en application de l'article 21 ou des articles 30 et 31 de la loi n° 86-1290 du 23 décembre 1986 mentionnent, pour chacune d'entre elles :

- le nom de la rue et la dizaine de numéros où se situe l'immeuble, ainsi que l'étage de l'appartement;
- la surface habitable du logement et le nombre de ses pièces principales;
- la présence éventuelle d'un ascenseur;
- l'existence d'annexes éventuelles;
- son état d'équipement: notamment, présence d'eau courante, de W.C. intérieur, de salle d'eau, de chauffage;
- la période de construction de l'immeuble:
- l'indication selon laquelle le locataire est dans les lieux depuis plus ou moins de trois ans;
- et le montant du loyer mensuel hors charges effectivement exigé.

Article 6. Les références mentionnées à l'article précédent peuvent en outre comprendre des indications relatives à:
- l'adresse précise du logement et, le cas échéant, la mention du corps du bâtiment;
- la qualité de l'immeuble;
- l'agrément du logement et de son environnement;
- la date d'entrée dans les lieux du locataire;
- ainsi que tous autres éléments permettant une meilleure connaissance du logement pris en compte.

Article 7. Le décret n° 88-924 du 15 septembre 1988 est abrogé.

ANNEXE N° 11

DECRET N° 87-818 DU 2 OCTOBRE 1987

fixant la liste des communes faisant partie d'une agglomération de plus de 1 000 000 d'habitants

(J.O. 8 oct)

(Réf. art. 23 n° 248)

Article 1er. Les communes visées à l'article 23 de la loi du 23 décembre 1986 faisant partie d'une agglomération de plus de 1 000 000 d'habitants sont celles figurant à l'annexe ci-jointe.

I. – Agglomération de Paris

La ville de Paris.

Dans le département de Seine-et-Marne, les communes suivantes:

Chelles;
Pontault-Combault;
Champs-sur-Marne;
Villeparisis;
Combs-la-Ville;
Mitry-Mory;
Noisiel;
Torcy;
Vaires-sur-Marne;
Lésigny;
Brou-sur-Chantereine;
Courtry;
Emerainville;
Lognes;
Croissy-Beaubourg;
Servon;
Collégien.

Dans le département des Hauts-de-Seine, les communes suivantes:

Boulogne-Billancourt;
Nanterre;
Colombes;
Asnières-sur-Seine;
Neuilly-sur-Seine;
Rueil-Malmaison;
Courbevoie;
Antony;
Levallois-Perret;
Meudon;
Clamart;
Clichy;
Gennevilliers;
Bagneux;
Montrouge;
Puteaux;
Suresnes;
Malakoff;
Châtenay-Malabry;
Saint-Cloud;
Châtillon;
Fontenay-aux-Roses;
Villeneuve-la-Garenne;
Bois-Colombes;

Issy-les-Moulineaux;
Le Plessis-Robinson;
La Garenne-Colombes;
Sèvres;
Sceaux;
Garches;
Vanves;
Bourg-la-Reine;
Chaville;
Ville-d'Avray;
Vaucresson;
Marnes-la-Coquette.

Dans le département de la Seine-Saint-Denis, les communes suivantes:

Montreuil;
Saint-Denis;
Aulnay-sous-Bois;
Aubervilliers;
Drancy;
Epinay-sur-Seine;
Le Blanc-Mesnil;
Bondy;
Saint-Ouen;
Pantin;
Bobigny;
Sevran;
Noisy-le-Grand;
Rosny-sous-Bois;
Noisy-le-Sec;
Stains;
Gagny;
La Courneuve;
Livry-Gargan;
Bagnolet;
Neuilly-sur-Marne;
Tremblay-lès-Gonesse;
Villemomble;
Romainville;
Clichy-sous-Bois;
Villepinte;
Montfermeil;
Pierrefitte-sur-Seine;
Les Lilas;
Les Pavillons-sous-Bois;
Neuilly-Plaisance;
Le Raincy;
Le Pré-Saint-Gervais;
Le Bourget;
Villetaneuse;
Dugny;
L'Ile-Saint-Denis;
Vaujours;
Coubron;
Gournay-sur-Marne.

Dans le département du Val-de-Marne, les communes suivantes:

Vitry-sur-Seine;
Saint-Maur-des-Fossés;
Champigny-sur-Marne;
Créteil;
Ivry-sur-Seine;
Fontenay-sous-Bois;
Villejuif;
Maisons-Alfort;
Vincennes;
Alfortville;
Choisy-le-Roi;
L'Haÿ-les-Roses;
Villeneuve-Saint-Georges;
Fresnes;
Nogent-sur-Marne;
Cachan;
Orly;
Sucy-en-Brie;
Villiers-sur-Marne;
Villeneuve-le-Roi;
Charenton-le-Pont;
Arcueil;
Saint-Mandé;
Le Kremlin-Bicêtre;
Chennevières-sur-Marne;
Joinville-le-Pont;

Le Perreux-sur-Marne;
Thiais;
Chevilly-Larue;
Bonneuil-sur-Marne;
Le Plessis-Trévise;
Boissy-Saint-Léger;
Bry-sur-Marne;
Valenton;
La Queue-en-Brie;
Saint-Maurice;
Ormesson-sur-Marne;
Gentilly;
Limeil-Brévannes;
Villecresnes;
Ablon-sur-Seine;
Noiseau;
Rungis;
Santeny;
Mandres-les-Roses;
Périgny;
Marolles-en-Brie.

Dans le département de l'Essonne, les communes suivantes:
Massy;
Corbeil-Essonnes;
Savigny-sur-Orge;
Sainte-Geneviève-des-Bois;
Viry-Châtillon;
Evry;
Ris-Orangis;
Vigneux-sur-Seine;
Brunoy;
Montgeron;
Morsang-sur-Orge;
Saint-Michel-sur-Orge;
Brétigny-sur-Orge;
Longjumeau;
Chilly-Mazarin;
Gif-sur-Yvette;
Epinay-sous-Sénart;
Orsay;
Verrières-le-Buisson;
Juvisy-sur-Orge;
Mennecy;
Morangis;
Igny;
Epinay-sur-Orge;
Bondoufle;
Arpajon;
Bures-sur-Yvette;
Villebon-sur-Yvette;
Fleury-Mérogis;
Crosne;
Paray-Vieille-Poste;
Saint-Germain-lès-Arpajon;
Soisy-sur-Seine;
Boussy-Saint-Antoine;
Courcouronnes;
Egly;
Athis-Mons;
Palaiseau;
Les Ulis;
Draveil;
Grigny;
Yerres;
Marcoussis;
Saint-Germain-lès-Corbeil;
Wissous;
Montlhéry;
Lisses;
Longpont-sur-Orge;
Villemoisson-sur-Orge;
La Ville-du-Bois;
Linas;
Bièvre;
Saintry-sur-Seine;
Villiers-sur-Orge;
Saulx-les-Chartreux;
Le Plessis-Pâté;
Ollainville;
Villabé;
Boissy-sous-Saint-Yon;
Champlan;

Breuillet;
Quincy-sous-Sénart;
Ballanvilliers;
Bruyères-le-Châtel;
Leuville-sur-Orge;
Saclay;
Saint-Pierre-du-Perray;
Vauhallan;
La Norville;
Le Coudray-Montceaux;
Etiolles;
Gometz-le-Châtel;
Varennes-Jarcy;
Breux-Jouy;
Ormoy;
Saint-Yon.

Dans le département du Val-d'Oise, les communes suivantes:
Argenteuil;
Sarcelles;
Garges-lès-Gonesse;
Franconville;
Pontoise;
Villiers-le-Bel;
Ermont;
Bezons;
Gonesse;
Eaubonne;
Sannois;
Taverny;
Montmorency;
Saint-Gratien;
Herblay;
Cergy;
Saint-Ouen-l'Aumône;
Deuil-la-Barre;
Soisy-sous-Montmorency;
Eragny;
Cormeilles-en-Parisis;
Montigny-lès-Cormeilles;
Saint-Leu-la-Forêt;
Domont;
Frépillon;
Butry-sur-Oise;
Andilly;
Nesles-la-Vallée;
Valmondois;
Osny;
Arnouville-lès-Gonesse;
Enghien-les-Bains;
Saint-Brice-sous-Forêt;
L'Isle-Adam;
Montmagny;
Beauchamp;
Ezanville;
Jouy-le-Moutier;
Bessancourt;
Méry-sur-Oise;
Auvers-sur-Oise;
Pierrelaye;
Le Plessis-Bouchard;
Saint-Prix;
Groslay;
Bouffémont;
Parmain;
Ecouen;
La Frette-sur-Seine;
Mériel;
Champagne-sur-Oise;
Margency;
Montlignon;
Neuville-sur-Oise;
Villiers-Adam;
Vauréal;
Bonneuil-en-Francc;
Piscop.

Dans le département des Yvelines, les communes suivantes:
Versailles;
Sartrouville;
Houilles;
Conflans-Sainte-Honorine;

Saint-Germain-en-Laye;
Poissy;
Trappes;
Plaisir;
Maisons-Laffitte;
Vélizy-Villacoublay;
Elancourt;
Maurepas;
Le Vésinet;
Marly-le-Roi;
Le Pecq;
Les Clayes-sous-Bois;
Achères;
Saint-Cyr-l'Ecole;
Viroflay;
Montigny-le-Bretonneux;
Fontenay-le-Fleury;
Bois-d'Arcy;
Carrières-sur-Seine;
Montesson;
Andrésy;
Guyancourt;
Chanteloup-les-Vignes;
Carrières-sous-Poissy;
Bougival;
Jouy-en-Josas;
Villepreux;
Louveciennes;
Chatou;
Le Chesnay;
La Celle-Saint-Cloud;
Croissy-sur-Seine;
Magny-les-Hameaux;
La Verrière;
Le Mesnil-Saint-Denis;
Le Mesnil-le-Roi;
Voisins-le-Bretonneux;
Saint-Rémy-lès-Chevreuse;
Chambourcy;
Buc;
Chevreuse;
L'Etang-la-Ville;
Rocquencourt;
Orgeval;
Coignières;
Jouars-Pontchartrain;
Le Port-Marly;
Mareil-Marly;
Maurecourt;
Fourqueux;
Neauphle-le-Château;
Les Loges-en-Josas;
Villiers-Saint-Frédéric;
Saint-Germain-de-la-Grange;
Le Tremblay-sur-Mauldre;
Neauphle-le-Vieux.

II. – Agglomération de Marseille

La commune de Marseille et les communes suivantes:
Aubagne;
Marignane;
Vitrolles;
Les Pennes-Mirabeau;
Gardanne;
Allauch;
Septèmes-les-Vallons;
Rognac;
Bouc-Bel-Air;
Plan-de-Cuques;
Cabriès;
Auriol;
Gémenos;
Gignac-la-Nerthe;
Fuveau;
La Bouilladisse;
Simiane-Collongue;
Meyreuil;
Gréasque;
Peypin;
Mimet;
La Destrousse;

La Penne-sur-Huveaune;
Roquevaire;
Saint-Victoret;
Saint-Savournin;
Cadolive.

III. – Agglomération de Lyon

La commune de Lyon et, dans le département du Rhône, les communes suivantes:

Villeurbanne;
Vénissieux;
Vaulx-en-Velin;
Saint-Priest;
Caluire-et-Cuire;
Bron;
Rillieux-la-Pape;
Oullins;
Meyzieu;
Décines-Charpieu;
Sainte-Foy-lès-Lyon;
Givors;
Ecully;
Saint-Fons;
Tassin-la-Demi-Lune;
Saint-Genis-Laval;
Brignais;
Francheville;
Pierre-Bénite;
Grigny;
Feyzin;
La Mulatière;
Fontaines-sur-Saône;
Neuville-sur-Saône;
Chassieu;
Irigny;
Corbas;
Mions;
Craponne;
Genas;
Chaponost;
Saint-Didier-au-Mont-d'Or;
Saint-Symphorien-d'Ozon;
Saint-Cyr-au-Mont-d'Or;
Champagne-au-Mont-d'Or;
Dardilly;
Sathonay-Camp;
Charbonnières-les-Bains;
Ternay;
Genay;
Vernaison;
Vaugneray;
Brindas;
Charly;
Grézieu-la-Varenne;
La-Tour-de-Salvagny;
Collonges-au-Mont-d'Or;
Saint-Genis-les-Ollières;
Albigny-sur-Saône;
Millery;
Couzon-au-Mont-d'Or;
Communay;
Limonest;
Fontaines-Saint-Martin;
Loire-sur-Rhône;
Sérézin-du-Rhône;
Montagny;
Solaize;
Vourles;
Montanay;
Sathonay-Village;
Marcy-l'Etoile;
Sainte-Consorce;
Cailloux-sur-Fontaines;
Saint-Romain-au-Mont-d'Or;
Fleurieu-sur-Saône;
Rochetaillée-sur-Saône;
Curis-au-Mont-d'Or.

Dans le département de l'Ain, les communes suivantes:

Miribel;
Montluel;
Trévoux;
Dagneux;
La Boisse;
Massieux;
Neyron;
Saint-Maurice-de-Beynost;
Beynost;
Reyrieux;
Saint-Didier-de-Formans;
Misérieux;
Sainte-Euphémie;
Parcieux.

Dans le département de l'Isère, la commune de Chasse-sur-Rhône.

ANNEXE N° 12

DECRET N° 89-590 DU 28 AOUT 1989

relatif à l'évolution de certains loyers dans l'agglomération de Paris pris en application de l'article 18 de la loi n° 89-462 du 6 juillet 1989 tendant à améliorer les rapports locatifs et portant modification de la loi n° 86-1290 du 23 décembre 1986

(J.O. 29 août 1989)

Le Premier ministre,

Sur le rapport du ministre d'Etat, ministre de l'Economie, des Finances et du Budget, du garde des Sceaux, ministre de la Justice, du ministre de l'Equipement, du Logement, des Transports et de la Mer, chargé du Logement,

Vu le Code de la construction et de l'habitation;

Vu la loi n° 48-1360 du 1er septembre 1948 modifiée portant modification et codification de la législation relative aux rapports des bailleurs et locataires ou occupants de locaux d'habitation ou à usage professionnel et instituant des allocations de logement;

Vu la loi n° 82-526 du 22 juin 1982 relative aux droits et obligations des locataires et des bailleurs;

Vu la loi n° 86-1290 du 23 décembre 1986 tendant à favoriser l'investissement locatif, l'accession à la propriété de logements sociaux et le développement de l'offre foncière, modifiée par la loi n° 89-18 du 13 janvier 1989 et par la loi n° 89-462 du 6 juillet 1989 visée ci-après;

Vu la loi n° 89-462 du 6 juillet 1989 tendant à améliorer les rapports locatifs et portant modification de la loi n° 86-1290 du 23 décembre 1986, notamment son article 18;

Vu le décret n° 83-1177 du 28 décembre 1983 pris en application de l'article 56 de la loi n° 82-526 du 22 juin 1982 et relatif à l'évolution de certains loyers;

Vu le décret n° 84-1202 du 27 décembre 1984 rendant obligatoire, en application de l'article 54 de la loi n° 82-526 du 22 juin 1982, un accord de modération des loyers dans le deuxième secteur;

Vu le décret n° 84-1204 du 27 décembre 1984 pris en application de l'article 55 de la loi n° 82-526 du 22 juin 1982 et relatif à l'évolution des loyers dans le quatrième secteur;

Vu le décret n° 85-1382 du 26 décembre 1985 pris en application de l'article 55 de la loi n° 82-526 du 22 juin 1982 et relatif à l'évolution de certains loyers;

Vu les avis de la Commission nationale de concertation en date du 31 juillet 1989, et du 23 août 1989;
Le Conseil d'Etat (section des travaux publics) entendu,

Décrète

Article 1er. Le présent décret s'applique dans les communes appartenant à l'agglomération de Paris dont la liste figure en annexe.

Article 2. Lorsqu'un logement vacant mentionné au *b* de l'article 17 de la loi du 6 juillet 1989 susvisée est reloué au cours des douze mois qui suivent l'entrée en vigueur du présent décret, la majoration du loyer ne peut excéder la variation de l'indice du coût de la construction à prendre en compte entre la dernière majoration de loyer intervenue dans le cadre de l'ancien contrat et la date d'effet du nouveau contrat.
Toutefois, lorsque le bailleur a réalisé depuis le dernier renouvellement ou la dernière reconduction du contrat de location précédent, ou, si le contrat précédent n'a été ni renouvelé ni reconduit, depuis la date d'effet du contrat initial précédent, des travaux d'amélioration portant sur les parties privatives ou communes d'un montant au moins égal à la dernière année de loyer, une majoration supplémentaire du loyer annuel égale au plus à 10% du coût réel des travaux toutes taxes comprises est autorisée.
Les dispositions des alinéas précédents ne s'appliquent pas:
1° Aux loyers initiaux des logements faisant l'objet d'une convention passée en application de l'article L. 351-2 du Code de la construction et de l'habitation.
2° Aux loyers initiaux des logements faisant objet d'un contrat de location mentionné à l'article 28 de la loi du 23 décembre 1986 susvisée.
3° Aux logements dont le loyer du précédent locataire était régi par les dispositions du chapitre III de la loi du 1er septembre 1948 susvisée.

Elles ne s'appliquent pas non plus aux logements dont le loyer est manifestement sous-évalué, lorsque le contrat du précédent locataire n'a pas été reconduit ou renouvelé entre le 26 décembre 1986 et la date d'entrée en vigueur du présent décret, et que ce contrat a été conclu:
1° Avant le 1er janvier 1985, lorsque le logement appartient au deuxième secteur défini au deuxième alinéa de l'article 41 *ter* de la loi du 23 décembre 1986 susvisée.
2° Avant le 1er janvier 1986, lorsque le logement appartient au troisième secteur défini au deuxième alinéa de l'article 41 *ter* de la loi du 23 décembre 1986 susvisée.

3° Avant le 1er janvier 1984, lorsque le logement appartient au quatrième secteur défini au deuxième alinéa de l'article 41 *ter* de la loi du 23 décembre 1986 susvisée.

Article 3. Lorsque le contrat de location est renouvelé au cours des douze mois qui suivent l'entrée en vigueur du présent décret, il ne peut y avoir de réévaluation du loyer autre que celle résultant de la révision, aux date et conditions prévues au contrat, ou d'une clause relative à la révision introduite dans le contrat lors de son renouvellement.

Toutefois, lorsque le bailleur a réalisé depuis le dernier renouvellement ou la dernière reconduction du contrat, ou, si le contrat n'a été ni renouvelé ni reconduit, depuis sa date d'effet, des travaux d'amélioration portant sur les parties privatives ou communes d'un montant au moins égal à la dernière année de loyer et si, selon la date d'échéance du contrat, il a fait application des dispositions de l'article 21 abrogé de la loi du 23 décembre 1986 susvisée ou il fait application de celles du *c* de l'article 17 de la loi du 6 juillet 1989 susvisée, la majoration du loyer annuel qui en résulte est au plus égale à 10 % du coût réel des travaux toutes taxes comprises. La hausse du loyer s'applique dans les conditions prévues au *c* de l'article 17 précité.

Les dispositions des alinéas précédents ne s'appliquent pas aux logements dont le loyer est manifestement sous-évalué, lorsque le contrat n'a pas été reconduit ou renouvelé entre le 26 décembre 1986 et la date d'entrée en vigueur du présent décret, et que ce contrat a été conclu :

1° Avant le 1er janvier 1985, lorsque le logement appartient au deuxième secteur défini au deuxième alinéa de l'article 41 *ter* de la loi du 23 décembre 1986 susvisée.

2° Avant le 1er janvier 1986, lorsque le logement appartient au troisième secteur défini au deuxième alinéa de l'article 41 *ter* de la loi du 23 décembre 1986 susvisée.

3° Avant le 1er janvier 1984, lorsque le logement appartient au quatrième secteur défini au deuxième alinéa de l'article 41 *ter* de la loi du 23 décembre 1986 susvisée.

Article 4. Les dispositions du présent décret ne font pas obstacle à l'application des clauses contractuelles mentionnées au *e* de l'article 17 de la loi du 6 juillet 1989 ou des accords collectifs locaux conclus en application de l'article 42 modifié de la loi du 23 décembre 1986 susvisée.

Article 5. Le ministre d'Etat, ministre de l'Economie, des Finances et du Budget, le garde des Sceaux, ministre de la Justice, le ministre de l'Equipement, du Logement, des Transports et de la Mer, le ministre délégué auprès du ministre de l'Equipement, du Logement, des Transports et de la

Mer, chargé du Logement, le secrétaire d'Etat auprès du ministre de l'Economie, des Finances et du Budget, chargé de la Consommation, sont chargés, chacun en ce qui le concerne, de l'exécution du présent décret qui sera publié au *Journal officiel* de la République Française.

Fait à Paris, le 28 août 1989.

ANNEXE

Agglomération de Paris

La ville de Paris.

Dans le département de Seine-et-Marne, les communes suivantes:

Chelles;
Pontault-Combault;
Champs-sur Marne;
Villeparisis;
Combs-la-Ville;
Mitry-Mory;
Noisiel;
Torcy;
Vaires-sur-Marne;
Lésigny;
Brou-sur-Chantereine;
Courtry;
Emerainville;
Lognes;
Croissy-Beaubourg;
Servon;
Collégien.

Dans le département des Hauts-de-Seine, les communes suivantes:

Boulogne-Billancourt;
Nanterre;
Colombes;
Asnières-sur-Seine;
Neuilly-sur-Seine;
Rueil-Malmaison;
Courbevoie;
Antony;
Levallois-Perret;
Meudon;
Clamart;
Clichy;
Issy-les-Moulineaux;
Gennevilliers;
Bagneux;
Montrouge;
Puteaux;
Suresnes;
Malakoff;
Chatenay-Malabry;
Saint-Cloud;
Châtillon;
Fontenay-aux-Roses;
Villeneuve-la-Garenne;
Bois-Colombes;
Vanves;
Le Plessis-Robinson;
La Garenne-Colombes;
Sèvres;
Sceaux;
Garches;
Bourg-la-Reine;
Chaville;
Ville d'Avray;
Vaucresson;
Marnes-la-Coquette.

Dans le département de la Seine-Saint-Denis, les communes suivantes:

Montreuil;
Saint-Denis;
Aulnay-sous-Bois;
Aubervilliers;
Drancy;
Epinay-sur-Seine;
Le Blanc-Mesnil;
Bondy;
Saint-Ouen;
Pantin;
Bobigny;
Sevran;
Noisy-le-Grand;
Rosny-sous-Bois;
Noisy-le-Sec;
Stains;
Gagny;
La Courneuve;
Livry-Gargan;
Bagnolet;
Neuilly-sur-Marne;
Tremblay-lès-Gonesse;
Villemomble;
Romainville;
Clichy-sous-Bois;
Villepinte;
Montfermeil;
Pierrefitte-sur-Seine;
Les Lilas;
Les Pavillons-sous-Bois;
Neuilly-Plaisance;
Le Raincy;
Le Pré-Saint-Gervais;
Le Bourget;
Villetaneuse;
Dugny;
L'Ile-Saint-Denis;
Vaujours;
Coubron;
Gournay-sur-Marne.

Dans le département du Val-de-Marne, les communes suivantes:

Vitry-sur-Seine;
Saint-Maur-des-Fossés;
Champigny-sur-Marne;
Créteil;
Ivry-sur-Seine;
Fontenay-sous-Bois;
Villejuif;
Maisons-Alfort;
Vincennes;
Alfortville;
Choisy-le-Roi;
L'Haÿ-les-Roses;
Villeneuve-Saint-Georges;
Le Perreux-sur-Marne;
Thiais;
Frcsnes;
Nogent-sur-Marne;
Cachan;
Orly;
Sucy-en-Brie;
Villiers-sur-Marne;
Villeneuve-le-Roi;
Charenton-le-Pont;
Arcueil;
Saint-Mandé;
Le Kremlin-Bicêtre;
Chennevières-sur-Marne;
Joinville-le-Pont;
Gentilly;
Limeil-Brévannes;
Chevilly-Larue;
Bonneuil-sur-Marne;
Le Plessis-Trévise;
Boissy-Saint-Léger;
Bry-sur-Marne;
Valenton;
La Queue-en-Brie;
Saint-Maurice;
Ormesson-sur-Marne;
Villecresnes;

Ablon-sur-Seine;
Noiseau;
Rungis;
Santeny;
Mandres-les-Roses;
Périgny;
Marolles-en-Brie.

Dans le département de l'Essonne, les communes suivantes:

Massy;
Corbeil-Essonnes;
Savigny-sur-Orge;
Sainte-Geneviève-des-Bois;
Viry-Châtillon;
Evry;
Athis-Mons;
Palaiseau;
Les Ulis;
Draveil;
Grigny;
Yerres;
Ris-Orangis;
Vigneux-sur-Seine;
Brunoy;
Montgeron;
Morsang-sur-Orge;
Saint-Michel-sur-Orge;
Brétigny-sur-Orge;
Longjumeau;
Chilly-Mazarin;
Gif-sur-Yvette;
Epinay-sous-Sénart;
Orsay;
Verrières-le-Buisson;
Juvisy-sur-Orge;
Mennecy;
Morangis;
Igny;
Epinay-sur-Orge;
Bondoufle;
Arpajon;
Bures-sur-Yvette;
Villebon-sur-Yvette;
Fleury-Mérogis;
Crosne;
Breuillet;
Quincy-sous-Sénart;
Paray-Vieille-Poste;
Saint-Germain-lès-Arpajon;
Soisy-sur-Seine;
Boussy-Saint-Antoine;
Courcouronnes;
Egly;
Marcoussis;
Saint-Germain-lès-Corbeil;
Wissous;
Montlhéry;
Lisses;
Longpont-sur-Orge;
Villemoisson-sur-Orge;
La Ville-du-Bois;
Linas;
Bièvres;
Saintry-sur-Seine;
Villiers-sur-Orge;
Saulx-les-Chartreux;
Le Plessis-Pâté;
Ollainville;
Villabé;
Boissy-sous-Saint-Yon;
Champlan;
La Norville;
Le Coudray-Montceaux;
Ballainvilliers;
Bruyères-le-Châtel;
Leuville-sur-Orge;
Saclay;
Saint-Pierre-du-Perray;
Vauhallan;
Etiolles;
Gometz-le-Châtel;

Varennes-Jarcy;
Breux-Jouy;
Ormoy;
Saint-Yon.

Dans le département du Val-d'Oise, les communes suivantes:
Argenteuil;
Sarcelles;
Garges-lès-Gonesse;
Franconville;
Pontoise;
Villiers-le-Bel;
Ermont;
Bezons;
Gonesse;
Eaubonne;
Sannois;
Taverny;
Montmorency;
Saint-Gratien;
Herblay;
Cergy;
Saint-Ouen-l'Aumône;
Deuil-la-Barre;
Soisy-sous-Montmorency;
Eragny;
Cormeilles-en-Parisis;
Montigny-lès-Cormeilles;
Saint-Leu-La-Forêt;
Domont;
Osny;
Arnouville-lès-Gonesse;
Enghien-les-Bains;
Saint-Brice-sous-Forêt;
L'Isle-Adam;
Montmagny;
Beauchamp;
Ezanville;
Jouy-le-Moutier;
Bessancourt;
Méry-sur-Oise;
Auvers-sur-Oise;
Pierrelaye;
Le Plessis-Bouchard;
Saint-Prix;
Groslay;
Bouffémont;
Parmain;
Ecouen;
La Frette-sur-Seine;
Mériel;
Champagne-sur-Oise;
Margency;
Montlignon;
Frépillon;
Butry-sur-Oise;
Andilly;
Nesles-la-Vallée;
Valmondois;
Neuville-sur-Oise;
Villiers-Adam;
Vauréal;
Bonneuil-en-France;
Piscop.

Dans le département des Yvelines, les communes suivantes:
Versailles;
Sartrouville;
Saint-Germain-en-Laye;
Poissy;
Trappes;
Houilles;
Conflans-Sainte-Honorine;
Chatou;
Le Chesnay;
La Celle-Saint-Cloud;
Plaisir;
Maisons-Laffitte;
Vélizy-Villacoublay;
Elancourt;
Maurepas;
Le Vésinet;

Marly-le-Roi;
Le Pecq;
Les Clayes-sous-Bois;
Achères;
Saint-Cyr-l'Ecole;
Viroflay;
Montigny-le-Bretonneux;
Fontenay-le-Fleury;
Bois d'Arcy;
Carrières-sur-Seine;
Montesson;
Andrésy;
Guyancourt;
Chanteloup-les-Vignes;
Carrières-sous-Poissy;
Bougival;
Jouy-en-Josas;
Villepreux;
Louveciennes;
Croissy-sur-Seine;
Magny-les-Hameaux;
La Verrière;
Le Mesnil-Saint-Denis;
Le Mesnil-le-Roi;
Voisins-le-Bretonneux;
Saint-Rémy-lès-Chevreuse;
Chambourcy;
Buc;
Chevreuse;
L'Etang-la-Ville;
Rocquencourt;
Orgeval;
Coignières;
Jouars-Pontchartrain;
Le Port-Marly;
Mareil-Marly;
Maurecourt;
Fourqueux;
Neauphle-le-Château;
Les Loges-en-Josas;
Villiers-Saint-Frédéric;
Saint-Germain-de-la-Grange;
Le Tremblay-sur-Mauldre;
Neauphle-le-Vieux.

ANNEXE N° 13

DECRET N° 90-762 DU 27 AOUT 1990

relatif à l'évolution de certains loyers dans l'agglomération de Paris pris en application de l'article 18 de la loi n° 89-462 du 6 juillet 1989 tendant à améliorer les rapports locatifs et portant modification de la loi n° 86-1290 du 25 décembre 1986

(J.O. 28 août 1990)

Article 1er. Le présent décret s'applique à compter du 31 août 1990 dans les communes appartenant à l'agglomération de Paris dont la liste figure en annexe.

Article 2. Lorsqu'un logement vacant mentionné au *b* de l'article 17 de la loi du 6 juillet 1989 susvisée est reloué au cours des douze mois qui suivent l'entrée en vigueur du présent décret, la majoration du loyer ne peut excéder la variation de l'indice du coût de la construction à prendre en compte entre la dernière majoration de loyer intervenue dans le cadre de l'ancien contrat et la date d'effet du nouveau contrat.
Toutefois, lorsque le bailleur a réalisé depuis le dernier renouvellement ou la dernière reconduction du contrat de location précédent, ou, si le contrat précédent n'a été ni renouvelé ni reconduit, depuis la date d'effet du contrat initial précédent, des travaux d'amélioration portant sur les parties privatives ou communes d'un montant au moins égal à la dernière année de loyer, une majoration supplémentaire du loyer annuel égale au plus à 10 % du coût réel des travaux toutes taxes comprises est autorisée.
Les dispositions des alinéas précédents ne s'appliquent pas :

1° Aux loyers initiaux des logements faisant l'objet d'une convention passée en application de l'article L. 351-2 du Code de la construction et de l'habitation.
2° Aux loyers initiaux des logements faisant objet d'un contrat de location mentionné à l'article 28 de la loi du 23 décembre 1986 susvisée.
3° Aux logements dont le loyer du précédent locataire était régi par les dispositions du chapitre III de la loi du 1er septembre 1948 susvisée.

Elles ne s'appliquent pas non plus aux logements dont le loyer est manifestement sous-évalué, lorsque le contrat du précédent locataire n'a pas été reconduit ou renouvelé entre le 26 décembre 1986 et la date d'entrée en vigueur du présent décret, et que ce contrat a été conclu :

1° Avant le 1er janvier 1985, lorsque le logement appartient au deuxième secteur défini au deuxième alinéa de l'article 41 *ter* de la loi du 23 décembre 1986 susvisée.

2° Avant le 1er janvier 1986, lorsque le logement appartient au troisième secteur défini au deuxième alinéa de l'article 41 *ter* de la loi du 23 décembre 1986 susvisée.

3° Avant le 1er janvier 1984, lorsque le logement appartient au quatrième secteur défini au deuxième alinéa de l'article 41 *ter* de la loi du 23 décembre 1986 susvisée.

Article 3. Lorsque le contrat de location est renouvelé au cours des douze mois qui suivent l'entrée en vigueur du présent décret, il ne peut y avoir de réévaluation du loyer autre que celle résultant de la révision, aux date et conditions prévues au contrat, ou d'une clause relative à la révision introduite dans le contrat lors de son renouvellement.

ANNEXE

Agglomération de Paris

La ville de Paris.

Dans le département de Seine-et-Marne, les communes suivantes:

Chelles;
Pontault-Combault;
Champs-sur Marne;
Villeparisis;
Combs-la-Ville;
Mitry-Mory;
Noisiel;
Torcy;
Vaires-sur-Marne;
Lésigny;
Brou-sur-Chantereine;
Courtry;
Emerainville;
Lognes;
Croissy-Beaubourg;
Servon;
Collégien.

Dans le département des Hauts-de-Seine, les communes suivantes:

Boulogne-Billancourt;
Nanterre;
Colombes;
Asnières-sur-Seine;
Neuilly-sur-Seine;
Rueil-Malmaison;
Courbevoie;
Antony;
Levallois-Perret;
Meudon;
Clamart;
Clichy;
Issy-les-Moulineaux;
Gennevilliers;
Bagneux;
Montrouge;
Puteaux;
Suresnes;
Malakoff;
Châtenay-Malabry;

Saint-Cloud;
Châtillon;
Fontenay-aux-Roses;
Villeneuve-la-Garenne;
Bois-Colombes;
Vanves;
Le Plessis-Robinson;
La Garenne-Colombes;
Sèvres;
Sceaux;
Garches;
Bourg-la-Reine;
Chaville;
Ville d'Avray;
Vaucresson;
Marnes-la-Coquette.

Dans le département de la Seine-Saint-Denis, les communes suivantes:
Montreuil;
Saint-Denis;
Aulnay-sous-Bois;
Aubervilliers;
Drancy;
Epinay-sur-Seine;
Le Blanc-Mesnil;
Bondy;
Saint-Ouen;
Pantin;
Bobigny;
Sevran;
Noisy-le-Grand;
Rosny-sous-Bois;
Noisy-le-Sec;
Stains;
Gagny;
La Courneuve;
Livry-Gargan;
Bagnolet;
Neuilly-sur-Marne;
Tremblay-lès-Gonesse;
Villemomble;
Romainville;
Clichy-sous-Bois;
Villepinte;
Montfermeil;
Pierrefitte-sur-Seine;
Les Lilas;
Les Pavillons-sous-Bois;
Neuilly-Plaisance;
Le Raincy;
Le Pré-Saint-Gervais;
Le Bourget;
Villetaneuse;
Dugny;
L'Ile-Saint-Denis;
Vaujours;
Coubron;
Gournay-sur-Marne.

Dans le département du Val-de-Marne, les communes suivantes:
Vitry-sur-Seine;
Saint-Maur-des-Fossés;
Champigny-sur-Marne;
Créteil;
Ivry-sur-Seine;
Fontenay-sous-Bois;
Villejuif;
Maisons-Alfort;
Vincennes;
Alfortville;
Choisy-le-Roi;
L'Haÿ-les-Roses;
Villeneuve-Saint-Georges;
Le Perreux-sur-Marne;
Thiais;
Fresnes;
Nogent-sur-Marne;
Cachan;
Orly;
Sucy-en-Brie;
Villiers-sur-Marne;
Villeneuve-le-Roi;

Charenton-le-Pont;
Arcueil;
Saint-Mandé;
Le Kremlin-Bicêtre;
Chennevières-sur-Marne;
Joinville-le-Pont;
Gentilly;
Limeil-Brévannes;
Chevilly-Larue;
Bonneuil-sur-Marne;
Le Plessis-Trévise;
Boissy-Saint-Léger;
Bry-sur-Marne;
Valenton;
La Queue-en-Brie;
Saint-Maurice;
Ormesson-sur-Marne;
Villecresnes;
Ablon-sur-Seine;
Noiseau;
Rungis;
Santeny;
Mandres-les-Roses;
Périgny;
Marolles-en-Brie.

Dans le département de l'Essonne, les communes suivantes:
Massy;
Corbeil-Essonnes;
Savigny-sur-Orge;
Sainte-Geneviève-des-Bois;
Viry-Châtillon;
Evry;
Athis-Mons;
Palaiseau;
Les Ulis;
Draveil;
Grigny;
Yerres;
Ris-Orangis;
Vigneux-sur-Seine;
Brunoy;
Montgeron;
Morsang-sur-Orge;
Saint-Michel-sur-Orge;
Brétigny-sur-Orge;
Longjumeau;
Chilly-Mazarin;
Gif-sur-Yvette;
Epinay-sous-Sénart;
Orsay;
Verrières-le-Buisson;
Juvisy-sur-Orge;
Mennecy;
Morangis;
Igny;
Epinay-sur-Orge;
Bondoufle;
Arpajon;
Bures-sur-Yvette;
Villebon-sur-Yvette;
Fleury-Mérogis;
Crosne;
Breuillet;
Quincy-sous-Sénart;
Paray-Vieille-Poste;
Saint-Germain-lès-Arpajon;
Soisy-sur-Seine;
Boussy-Saint-Antoine;
Courcouronnes;
Egly;
Marcoussis;
Saint-Germain-lès-Corbeil;
Wissous;
Montlhéry;
Lisses;
Longpont-sur-Orge;
Villemoisson-sur-Orge;
La Ville-du-Bois;
Linas;
Bièvres;

Saintry-sur-Seine;
Villiers-sur-Orge;
Saulx-les-Chartreux;
Le Plessis-Pâté;
Ollainville;
Villabé;
Boissy-sous-Saint-Yon;
Champlan;
La Norville;
Le Coudray-Montceaux;
Ballainvilliers;
Bruyères-le-Châtel;
Leuville-sur-Orge;
Saclay;
Saint-Pierre-du-Perray;
Vauhallan;
Etiolles;
Gometz-le-Châtel;
Varennes-Jarcy;
Breux-Jouy;
Ormoy;
Saint-Yon.

Dans le département du Val-d'Oise, les communes suivantes:
Argenteuil;
Sarcelles;
Garges-lès-Gonesse;
Franconville;
Pontoise;
Villiers-le-Bel;
Ermont;
Bezons;
Gonesse;
Eaubonne;
Sannois;
Taverny;
Montmorency;
Saint-Gratien;
Herblay;
Cergy;
Saint-Ouen-l'Aumône;
Deuil-la-Barre;
Soisy-sous-Montmorency;
Eragny;
Cormeilles-en-Parisis;
Montigny-lès-Cormeilles;
Saint-Leu-La-Forêt;
Domont;
Osny;
Arnouville-lès-Gonesse;
Enghien-les-Bains;
Saint-Brice-sous-Forêt;
L'Isle-Adam;
Montmagny;
Beauchamp;
Ezanville;
Jouy-le-Moutier;
Bessancourt;
Méry-sur-Oise;
Auvers-sur-Oise;
Pierrelaye;
Le Plessis-Bouchard;
Saint-Prix;
Groslay;
Bouffémont;
Parmain;
Ecouen;
La Frette-sur-Seine;
Mériel;
Champagne-sur-Oise;
Margency;
Montlignon;
Frépillon;
Butry-sur-Oise;
Andilly;
Nesles-la-Vallée;
Valmondois;
Neuville-sur-Oise;
Villiers-Adam;
Vauréal;
Bonneuil-en-France;
Piscop.

Dans le département des Yvelines, les communes suivantes:

Versailles;
Sartrouville;
Saint-Germain-en-Laye;
Poissy;
Trappes;
Houilles;
Conflans-Sainte-Honorine;
Chatou;
Le Chesnay;
La Celle-Saint-Cloud;
Plaisir;
Maisons-Laffitte;
Vélizy-Villacoublay;
Elancourt;
Maurepas;
Le Vésinet;
Marly-le-Roi;
Le Pecq;
Les Clayes-sous-Bois;
Achères;
Saint-Cyr-l'Ecole;
Viroflay;
Montigny-le-Bretonneux;
Fontenay-le-Fleury;
Bois d'Arcy;
Carrières-sur-Seine;
Montesson;
Andrésy;
Guyancourt;
Chanteloup-les-Vignes;
Carrières-sous-Poissy;
Bougival;
Jouy-en-Josas;
Villepreux;
Louveciennes;
Croissy-sur-Seine;
Magny-les-Hameaux;
La Verrière;
Le Mesnil-Saint-Denis;
Le Mesnil-le-Roi;
Voisins-le-Bretonneux;
Saint-Rémy-lès-Chevreuse;
Chambourcy;
Buc;
Chevreuse;
L'Etang-la-Ville;
Rocquencourt;
Orgeval;
Coignières;
Jouars-Pontchartrain;
Le Port-Marly;
Mareil-Marly;
Maurecourt;
Fourqueux;
Neauphle-le-Château;
Les Loges-en-Josas;
Villiers-Saint-Frédéric;
Saint-Germain-de-la-Grange;
Le Tremblay-sur-Mauldre;
Neauphle-le-Vieux.

ANNEXE N° 14

DECRET N° 90-628 DU 16 JUILLET 1990

relatif aux conditions d'agrément des observatoires des loyers et portant application de l'article 16 de la loi n. 89-442 du 6 juillet 1989 tendant à améliorer les rapports locatifs

(J.O. 18 juillet 1990)

Article 1er. L'agrément des observatoires de loyers prévu à l'article 6 de la loi du 6 juillet 1989 susvisée est délivré par le ministre chargé du logement.

Article 2. Le dossier d'agrément est constitué :
- des statuts de l'observatoire des loyers et de son règlement intérieur ;
- d'une note sur les méthodes de collecte, d'analyse et de mise à jour des données ;
- d'une note sur les conditions et modalités de diffusion de l'information.

Article 3. Le préfet du département veille au respect des conditions d'agrément de l'observatoire des loyers. En cas de manquement grave ou répété, après mise en demeure, il propose à l'autorité compétente le retrait de l'agrément.

ANNEXE N° 15

DECRET N° 90-780 DU 31 AOUT 1990

portant application de l'article 19 de la loi n° 89-462 du 6 juillet 1989 tendant à améliorer les rapports locatifs

(J.O. 6 septembre 1990)

Article 1er. Les références à fournir par le bailleur en application de l'article 19 de la loi du 6 juillet 1989 susvisée mentionnent pour chaque logement loué :

a) le nom de la rue et la dizaine de numéros où se situe l'immeuble ;

b) la qualité et l'époque de construction de l'immeuble ;

c) l'étage du logement et la présence éventuelle d'un ascenseur ;

d) la surface habitable du logement et le nombre de ses pièces principales ;

e) l'existence éventuelle d'annexes prises en compte pour le loyer ;

f) l'état d'équipement du logement : notamment, WC intérieur, salle d'eau, chauffage central ;

g) l'indication selon laquelle le locataire est dans les lieux depuis plus ou moins de trois ans ;

h) le montant du loyer mensuel hors charges effectivement exigé.

Article 2. Le décret n° 89-98 du 15 février 1989 portant application des articles 21, 30 et 31 de la loi n° 86-1290 du 23 décembre 1986 modifiée est abrogé en tant qu'il porte application de l'article 21 de la loi du 6 juillet 1989 susvisée.

ANNEXE N° 16

DECRET N° 90-781 DU 31 AOUT 1990

portant application des articles 30 et 31 de la loi n. 86-1290 du 23 décembre 1986 modifiée

(J.O. 6 septembre 1990)

Article 1er. Pour permettre l'application des articles 30 et 31 de la loi du 23 décembre 1986, les loyers servant de références doivent être représentatifs de l'ensemble des loyers habituellement constatés au cours des trois dernières années dans le voisinage pour les logements comparables, quelle que soit la date d'entrée dans les lieux du locataire.
La liste des références notifiée par le bailleur doit comprendre les éléments définis aux articles 2, 3, 4, et 5 du présent décret.

Article 2. Le nombre minimal des références à fournir est de trois. Toutefois, il est de six dans les communes faisant partie d'une agglomération de plus de 1 000 000 d'habitants figurant au décret n. 87-818 du 2 octobre 1987 susvisé.

Article 3. Les références utilisées doivent être prises dans le voisinage du logement en cause, c'est-à-dire soit dans le même groupe d'immeubles, soit dans tout autre groupe d'immeubles comportant des caractéristiques similaires et situé dans la même zone géographique.

Article 4. La liste des références notifiée par le bailleur doit comporter, au moins pour les deux tiers, des références de locations pour lesquelles il n'y a pas eu de changement de locataire depuis trois ans.

Article 5. Les références servant à déterminer le loyer en application des articles 30 et 31 de la loi du 23 décembre 1986 susvisée mentionnent, pour chacune d'entre elles:
a) le nom de la rue et la dizaine de numéros où se situe l'immeuble;
b) la qualité et l'époque de construction de l'immeuble;
c) l'étage du logement et la présence éventuelle d'un ascenseur;

d) la surface habitable du logement et le nombre de ses pièces principales ;
e) l'existence éventuelle d'annexes prises en compte pour le loyer ;
f) son état d'équipement : notamment, W.C. intérieur, salle d'eau, chauffage ;
g) l'indication selon laquelle le locataire est dans les lieux depuis plus ou moins de trois ans;
h) le montant du loyer mensuel hors charges effectivement exigé.

Article 6. Le décret n. 89-98 du 15 février 1989 est abrogé en tant qu'il porte application des articles 30 et 31 de la loi du 23 décembre 1986 susvisée.

ANNEXE N° 17

DECRET N° 90-794 DU 7 SEPTEMBRE 1990

portant application en ce qui concerne les plans départementaux d'action pour le logement des personnes défavorisées de la loi n. 90-449 du 31 mai 1990 visant à la mise en œuvre du droit au logement

(J.O. 9 septembre 1990)

Article 1er. Le plan départemental d'action pour le logement des personnes défavorisées est établi pour une durée déterminée, au moins égale à un an.

Ce plan départemental comprend pour la période qu'il détermine:

1° Une analyse des besoins des personnes visées par la loi et une évaluation de leur nombre, le cas échéant, par bassin d'habitat.

2° La détermination des objectifs à atteindre par bassin d'habitat.

3° Les mesures permettant d'atteindre ces objectifs, notamment par la centralisation des demandes, par la création d'une offre supplémentaire de logements et par la mise en place d'aides financières et de mesures spécifiques d'accompagnement social.

4° Les règles d'examen des demandes, notamment celles qui permettent de donner une priorité aux personnes et familles sans aucun logement ou menacées d'expulsion sans relogement ou logées dans des taudis, des habitations insalubres, précaires ou de fortune.

5° Les règles d'intervention du fonds de solidarité et les dispositions prévues aux articles 5 et 6 du présent décret pour l'attribution des aides de ce fonds.

6° Les données quantitatives et qualitatives devant être recueillies pour permettre l'évaluation périodique de l'application du plan par l'établissement du bilan prévu à l'article 10 du présent décret.

7° La désignation d'un comité responsable du plan et la définition des moyens nécessaires à son fonctionnement.

Article 2. Le préfet et le président du conseil général dressent conjointement la liste des personnes morales concernées auxquelles ils demandent, ainsi qu'aux collectivités territoriales et à leurs groupements, de participer à l'élaboration du plan départemental et à sa mise en œuvre. Les collectivités territoriales, leurs groupements et les personnes morales concernées qui ont répondu positivement à cette demande constituent avec l'Etat et

le département une commission chargée d'élaborer le plan départemental. Les collectivités territoriales, leurs groupements et les personnes morales concernées qui n'ont pas accepté de participer à cette commission peuvent néanmoins prendre part à la mise en œuvre du plan et conclure les conventions prévues à l'article 8 du présent décret.
Le préfet et le président du conseil général établissent, après consultation de la commission, un projet de plan avant le 1er avril 1991 ; ce projet est soumis au conseil départemental de l'habitat et au conseil départemental d'insertion qui expriment leur avis dans le délai d'un mois.
Le préfet et le président du conseil général arrêtent le plan avant le 1er juin 1991. Le plan est publié par le préfet au recueil des actes administratifs de la préfecture et par le président du conseil général au recueil des actes administratifs du département dans le délai d'un mois. Il peut en outre faire l'objet à leur initiative de toute mesure de publicité utile. Lorsqu'à défaut d'accord le plan départemental est arrêté par décision conjointe des ministres chargés des collectivités territoriales, du logement et des affaires sociales, il est publié par le préfet au recueil des actes administratifs de la préfecture. Il peut en outre faire l'objet à l'initiative des ministres de toute mesure de publicité utile.

Article 3. Un plan régional définit les mesures de coordination visant à assurer la cohérence des plans départementaux d'action pour le logement des personnes défavorisées des départements de la région Ile-de-France.
Le préfet de la région Ile-de-France, le président du conseil régional et les présidents des conseils généraux arrêtent conjointement le plan régional. A défaut d'accord, il est fait application des dispositions du deuxième alinéa de l'article 3 de la loi du 31 mai 1990 susvisée.

Article 4. Le plan départemental précise les conditions d'intervention du fonds de solidarité pour le logement et, à cet effet, définit tant la nature et le montant des aides financières destinées à favoriser l'accès ou le maintien dans un logement que les critères d'éligibilité à ces aides, qui sont notamment la situation financière et familiale ainsi que les conditions d'existence des personnes, le montant de leur dette de logement ou de leurs frais d'installation.
Le plan définit également les mesures d'accompagnement social pour les personnes bénéficiant du plan départemental, et notamment celles qui accèdent à un logement, qu'elles bénéficient ou non des aides financières du fonds de solidarité.

Article 5. Le plan départemental définit la composition de l'instance du fonds de solidarité pour le logement chargée d'attribuer les aides financiè-

res et de prendre les décisions en matière d'accompagnement social lié au logement ; cet organisme doit comprendre notamment un ou des représentants de chaque partenaire y contribuant financièrement et au moins deux élus et deux personnes compétentes en matière d'insertion et de logement des personnes défavorisées.
Le plan définit, le cas échéant, la composition des instances correspondantes des fonds locaux de solidarité.
Le plan prévoit qu'aucune demande d'aide ne peut être rejetée sans avoir fait l'objet d'un examen par l'instance compétente pour l'attribution des aides.

Article 6. Le plan départemental désigne la personne morale chargée d'assurer la gestion financière et comptable des fonds départemental et locaux, laquelle est soit une caisse d'allocations familiales, soit une association agréée par le préfet, soit un groupement d'intérêt public. L'Etat et le département passent à cet effet convention avec la personne morale désignée.
Le plan définit les conditions dans lesquelles le gestionnaire remplit sa mission, la manière dont il rend compte de l'utilisation des sommes recueillies et les conditions de résiliation de la convention.
Le gestionnaire reçoit toutes les dotations; lorsque les aides financières sont attribuées par l'intermédiaire de fonds locaux, les contributions financières des collectivités territoriales autres que le département, de leurs groupements et des autres personnes morales participant volontairement à leur financement peuvent être versées directement à ces fonds locaux dans les conditions définies par la convention relative au financement du fonds départemental.

Article 7. Un comité responsable du plan, coprésidé par le préfet et le président du conseil général ou leurs représentants, est chargé de suivre la mise en œuvre du plan départemental. Le plan fixe sa composition, son mode de fonctionnement et les moyens administratifs et financiers qui lui sont nécessaires.

Article 8. Les conventions prévues aux articles 5 et 6 de la loi du 31 mai 1990 susvisée sont conclues pour une durée déterminée, au moins égale à un an et au plus égale à la durée du plan départemental ; leurs dispositions financières sont révisées annuellement.

Article 9. La convention relative au financement du fonds de solidarité pour le logement est conclue dans le délai d'un mois suivant la date à laquelle le plan départemental a été arrêté.

La convention détermine les modalités et les dates de versement des contributions prévues ainsi que l'affectation des sommes recueillies qui n'auraient pas été consommées à son terme. Elle fixe également pour la première période annuelle les dotations financières de l'Etat et du département. A défaut de conclusion de la convention dans un délai susmentionné, le préfet notifie au président du conseil général le montant de la participation financière de l'Etat pour la première période annuelle, afin de permettre au département de satisfaire à l'obligation qui lui est faite par l'article 7 de la loi du 31 mai 1990 susvisée ; la convention est alors valablement conclue entre l'Etat et les autres partenaires. Si aucune convention n'est signée, les mesures prévues par le présent article sont arrêtées par le préfet.
La convention tient compte, pour répartir les sommes recueillies, des conditions d'intervention du fonds de solidarité prévues par le plan départemental et des dispositions qu'il prend en faveur de la création d'une offre nouvelle de logements destinés aux personnes défavorisées. Elle précise cette répartition en fonction des emplois prévus par le plan départemental en distinguant les aides financières destinées au maintien dans les lieux de locataires ayant des arriérés de loyer (subventions et prêts), les aides financières à l'accès à un logement (cautions ou garanties aux personnes physiques ou à des associations, subventions ou prêts d'installation) et les mesures d'accompagnement social lié au logement ainsi que les modalités de révision de cette répartition. Elle définit en tant que de besoin les critères d'une répartition des sommes au profit des fonds locaux ou des associations chargées d'attribuer les aides pour le compte du fonds départemental.
La convention mentionne la personne morale responsable de la gestion du fonds en vertu de l'article 6 du présent décret.
La convention est révisée chaque année aux fins de fixer les dotations financières de la période annuelle suivante. A défaut, le préfet notifie au président du conseil général le montant de la participation de l'Etat pour ladite période afin de permettre au département de satisfaire à l'obligation qui lui est faite par l'article 7 de la loi du 31 mai 1990 susvisée.

Article 10. Le préfet et le président du conseil général évaluent chaque année l'application du plan départemental à travers un bilan qui analyse les résultats obtenus en regard des objectifs fixés par le plan, en termes quantitatifs et qualitatifs. Le projet de bilan est établi sur proposition du comité responsable du plan et est transmis pour avis aux autres collectivités territoriales et aux personnes morales ayant participé à l'élaboration et la mise en œuvre du plan départemental.
Le préfet et le président du conseil général arrêtent le bilan et le transmet-

tent, assorti des avis exprimés à l'issue de la procédure mentionnée à l'alinéa précédent, au conseil départemental de l'habitat, au conseil départemental d'insertion et au Conseil national de l'habitat dans le délai de trois mois suivant la fin de chaque période annuelle d'exécution du plan départemental.
A défaut d'accord entre le préfet et le président du conseil général sur les modalités de l'évaluation ou le contenu du bilan, le préfet arrête un bilan, dans les conditions déterminées ci-dessus, qui est transmis assorti de l'avis du président du conseil général.

Article 11. I. – Le plan départemental peut être révisé à l'issue de chaque période annuelle d'exécution à l'initiative de l'Etat ou du département, le cas échéant à la demande d'une collectivité territoriale, d'un groupement de ces collectivités ou d'une personne morale participant à sa mise en œuvre. Toutefois, la désignation par le plan de la personne morale gestionnaire du fonds peut être modifiée à tout moment.
L'initiative de la révision est prise au moins trois mois avant la fin de la période annuelle d'exécution. Elle est portée à la connaissance de l'ensemble des partenaires participant à l'élaboration et à la mise en œuvre du plan départemental afin qu'ils puissent faire connaître leur avis au préfet et au président du conseil général; le conseil départemental de l'habitat et le conseil départemental d'insertion sont également consultés. Le plan départemental révisé fait l'objet des mesures de publicité prévues à l'alinéa 3 de l'article 1er du présent décret.
A défaut d'accord entre le préfet et le président du conseil général sur la révision proposée, l'exécution du plan départemental se poursuit jusqu'à son terme.
II. – Au moins trois mois avant le terme du plan départemental, le préfet et le président du conseil général engagent l'élaboration du nouveau plan qui doit être arrêté au plus tard au terme du plan en cours, selon les règles prévues par le présent décret.

ANNEXE N° 18

DECRET N° 91-818 DU 27 AOUT 1991

relatif à l'évolution de certains loyers dans l'agglomération de Paris, pris en application de la loi n° 89-462 du 6 juillet 1989 tendant à améliorer les rapports locatifs et portant modification de la loi n° 86-1290 du 23 décembre 1986

(J.O. 28 août 1991)

Le Premier ministre.
Sur le rapport du ministre d'Etat, ministre de l'Economie, des Finances et du Budget, du garde des Sceaux, ministre de la Justice, du ministre de l'Equipement, du Logement, des Transports et de l'Espace et du secrétaire d'état au Logement.
Vu le Code de la construction et de l'habitation;
Vu la loi n° 48-1360 du 1er septembre 1948 modifiée portant modification et codification de la législation relative aux rapports des bailleurs et locataires ou occupants de locaux d'habitation ou à usage professionnel et instituant des allocations de logement;
Vu la loi n° 82-526 du 22 juin 1982 modifiée relative aux droits et obligations des locataires et des bailleurs;
Vu la loi n° 86-1290 du 23 décembre 1986 tendant à favoriser l'investissement locatif, l'accession à la propriété de logements sociaux et le développement de l'offre foncière, modifiée par la loi n° 89-462 du 6 juillet 1989 visée ci-après;
Vu la loi n° 89-462 du 6 juillet 1989 tendant à améliorer les rapports locatifs et portant modification de la loi n° 86-1290 du 23 décembre 1986, notamment son article 18;
Vu le décret n° 83-1177 du 28 décembre 1983 pris en application de l'article 56 de la loi n° 82-526 du 22 juin 1982 et relatif à l'évolution de certains loyers;
Vu le décret n° 84-1202 du 27 décembre 1984 rendant obligatoire, en application de l'article 54 de la loi n° 82-526 du 22 juin 1982, un accord de modération des loyers dans le deuxième secteur;
Vu le décret n° 84-1204 du 27 décembre 1984 pris en application de l'article 55 de la loi n° 82-526 du 22 juin 1982 et relatif à l'évolution des loyers dans le quatrième secteur;
Vu le décret n° 85-1382 du 26 décembre 1985 pris en application de l'article 55 de la loi n° 82-526 du 22 juin 1982 et relatif à l'évolution de certains loyers;

Vu l'avis de la Commission nationale de concertation en date du 30 juillet 1991.
Le Conseil d'Etat (section des travaux publics) entendu.

Décrète

Article 1er. Le présent décret s'applique à compter du 31 août 1991 dans les communes appartenant à l'agglomération de Paris dont la liste figure en annexe.

Article 2. Lorsque le contrat de location est renouvelé au cours des douze mois qui suivent l'entrée en vigueur du présent décret, il ne peut y avoir de réévaluation du loyer autre que celle résultant de la révision, aux date et conditions prévues au contrat, ou d'une clause relative à la révision introduite dans le contrat lors de son renouvellement.
Toutefois, lorsque le bailleur a réalisé depuis le dernier renouvellement ou la dernière reconduction du contrat ou, si le contrat n'a été ni renouvelé ni reconduit, depuis sa date d'effet, des travaux d'amélioration portant sur les parties privatives ou communes d'un montant au moins égal à la dernière année de loyer et si, selon la date d'échéance du contrat, il a fait application des dispositions de l'article 21 abrogé de la loi du 23 décembre 1986 susvisée ou il fait application de celles du *c* de l'article 17 de la loi du 6 juillet 1989 susvisée, la majoration du loyer annuel qui en résulte est au plus égale à 10 p. 100 du coût réel des travaux toutes taxes comprises. La hausse du loyer s'applique dans les conditions prévues au *c* de l'article 17 précité.
Les dispositions des alinéas précédents ne s'appliquent pas aux logements dont le loyer est manifestement sous-évalué, lorsque le contrat n'a pas été reconduit ou renouvelé entre le 26 décembre 1986 et la date d'entrée en vigueur du présent décret, et que ce contrat a été conclu :
1° Avant le 1er janvier 1985, lorsque le logement appartient au deuxième secteur défini au deuxième alinéa de l'article 41 *ter* de la loi du 23 décembre 1986 susvisée.
2° Avant le 1er janvier 1986, lorsque le logement appartient au troisième secteur défini au deuxième alinéa de l'article 41 *ter* de la loi du 23 décembre 1986 susvisée.
3° Avant le 1er janvier 1984, lorsque le logement appartient au quatrième secteur défini au deuxième alinéa de l'article 41 *ter* de la loi du 23 décembre 1986 susvisée.

Article 3. Les dispositions du présent décret ne font pas obstacle à l'application des clauses contractuelles mentionnées au *e* de l'article 17 de la loi du 6 juillet 1989 ou des accords collectifs locaux conclus en application de l'article 42 de la loi du 23 décembre 1986 susvisée.

Article 4. Le ministre d'Etat, ministre de l'économie, des finances et du budget, le garde des sceaux, ministre de la justice, le ministre de l'équipement, du logement, des transports et de l'espace et le secrétaire d'Etat au logement sont chargés, chacun en ce qui le concerne, de l'exécution du présent décret, qui sera publié au *Journal officiel* de la République française.

Fait à Paris, le 27 août 1991

ANNEXE

Agglomération de Paris

La ville de Paris.

Dans le département de Seine-et-Marne, les communes suivantes:

Chelles;
Pontault-Combault;
Champs-sur Marne;
Villeparisis;
Combs-la-Ville;
Mitry-Mory;
Noisiel;
Torcy;
Vaires-sur-Marne;
Lésigny;
Brou-sur-Chantereine;
Courtry;
Emerainville;
Lognes;
Croissy-Beaubourg;
Servon;
Collégien.

Dans le département des Hauts-de-Seine, les communes suivantes:

Boulogne-Billancourt;
Nanterre;
Colombes;
Asnières-sur-Seine;
Neuilly-sur-Seine;
Rueil-Malmaison;
Courbevoie;
Antony;
Levallois-Perret;
Meudon;
Clamart;
Clichy;
Issy-les-Moulineaux;
Gennevilliers;
Bagneux;
Montrouge;
Puteaux;
Suresnes;
Malakoff;
Châtenay-Malabry;

Saint-Cloud;
Châtillon;
Fontenay-aux-Roses;
Villeneuve-la-Garenne;
Bois-Colombes;
Vanves;
Le Plessis-Robinson;
La Garenne Colombes;
Sèvres;
Sceaux;
Garches;
Bourg-la-Reine;
Chaville;
Ville d'Avray;
Vaucresson;
Marnes-la-Coquette.

Dans le département de la Seine-Saint-Denis, les communes suivantes:

Montreuil;
Saint-Denis;
Aulnay-sous-Bois;
Aubervilliers;
Drancy;
Epinay-sur-Seine;
Le Blanc-Mesnil;
Bondy;
Saint-Ouen;
Pantin;
Bobigny;
Sevran;
Noisy-le-Grand;
Rosny-sous-Bois;
Noisy-le-Sec;
Stains;
Gagny;
La Courneuve;
Livry-Gargan;
Bagnolet;
Neuilly-sur-Marne;
Tremblay-lès-Gonesse;
Villemomble;
Romainville;
Clichy-sous-Bois;
Villepinte;
Montfermeil;
Pierrefitte-sur-Seine;
Les Lilas;
Les Pavillons-sous-Bois;
Neuilly-Plaisance;
Le Raincy;
Le Pré-Saint-Gervais;
Le Bourget;
Villetaneuse;
Dugny;
L'Ile-Saint-Denis;
Vaujours;
Coubron;
Gournay-sur-Marne.

Dans le département du Val-de-Marne, les communes suivantes:

Vitry-sur-Seine;
Saint-Maur-des-Fossés;
Champigny-sur-Marne;
Créteil;
Ivry-sur-Seine;
Fontenay-sous-Bois;
Villejuif;
Maisons-Alfort;
Vincennes;
Alfortville;
Choisy-le-Roi;
L'Hay-les-Roses;
Villeneuve-Saint-Georges;
Le Perreux-sur-Marne;
Thiais;
Fresnes;
Nogent-sur-Marne;
Cachan;
Orly;
Sucy-en-Brie;

Villiers-sur-Marne;
Villeneuve-le-Roi;
Charenton-le-Pont;
Arcueil;
Saint-Mandé;
Le Kremlin-Bicêtre;
Chennevières-sur-Marne;
Joinville-le-Pont;
Gentilly;
Limeil-Brévannes;
Chevilly-Larue;
Bonneuil-sur-Marne;
Le Plessis-Trévise;
Boissy-Saint-Léger;
Bry-sur-Marne;
Valenton;
La Queue-en-Brie;
Saint-Maurice;
Ormesson-sur-Marne;
Villecresnes;
Ablon-sur-Seine;
Noiseau;
Rungis;
Santeny;
Mandres-les-Roses;
Périgny;
Marolles-en-Brie.

Dans le département de l'Essonne, les communes suivantes:

Massy;
Corbeil-Essonnes;
Savigny-sur-Orge;
Sainte-Geneviève-des-Bois;
Viry-Châtillon;
Evry;
Athis-Mons;
Palaiseau;
Les Ulis;
Draveil;
Grigny;
Yerres;
Ris-Orangis;
Vigneux-sur-Seine;
Brunoy;
Montgeron;
Morsang-sur-Orge;
Saint-Michel-sur-Orge;
Brétigny-sur-Orge;
Longjumeau;
Chilly-Mazarin;
Gif-sur-Yvette;
Epinay-sous-Sénart;
Orsay;
Verrières-le-Buisson;
Juvisy-sur-Orge;
Mennecy;
Morangis;
Igny;
Epinay-sur-Orge;
Bondoufle;
Arpajon;
Bures-sur-Yvette;
Villebon-sur-Yvette;
Fleury-Mérogis;
Crosne;
Breuillet;
Quincy-sous-Sénart;
Paray-Vieille-Poste;
Saint-Germain-lès-Arpajon;
Soisy-sur-Seine;
Boussy-Saint-Antoine;
Courcouronnes;
Egly;
Marcoussis;
Saint-Germain-lès-Corbeil;
Wissous;
Montlhéry;
Lisses;
Longpont-sur-Orge;
Villemoisson-sur-Orge;
La Ville-du-Bois;

Linas;
Bièvres;
Saintry-sur-Seine;
Villiers-sur-Orge;
Saulx-les-Chartreux;
Le Plessis-Pâté;
Ollainville;
Villabé;
Boissy-sous-Saint-Yon;
Champlan;
La Norville;
Le Coudray-Montceaux;
Ballainvilliers;
Bruyères-le-Châtel;
Leuville-sur-Orge;
Saclay;
Saint-Pierre-du-Perray;
Vauhallan;
Etiolles;
Gometz-le-Châtel;
Varennes-Jarcy;
Breux-Jouy;
Ormoy;
Saint-Yon.

Dans le département du Val-d'Oise, les communes suivantes:
Argenteuil;
Sarcelles;
Garges-lès-Gonesse;
Franconville;
Pontoise;
Villiers-le-Bel;
Ermont;
Bezons;
Gonesse;
Eaubonne;
Sannois;
Taverny;
Montmorency;
Saint-Gratien;
Herblay;
Cergy;
Saint-Ouen-l'Aumône;
Deuil-la-Barre;
Soisy-sous-Montmorency;
Eragny;
Cormeilles-en-Parisis;
Montigny-lès-Cormeilles;
Saint-Leu-La-Forêt;
Domont;
Osny;
Arnouville-lès-Gonesse;
Enghien-les-Bains;
Saint-Brice-sous-Forêt;
L'Isle-Adam;
Montmagny;
Beauchamp;
Ezanville;
Jouy-le-Moutier;
Besancourt;
Méry-sur-Oise;
Auvers-sur-Oise;
Pierrelaye;
Le Plessis-Bouchard;
Saint-Prix;
Groslay;
Bouffémont;
Parmain;
Ecouen;
La Frette-sur-Seine;
Mériel;
Champagne-sur-Oise;
Margency;
Montlignon;
Frépillon;
Butry-sur-Oise;
Andilly;
Nesles-la-Vallée;
Valmondois;
Neuville-sur-Oise;

Villiers-Adam;
Vauréal;
Bonneuil-en-France;
Piscop.

Dans le département des Yvelines, les communes suivantes:

Versailles;
Sartrouville;
Saint-Germain-en-Laye;
Poissy;
Trappes;
Houilles;
Conflans-Sainte-Honorine;
Chatou;
Le Chesnay;
La Celle-Saint-Cloud;
Plaisir;
Maisons-Laffitte;
Vélizy-Villacoublay;
Elancourt;
Maurepas;
Le Vésinet;
Marly-le-Roi;
Le Pecq;
Les Clayes-sous-Bois;
Achères;
Saint-Cyr-l'Ecole;
Viroflay;
Montigny-le-Bretonneux;
Fontenay-le-Fleury;
Bois d'Arcy;
Carrières-sur-Seine;
Montesson;
Andrésy;
Guyancourt;
Chanteloup-les-Vignes;
Carrières-sous-Poissy;
Bougival;
Jouy-en-Josas;
Villepreux;
Louveciennes;
Croissy-sur-Seine;
Magny-les-Hameaux;
La Verrière;
Le Mesnil-Saint-Denis;
Le Mesnil-le-Roi;
Voisins-le-Bretonneux;
Saint-Rémy-lès-Chevreuse;
Chambourcy;
Buc;
Chevreuse;
L'Etang-la-Ville;
Rocquencourt;
Orgeval;
Coignières;
Jouars-Pontchartrain;
Le Port-Marly;
Mareil-Marly;
Maurecourt;
Fourqueux;
Neauphle-le-Château;
Les Loges-en-Josas;
Villiers-Saint-Frédéric;
Saint-Germain-de-la-Grange;
Le Tremblay-sur-Mauldre;
Neauphle-le-Vieux.

TABLE DES MATIERES

ANNEXES

Achevé d'imprimer
en avril 1993
à Milan, Italie, sur les presses
de Grafiche Milani

Dépôt légal : avril 1993
Numéro d'éditeur : 3292